职业教育**经济管理类**
新形态系列教材

直播电商
基础与实务

ECONOMICS AND MANAGEMENT

黎军 周丽梅 / 主编

金发起 秦琴 刘心睿 / 副主编

人民邮电出版社

北 京

图书在版编目（CIP）数据

　　直播电商基础与实务：微课版 / 黎军，周丽梅主编
. -- 北京：人民邮电出版社，2022.7
　　职业教育经济管理类新形态系列教材
　　ISBN 978-7-115-59211-8

　　Ⅰ. ①直… Ⅱ. ①黎… ②周… Ⅲ. ①网络营销—职
业教育—教材 Ⅳ. ①F713.365.2

　　中国版本图书馆CIP数据核字(2022)第070758号

内 容 提 要

　　本书以直播电商的整体运营流程为线索，通过知识讲解和实操案例，全面系统地讲解
了直播电商的操作思路、方法以及主流直播电商平台的具体运营策略等。全书共8章，主要
介绍了直播电商的基础知识、直播电商的策划与准备、直播电商商品的选择与规划、直播
电商引流推广、直播电商话术、直播电商物流与客户关系管理，以及直播电商数据分析等，
还讲解了淘宝、快手、抖音等主流直播电商平台的运营实战内容，为读者提供了一站式直
播电商运营解决方案，真正帮助读者解决直播过程中的痛点与难点。

　　本书提供PPT、教学大纲、电子教案、习题答案等资源，用书教师可在人邮教育社区
免费下载。

　　本书结构清晰、通俗易懂、图文并茂、案例经典，既可以作为电子商务、网络与新媒
体、市场营销等相关专业课程的教学用书，也可以作为直播电商自学人员的参考用书。

◆　主　　编　黎　军　周丽梅
　　副主编　金发起　秦　琴　刘心睿
　　责任编辑　孙燕燕
　　责任印制　李　东　胡　南
◆　人民邮电出版社出版发行　　北京市丰台区成寿寺路 11 号
　　邮编　100164　　电子邮件　315@ptpress.com.cn
　　网址　https://www.ptpress.com.cn
　　固安县铭成印刷有限公司印刷
◆　开本：700×1000　1/16
　　印张：14.25　　　　　　　　　2022 年 7 月第 1 版
　　字数：293 千字　　　　　　　2022 年 7 月河北第 1 次印刷

定价：49.80 元

读者服务热线：(010)81055256　印装质量热线：(010)81055316
反盗版热线：(010)81055315
广告经营许可证：京东市监广登字 20170147 号

前 言
PREFACE

当下，直播电商已经发展成为电商在新时代的新产业，呈现出极强的爆发性。无数个人和商家争先恐后地进入直播电商领域，各大品牌也纷纷入驻直播电商平台，乘上了直播带货这辆加速行驶的"快车"。

相比传统电商和线下购物等渠道，直播电商通过推荐技术，把优质的商品内容与海量兴趣用户连接起来，激发了用户消费的新体验与新需求，为商家带来了生意的新增量。对于电商企业而言，如何突破过往的电商运营思维，快速拥抱直播电商的新趋势，抢占直播电商时代的先机，是他们必须直面的挑战。

同时，面对直播电商的行业红利，直播电商运营已经成为一项重要技能。对于大学生来说更是如此，掌握直播电商运营的相关技能，既有助于大学生成为企业急需的专业人才，又能给大学生自主创业带来更多的可能性。面对快速发展的直播电商行业，为满足直播电商行业的需求，将网络营销与直播电商作为专业人才培养的新起点，越来越多的高校开设了网络营销与直播电商专业。基于此，我们编写了本书。

本书特色如下。

（1）理论与实践相结合。本书不仅详细阐释了直播电商的相关理论知识，而且对三大主流直播电商平台的运营实操策略进行了讲解，使读者能够把理论知识运用到实践中去，帮助读者快速理解直播电商的基本理论、基本技巧和实战方法。

（2）内容全面，结构合理。本书全面解析了直播电商的各个环节，如直播电商的策划与准备、直播电商商品的选择与规划、直播电商引流推广、直播电商话术、直播电商物流与客户关系管理，以及直播电商数据分析等，完成了直播电商运营的闭环，旨在帮助读者真正掌握直播电商运营的全流程，以更好地进行实践。

（3）形式丰富，实用性强。本书针对每章的具体内容与特点，精心安排了引导案例、专家提示、知识窗、课堂讨论、课堂思政、案例分析、知识巩固与技能实训、任务实训等版块，不仅解决了读者在学习直播电商的过程中可能遇到的各种问题，还能使读者学到的知识更加全面丰富。

（4）教学资源丰富，提高课堂教学效率。本书提供部分内容的微课视频、教学课件、参考答案、教学大纲、电子教案等资源，便于教师教学，提高了教学效率。用书教师可在人邮教育社区（www.ryjiaoyu.com）免费下载。

本书由黎军、周丽梅担任主编，金发起、秦琴、刘心睿担任副主编。由于编者水平有限，书中难免存在疏漏之处，因此编者由衷地希望广大读者和专家学者不吝赐教。

编者

2022年1月

目 录
CONTENTS

第1章

直播电商的基础知识

直播电商是直播行业与电商行业的有机融合，集专业选品、商品直观展示、购物现场实时互动等优势于一体，为用户带来了优质的购物体验。本章内容包括初识直播电商、直播电商平台的类型、直播电商的流程、直播电商的岗位职责与职业能力要求、直播电商团队的人员配置。

知识目标

- ☑ 熟悉直播电商的定义和模式。
- ☑ 熟悉直播电商平台的类型。
- ☑ 熟悉直播电商的优势和商业价值。

技能目标

- ☑ 掌握直播电商的流程。
- ☑ 掌握直播电商的岗位职责与职业能力要求。
- ☑ 掌握直播电商团队的人员配置。

【引导案例】

直播电商——线上线下销售新风口

当前，直播电商为销售行业注入了新的活力，成为行业的热点。直播让传统电商转变了销售模式，也让线下商家实现了线上销售，同时推动了线上销售与线下销售的发展，成为线上线下销售的新风口。

经济的发展、通信技术的进步、众多平台的入局都推动了直播电商的发展。互联网技术的支持不仅推动了直播电商当下的发展，还使其拥有了长久的生命力。直播带货逐渐成为一种新兴的销售方式，不少个人和商家纷纷出现在镜头前开始直播。

2020年1月5日，一款少有人知的麻辣香肠出现在某主播的直播间里。在该主播的推荐下，这款麻辣香肠在5分钟内售出了10万余包，销售额突破了300万元。推出这款麻辣香肠的企业，原本并不为人所熟知，但被该主播推荐后便在许多用户心中留下了深刻印象，从而打通了该企业的商品销售渠道。

直播电商绝不仅是短期内可利用的一种促销手段，它也可助力企业进行长期的品牌运营和销售策略的布局，在未来将成为企业品牌营销的标配工具。不知名的品牌借主播的推荐可提升知名度、打开市场，一些知名品牌也可通过主播的推荐提高商品销量。

思考与讨论：

（1）为什么直播电商能够成为线上线下销售的新风口？

（2）知名品牌怎样才能通过主播的推荐提高商品销量？

1.1 初识直播电商

直播电商已经深入千家万户，成为广大商家创新运营的"利器"。直播电商能够为用户提供更好的购物体验，并极大地提高商品销量，因此越来越多的商家和个人瞄准了直播电商这个风口。

初识直播
电商

1.1.1 直播电商的定义

作为一个新兴领域，业界和学术界对直播电商有不同的定义。中国消费者协会认为，"直播电商"是一个广义的概念，主播通过网络直播平台或直播软件来推销相关商品，使受众了解商品各项性能，从而购买商品的交易行为，可以统称为直播电商。还有学者认为，直播电商是电商企业推出的以直播形式销售商品，以强互动性、娱乐性、真实性和可视性为特点，以改善用户购物体验为目的的营销模式。

直播电商是主播借助直播的形式推荐并销售商品的经营活动。直播电商以电商为基础，借助主播吸引流量并实现订单转化。直播电商不仅能让商家更好、更快地实现商品交易，还能让商家通过构建价值认同感来实现品牌传播。

直播电商能够快速提高商品销量，并能够在短时间内扩大企业的品牌知名度。直播电商能够快速吸引用户的注意力，因此成为深受欢迎的商品营销手段。

1.1.2 直播电商的模式

按照直播主体的不同，直播电商可分为商家自播和达人直播两种模式。

1. 商家自播

商家自播是指商家使用自己的品牌或店铺账号，在自己的直播间进行的持续直播带货行为。在该种模式下，商家对直播内容有很强的掌控力，可以持续直播，成本相对可控，有助于与用户建立长期关系，实现稳定、长效的运营。商家自播的主播多是商家的导购人员或领导等。用户多是品牌的粉丝，他们对品牌有一定的忠诚度，比较关注品牌的动态。随着直播电商的成熟，商家自身的直播间开始承担更多的使命：它不但是商家线上流量的综合入口、品牌推广的主要场所，而且肩负着公关和舆情应对的责任，还是与用户实时沟通的窗口。

商家自播的代表有"太平鸟""波司登"等。图1-1所示为波司登和太平鸟商家自播。

图1-1　波司登和太平鸟商家自播

🎓 **专家提示**

在商家自播模式下，直播间的主播往往对品牌的商品更加熟悉，在直播讲解、临场反应、节奏把控上都比较熟练，不容易出错。商家对用户的喜好往往也比较了解，知道什么样的主播可以更好地展示商品，并且符合品牌的气质。

2. 达人直播

达人直播是指商家利用达人的粉丝和流量帮自己卖货，是以达人账号为中心的货围绕人的电商直播形式。商家可以在任务平台精选联盟或多频道网络（Multi-Channel Network，MCN）机构寻找合适的达人帮自己带货，但需要支付服务费（"坑位费"）和佣金（订单抽成）。

💡 **知识窗**

现在越来越多的网络达人开始通过直播电商平台进行商品营销，他们通过这种方式为企业和品牌带货，并且还能通过直播电商平台与粉丝互动，增强粉丝的黏性。这些网络达人大都在直播中直接推介与售卖商品，或以隐性植入的方式对商品进行营销。

例如，某夫妻主播仅用一年半的时间就积累了5 000多万名粉丝，成为抖音热门夫妻之一。他们在内容创作的后期不断深耕直播卖货，成为电商行业的直播带货达人。2021年12月4日，他们的直播间6个多小时的总成交额突破1 927万元，图1-2所示为某夫妻主播直播带货数据。

粉丝对达人主播有较高的信任度，达人主播凭借自身积累的庞大粉丝群和较强的内容生产能力来实现流量的转化，在直播中所销售的商品品牌较为多样。达人直播比较适合没有直接货源的主播。由于达人直播销售的不是主播自己的货源，主播只需和商家做好对接，即可在直播间内直播卖货。与商家自播相比，达人直播的直播间内商品上新的速度较快。但是，达人直播在商品选择上处于被动地位，直播间的商品仅限于商家为其提供的款式。

图1-2　某夫妻主播直播带货数据

从用户的角度来看是受情感驱使的，在看达人直播的时候，容易被达人激发出消费欲望。达人的作用更多的是引导下单，以提高转化率。对商家而言，如果商品的目标受众和达人粉丝高度契合，那么带货效果会非常好，否则很难达到理想的效果；并且商家选择合适的达人非常难，需要花费一定的时间和积累一定的经验。

商家自播与达人直播的对比如表1-1所示。

表1-1　商家自播与达人直播的对比

对比项目	商家自播	达人直播
直播特性	品牌化	人格化
用户购买商品的驱动力	用户购买商品多是因为对商品有需求	用户购买商品可能是因为对商品有需求，也可能是因为受情感驱使

（续表）

对比项目	商家自播	达人直播
商品更新速度	较慢	较快
直播商品展示及商品转化率	流水账式地展示商品，商品转化率一般	直播商品展示节奏紧凑，内容表现形式多样，商品转化率较高
主播直播时的心态	工作心态	创业心态
直播时长	可多人24小时在线直播	单人或少数几个人直播，直播时长有限
流量支持	可借助自身私域流量	需要从零开始积累粉丝
电商运营能力	具有较强的电商运营能力	很多达人主播缺乏电商运营经验

✎ 专家提示

　　在直播电商发展初期，商家一般选择达人直播或者利用短视频进行广告投放。因此在品牌启动期，找到一个合适的达人，并与其建立深度、稳定的合作关系是很重要的。在达人直播做到一定体量之后，商家或品牌需要通过商家自播来稳定收入。

1.1.3　直播电商的优势

　　直播电商是指借助直播媒介开展电子商务活动，具有实时性、真实性、精准性、直观性、互动性五大优势。

1. 实时性

借助直播电商平台，主播能够实时与用户分享自己的日常生活，除了话语、表情、动作外，还可将自身所处的环境、场合、氛围等附加信息一并传递给用户。这类动态化的内容对信息的包容度更高，更适合进行信息的传递。与此同时，用户也可以通过评论的方式就主播发布的相关信息与主播进行实时互动，使主播能够在看到评论的第一时间就做出回应。

✎ 课堂讨论

　　说一说直播电商的优势有哪些。

　　直播信息的实时输出给了主播更多临场发挥的机会，也为用户提供了一种开放性、场景化的对话方式。

2. 真实性

　　直播可以保证商品信息的真实性，而用户对真实信息的依赖将转化为对平台和主播的信任。对于商家来说，获得用户的信任能提高其复购率，促进用户对商品的口碑传播。

　　主播的举动都被实时传输到观看直播的用户面前，这大大削弱了网络的虚拟感，让用户获得了更加真实的体验。此外，在观看直播的过程中，用户可以就商品的相关问题与主播进行实时互动，主动向主播咨询和获取商品的有效信息。

3. 精准性

面对互联网上的海量信息，许多用户难以识别出有用的信息，而直播电商能够针对用户进行精准的传播，传播的内容对用户来说是有用的精准信息。进入直播间的用户是对商品感兴趣的目标用户，直播间聚集了有共同购买意愿的人群，因此具有高度的精准性。

4. 直观性

在直播过程中，主播能够对商品进行全方位的展示，不但可以将商品的设计细节更加直观地呈现给用户，而且可以对商品的使用方法和技巧进行示范，让用户在了解商品信息的同时也可以掌握一些商品的使用方法和技巧。

例如，在服装类商品直播过程中，主播会在直播间标注自己的身高、体重、三围等身体数据，之后对衣服进行试穿。用户依据主播的身体数据及试穿效果，就能对衣服有更直观的认知。直播可以让用户更直观地获取商品信息，使用户的信任感和体验感进一步增强。在直播间展示商品更加直观。

5. 互动性

与传统电商相比，直播电商具有很强的互动性。在直播过程中，弹幕是非常重要的交流工具，用户在发送弹幕时除了能与主播进行实时互动，也可以与其他用户进行实时互动。弹幕架起了用户与主播、用户与用户之间沟通的桥梁，从而营造了一种聚众观看直播的虚拟体验感，满足了用户的陪伴需求和社交需求。

图1-3　用户可以与主播随时互动

直播电商的这种双向互动性，不仅让用户在接收信息时有更强的参与感和更多的发言权，满足了用户的支配需求，也可以使他们与那些有相似观点或意见的人进行互动交流，甚至互相关注，满足了用户的社交需求和认同需求。用户可以与主播随时互动，如图1-3所示。

1.1.4　直播电商的商业价值

直播电商不但可以帮助企业高效获取精准用户，而且可以提高销售效率。直播电商具有独特的商业价值。

1. 可以为企业创造品牌价值

在直播电商时代，直播作为一种工具可以为企业创造品牌价值。一些国际企业即使已经具备了一定的品牌影响力，也会采用直播来维护、创造品牌价值，甚至将直播创造的品牌价值作为品牌竞争的有力"武器"。

在"媒体视频化"的趋势下,直播替代了传统的视频、图文,成为更多企业的选择。在直播页面添加企业的商品信息、活动图文介绍、视频等资料,用户不但能够与企业实时对话,而且能加深对企业品牌的印象。直播已成为企业建立品牌形象的必要路径,企业品牌形象的建立几乎都是围绕着"品牌曝光"进行的。只有让品牌尽可能多地被用户了解、熟知,企业才能真正达到建立品牌形象的目的。

专家提示

衡量直播对于企业的价值,并不能只看单场销售数据,而应看其与企业原有资源能力体系相打通、互补充、共协同的能力,这才是对品牌价值有增益的长期工程。

2. 可帮助企业高效获取精准用户

企业品牌营销的目的是发现或挖掘用户需求,让用户了解企业的商品,并最终形成用户消费黏性,为企业培养、挖掘一批品牌的忠实用户。企业通过直播获取精准用户的途径如下。

(1)通过KOL获取精准用户。关键意见领袖(Key Opinion Leader,KOL)是营销学上的概念,通常被定义为拥有更多、更准确的商品信息,且为相关群体所接受或信任,并对该群体的购买行为有较大影响力的人。

直播是主播作为KOL,以其品位、知识为主导,进行商品选款和视觉推广,在社交媒体上聚集人气,依托庞大的粉丝群体进行精准营销,从而将粉丝的关注转化为购买力的过程。

(2)直播IP的打造。IP其实就是"知识产权"(Intellectual Property),是知识积累到一定量级后输出的精华。具备正确的世界观、价值观及一定粉丝基础的主播,能与人们产生文化与情感上的共鸣。

企业打造IP,通俗来说就是打造有影响力的品牌。在直播过程中,用户购买商品的动力,更多来自对主播本人的信任。优秀的主播几乎最终都会走上IP化的道路,直播帮助企业建立起来的IP,是企业的品牌资产,可以帮助企业完成对精准用户的获取。

3. 能够维护、开拓销售渠道

企业已有的成熟销售渠道是企业目前商品销量的主要来源。企业需要对这种渠道进行维护,防止用户流失导致销量下降。维护成熟销售渠道的最好方式就是社交,而直播平台作为当下较流行的社交平台,可以用来维护这种销售渠道。

直播本身就包含多种销售渠道,不同的直播与不同的内容结合,只要内容能够满足用户需求,就可以创造出巨大的流量,为商品销量的提高奠定基础。

直播可有效提高企业销售渠道的效率,加强企业与用户的沟通,商品销售是直播电商的最终目的,高效率的销售渠道是企业重要的竞争优势。与传统电商相比,企业直接通过主播触达用户,减少了中间环节和渠道成本,缩短了供应链,简化了销售渠道与人的相互作用方式，有效提高了销售渠道的效率。

近年来，直播电商逐渐成为企业开拓销路的新渠道。地方政府和直播电商平台积极组织和推动大批企业开始直播卖货。随着直播电商的工具价值不断被开发，平台、商家、MCN机构、主播的踊跃进入及用户的认同追随，直播电商已成为最具潜力的新兴销售渠道之一。

4. 可有效提高商品销售转化率

直播通过现场互动的方式刺激用户在观看过程中直接购买商品。通常情况下，粉丝多的主播能够为用户争取更大的商品优惠力度，因此用户也更愿意消费。当直播中的商品在用户心中留下良好的印象时，品牌的形象自然也会获得一定的加分。此外，主播凭借其强大的内容营销能力，通过理念传递和消费习惯培养，能够进一步刺激用户产生购买商品的行为，并持续复购。

1.2 直播电商平台的类型

在直播电商领域中，直播电商平台主要分为4类，即传统电商平台、娱乐内容平台、导购社区平台和社交平台，这4类平台具有不同的表现。

> ✎ 课堂讨论
> 说一说你知道的直播电商平台有哪些。

直播电商
平台的类型

1.2.1 传统电商平台

传统电商平台是指具备直播功能的第三方电商平台，如淘宝、京东、拼多多等。这类平台借助直播吸引流量，以便获得更多的用户，拓展营销渠道，增强用户对平台的黏性。电商企业在自己的平台中镶嵌相应的直播功能，相当于把直播变成电商的"附属品"。在镶嵌直播功能的模式下，电商企业一开始主要是利用平台的流量带动直播流量；等直播拥有充足的固定流量之后，再利用直播流量反哺平台。传统电商平台的特点如表1-2所示。

表1-2 传统电商平台的特点

项目	说明
特性	将直播作为吸引流量、提高转化率的工具
直播类型	以商家自播为主
商品特征	商品种类丰富，供应链相对完善
用户特征	以购物消费为主
商品成交模式	在平台内成交

（续表）

项目	说明
商品转化率	较高
典型平台	淘宝、京东、拼多多等

1.2.2　娱乐内容平台

　　娱乐内容平台是指为用户提供娱乐内容的平台，如抖音、快手等，通过直播来销售商品是此类平台实现流量变现的重要方式之一。抖音、快手这两个平台最初属于导流平台，通过平台创作者的创作内容销售淘宝联盟上的商品，平台收取流量费，平台创作者获取提成。由于近两年短视频平台火爆，平台用户数量大增，日活跃用户数量暴涨，有流量就有话语权，所以抖音、快手不甘心只做导流平台，开始搭建自己的电商平台。在抖音、快手等平台上，短视频是获取流量的前端工具，直播用于促进转化、成交。从直播电商的角度来看，娱乐内容平台的特点如表1-3所示。

表1-3　娱乐内容平台的特点

项目	说明
特性	具有流量优势，借助直播探索流量变现的新渠道
直播类型	以达人直播为主
商品特征	以白牌或品牌商品为主
用户特征	以获得娱乐享受为主
商品成交模式	在平台内完成交易
商品转化率	较低
典型平台	抖音、快手等

1.2.3　导购社区平台

　　导购社区平台是指以商品导购为主要内容的平台。在导购社区平台上，购物达人向用户分享好用的商品，进行"种草"，然后用户购买商品，实现"拔草"，购物达人与用户之间具有良好的互动关系。在此基础上，购物达人借助互动性强的直播可以加强与用户之间的互动，巩固电商业务。

　　从直播电商的角度来看，导购社区平台的特点如表1-4所示。

表1-4　导购社区平台的特点

项目	说明
特性	同时具备电商和娱乐属性，借助直播拓宽导购场景
直播类型	以购物达人直播为主
商品特征	以白牌或垂直类商品为主

1
Chapter

（续表）

项目	说明
用户特征	以购物和获得娱乐内容为主
商品成交模式	在平台内成交
商品转化率	较高
典型平台	蘑菇街、小红书等

小红书是比较典型的导购社区平台，它通过打造优质内容赢得用户口碑，并进一步充分利用用户口碑和平台流量，吸引行业明星及关键意见领袖入驻。小红书的原创内容以图文分享为主，整体篇幅较长，热门的评测笔记会分析商品成分、科技含量、体验感、使用场景等。这些优质原创内容可以让用户更直观地了解商品，整体说服力较强，比一般的广告更有效。

1.2.4　社交平台

社交平台是互联网上基于用户关系的内容生产与交换平台，是人们用来沟通感情，分享意见、见解、经验和观点的工具。在直播火爆发展的形势下，微信、微博等社交平台也上线了直播功能，丰富了平台中的内容表现形式。社交平台电商用内容驱动用户购买商品，使用户基于共同的兴趣爱好聚合在一起形成社群，并通过自己或他人发表高质量的内容吸引海量用户访问，然后引导用户进行裂变。从直播电商的角度来看，社交平台的特点如表1-5所示。

表1-5　社交平台的特点

项目	说明
特性	私域流量占据优势，将直播作为丰富平台内容的工具
直播类型	以商家自播为主
商品特征	以白牌或垂直类商品为主
用户特征	以休闲娱乐、社交沟通为主
商品成交模式	微信平台直播，可在微信平台直接完成交易；微博平台直播，通常是用户点击商品链接后，页面跳转至第三方电商平台，用户在第三方电商平台上完成交易
商品转化率	较低
典型平台	微信、微博等

1.3 直播电商的流程

在直播之前，直播运营团队需要对直播的整体流程进行规划和设计，以保障直播顺畅进行，确保直播的有效性。直播电商的流程

直播电商的流程

如图1-4所示。

1. 明确直播目标

做任何事情都需要有定位、有目标，所以在做直播电商之前，直播运营团队必须要明确直播目标：是给品牌做宣传，进行活动造势，还是销售商品。直播目标要从企业实际出发，并且要具有确定性和可实现性，让直播运营团队成员为了共同的目标一起努力。

2. 做好直播宣传规划

在明确直播目标之后，为了达到良好的直播效果，在直播活动开始之前，直播运营团队应该根据自身擅长的方向和领域及所拥有的资源，制订切实可行的直播宣传规划。与泛娱乐类直播不同，带有营销性质的电商直播追求的并不是简单的"在线观看人数"，而是"在线目标用户观看人数"。具体来说，直播运营团队制订直播宣传规划时，可以从以下3个方面着手。

（1）选择合适的宣传平台

不同的用户喜欢在不同的平台上浏览信息，直播运营团队需要分析目标用户群体的网上行为习惯，选择在目标用户群体经常出现或活跃的平台上发布直播宣传信息，尽可能多地吸引目标用户。

（2）选择合适的宣传形式

选择合适的宣传形式是指直播运营团队需要选择符合宣传平台特性的信息展现方式来推送宣传信息。例如，在微博平台上，直播运营团队可以采用"文字+图片"的形式或"文字+短视频"的形式来宣传直播活动；在微信群、微信朋友圈、微信公众号中，直播运营团队可以通过九宫格图、创意信息长图来宣传直播活动，图1-5所示为通过创意信息长图来宣传直播活动；在抖音、快手等平台上，直播运营团队可以通过短视频来宣传直播活动，图1-6所示为通过短视频来宣传直播活动。

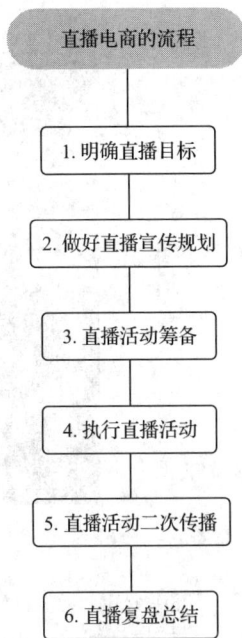

图1-4　直播电商的流程

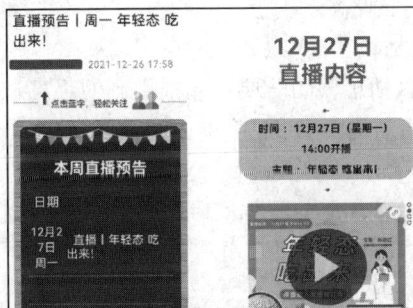

图1-5　通过创意信息长图来宣传直播活动

图1-6　通过短视频来宣传直播活动

（3）选择合适的宣传频率

在新媒体时代，用户在浏览信息时自主选择的余地较大，用户可以根据自己的喜好来选择自己需要的信息。因此，如果直播运营团队过于频繁地向用户发送直播活动宣传信息，很可能会引起他们的反感，导致用户屏蔽相关信息。为了避免这种情况的出现，直播运营团队可以在用户能够承受的最高宣传频率的基础上进行多轮宣传。

3. 直播活动筹备

为了确保直播顺利进行，在开始直播之前，直播运营团队需要做好各项筹备工作。筹备一场成功的直播活动并不比做一场线下活动简单，直播活动筹备包括选择直播场地、筹备并调试直播设备、准备直播物料及主播自身准备等。

（1）选择直播场地

直播场地分为室外场地和室内场地。常见的室外场地有公园、广场、景区、游乐场等，常见的室内场地有店铺、办公室、发布会现场等。直播运营团队要根据直播活动的需要选择合适的直播场地，选定直播场地后要对直播场地进行适当的布置，为直播活动创造良好的环境。

（2）筹备并调试直播设备

在直播筹备阶段，直播运营团队要将直播用到的手机、灯光、网络等调试好，防止其发生故障影响直播活动的顺利进行。

（3）准备直播物料

在直播之前，直播运营团队应根据实际需要准备直播物料。直播物料包括商品样品、直播中需要用到的素材及辅助工具等。

（4）主播自身准备

在开播前，主播需要熟悉直播流程和商品的详细信息，这样才能在直播中为用户详细地讲解商品，回答用户提出的各种问题。此外，主播还要调整好自身状态，以积极的态度和饱满的热情迎接进入直播间的用户。

4. 执行直播活动

做好直播前的一系列筹备工作后，接下来就是正式执行直播活动。一场直播活动需要有强有力的直播执行团队，直播活动的执行可以进一步拆解为直播开场、直播过程和直播收尾三个环节，直播活动执行环节的操作要点如表1-6所示。

表1-6　直播活动执行环节的操作要点

执行环节	操作要点
直播开场	通过开场互动让用户了解本场直播的主题、内容等，使用户对本场直播产生兴趣，并停留在直播间
直播过程	借助营销话术、发红包、发优惠券、才艺表演等方式，进一步加深用户对本场直播的兴趣，让用户长时间停留在直播间，并产生购买行为
直播收尾	向用户表示感谢，预告下场直播的内容，并引导用户关注直播间，将普通用户转化为忠实用户；引导用户在其他媒体平台上分享本场直播或本场直播中推荐的商品

5. 直播活动二次传播

直播活动的结束并不意味着整个直播工作的结束。在直播结束后，直播运营团队可以将直播的视频进行加工，并在抖音、快手、微信、微博等平台上进行二次传播。直播结束后进行二次传播，依然可以获得良好的传播效果，使没有及时观看直播的人了解此事，也可以借此机会扩大直播的影响力。

为了保证直播活动二次传播的有效性和目的性，直播运营团队可以根据以下步骤来制订直播活动二次传播计划。

（1）明确目标

制订直播活动二次传播计划，首先要明确目标，如提高品牌知名度、提高品牌美誉度、提高商品销量等。需要注意的是，直播活动二次传播计划的目标并非是孤立的，而应当与商家制订的整体市场营销目标相匹配。

（2）选择传播形式

明确目标以后，直播运营团队要选择合适的传播形式将直播活动二次传播信息发布到网上。目前常见的传播形式有直播视频传播、直播软文传播两种，直播运营团队可以选择其中一种，也可以综合运用以上两种传播形式。

（3）选择合适的活动推广

活动推广包括平台内推广和平台外推广，确定了传播形式以后，直播运营团队要将制作好的信息发布到合适的平台上。如果是视频形式的信息，可以发布到抖音、快手、淘宝直播、爱奇艺、微博等平台上；如果是软文形式的信息，可以发布到微信公众号、微信小程序、知乎、百家号等平台上。活动推广不仅要选择合适的推广平台，制订合理的推广周期也十分重要。

6. 直播复盘总结

直播复盘总结就是直播运营团队在直播结束后对本次直播进行回顾，评判直播效果，总结直播的经验教训，为后续的直播提供参考。

对于一场直播活动，直播复盘总结是必不可少的，做完直播活动之后，直播运营团队要对直播活动进行全面而及时的复盘总结。通过直播营销数据和用户反馈，直播运营团队可对这次直播活动进行准确、客观的总结，并提供直播活动结论和改进方案，为下一次直播活动提供数据和案例参考。

直播复盘总结包括直播数据分析和直播经验总结两个部分。直播数据分析主要是利用直播的客观数据对直播进行复盘，体现的是直播的客观效果。例如，分析直播间累积观看人数、累积订单量和成交额、人均观看时长等数据。直播经验总结要从主观层面对直播进行分析与总结，分析的内容包括直播流程设计、团队协作效率、主播现场表现等，直播运营团队通过自我总结、团队讨论等方式对这些无法通过客观数据表现的内容进行分析，并将其整理成经验手册，为后续开展直播活动提供有效的参考。

1.4 直播电商的岗位职责与职业能力要求

通常来说，一个成熟的直播电商团队里有6大岗位：主播、副播、运营、策划、场控、客服。下面对这些岗位进行详细介绍。

直播电商的岗位职责与职业能力要求

1.4.1 主播

主播通过对商品进行立体化的描述与展示，构建商品与用户、商家与用户之间的桥梁。主播是整场直播的"灵魂"，主播在直播中的表现在很大程度上决定了直播能否吸引用户的注意力。

主播要有强大的个人魅力和场控能力，要能把握直播的节奏。除此之外，主播还要能吃苦、体力好，因为其需要在镜头前面连续直播好几个小时。

课堂讨论

说一说你知道的直播电商岗位有哪些，这些直播电商岗位的具体职责是什么。

1. 主播的岗位职责

在直播电商中，主播的岗位职责如表1-7所示。

表1-7　主播的岗位职责

工作阶段	主要工作内容
直播前	① 协助团队成员选品。 ② 了解品牌和商品信息。 ③ 确认直播场地。 ④ 确认直播中互动活动的时间和方式

（续表）

工作阶段	主要工作内容
直播中	① 详细讲解商品，试穿、试用商品。 ② 介绍直播间优惠活动，为用户发放福利。 ③ 与用户互动，活跃直播间氛围。 ④ 回答用户提出的问题。 ⑤ 引导观看直播的用户关注和分享直播间
直播后	① 处理订单。 ② 与团队进行直播复盘总结。 ③ 进行下一场直播的准备工作

2. 主播的职业能力要求

主播要想成功地直播带货，就必须具备一定的职业能力要求。主播的职业能力要求如表1-8所示。

表1-8　主播的职业能力要求

主播的职业能力	具体要求
人设塑造能力	能够塑造自身人设，创造具有自我特色的话术、直播风格等，以体现差异性，提高自己的辨识度
形象管理能力	① 穿着要整洁、得体，着装要以简洁、自然大方为原则。 ② 妆容要大方、自然
选品、议价能力	① 能够根据自身的人设特点、用户特点选择适合自己的直播商品。 ② 能与商品品牌方就商品价格、合作模式进行谈判，为用户争取最优惠的商品价格，提高直播商品对用户的吸引力
商品讲解能力	① 具备良好的语言表达能力，讲解商品时发音要准确、语速要得当，要具有感染力。 ② 深刻了解商品相关信息，清楚商品的卖点，能在直播中对商品进行详细的讲解和展示。 ③ 能使用逻辑性强、具有技巧性的语言激发用户购买商品的欲望。 ④ 要有一定的镜头感，知道在镜头前怎样才能展示出商品的最佳状态，彰显出商品的美观、实用等特征，让用户有下单购买的欲望
直播控场能力	① 直播前要做好商品排序，根据直播营销效果随时调整商品上架顺序，单品上架时间一般为10分钟，效果不好可以立即切换商品，效果好可以适当延长上架时间。 ② 擅长营造直播间的氛围，知道怎样活跃气氛，调动用户的积极性，如引导用户刷屏、点赞，当转化率较低时积极引导用户要关注直播间。 ③ 灵活应对直播中遇到的突发状况，控制直播效果
心理承受能力	① 要有强大的心理承受能力，面对用户负面、消极的声音时能够理智、冷静地应对。 ② 主播在经受来自各方面的压力与挫折时，要能快速调整自己的心态、疏导自己的心理、反省自我

1.4.2 副播

副播是主播的助手，分担着主播的压力，其核心任务就是辅助主播进行直播，帮助主播更好地完成各项直播任务。直播过程中副播要跟主播临场配合，不要抢词，要比主播更了解商品，并跟用户互动，及时回复用户。

1. 副播的岗位职责

副播的工作较为烦琐、复杂。开播前副播就需要开始忙碌，一直到直播结束。副播的岗位职责如表1-9所示。

表1-9 副播的岗位职责

工作阶段	主要工作内容
直播前	① 协助团队成员选品。 ② 了解品牌和商品信息。 ③ 确认直播场地。 ④ 确认直播中互动活动的时间和方式。 ⑤ 调试直播设备，进行直播测试。 ⑥ 确认直播商品、辅助道具等物品全部到场
直播中	① 活跃直播间气氛，帮助主播掌控直播节奏，如提醒主播直播活动时间点。 ② 充当主播的模特，试穿、试吃、试用商品。 ③ 帮助主播补充遗漏的商品信息。 ④ 根据活动策划，适时地使用计算器、秒表、道具板等辅助主播顺利完成商品讲解。 ⑤ 在场外通过画外音或文字的形式对主播提到的商品或优惠信息做出补充。 ⑥ 向用户讲解领取优惠券的方式。 ⑦ 认真回答直播间用户提出的问题，时刻提示用户关注直播间。 ⑧ 主播离席时及时补位，维持直播间的热度。 ⑨ 直播时出现声音、画面不正常时，及时检查维护等

（续表）

工作阶段	主要工作内容
直播后	① 协助主播处理订单。 ② 与团队进行直播复盘总结。 ③ 进行下一场直播的准备工作

2. 副播的职业能力要求

副播的职业能力要求如表1-10所示。

表1-10　副播的职业能力要求

副播的职业能力	要求
广告传媒能力	① 懂得如何吸引更多的用户，使直播间人气更高，如设计一张足够吸引人的直播封面图，策划一场有利于吸粉的直播活动等。 ② 善于运用微信、微博、抖音等各类平台帮助主播进行宣传，扩大主播的影响力
团队沟通协作能力	副播必须与主播保持紧密、良好的沟通，有时主播只用一个眼神或动作，副播就需要马上明白应如何反应，达到心有灵犀的默契程度
商品销售能力	了解直播商品的基本信息和卖点，如某款衣服最适合哪类人穿、受众是谁，并挖掘用户的痛点，提供解决用户需求的方案等
直播运营能力	了解直播平台的推荐机制和直播间的运营技巧，懂得如何尽可能多地获取自然流量，深度掌握直播的技巧和需要注意的事项，从而获得更优质的商业流量。 能管理好粉丝群，与粉丝保持较好的关系，可独立主持直播节目，活跃直播平台内容，配合开展直播节目及活动策划

1.4.3　运营

运营是直播电商中的综合岗位，主要负责直播电商的整体规划和统筹。运营首先需要规划直播的内容，确定直播的主题，策划直播操作流程；其次是进行团队协调与沟通，其中包含外部协调，如封面图的拍摄、设计制图、商品抽样、礼品发放、仓库部门的协调等，以及内部协调，如协调直播人员的关系和情绪、调节直播时间及解决直播期间出现的问题等。运营的岗位职责和职业能力要求如表1-11所示。

表1-11　运营的岗位职责和职业能力要求

岗位职责	职业能力要求
① 负责直播电商的整体规划和统筹，能匹配主播人设。 ② 熟悉各个不同直播平台的特点及优劣势，能根据直播内容及商品选择合适的平台。 ③ 熟悉直播电商的策划操作，能策划直播操作流程及制订相应的规范。 ④ 熟悉供应链的相关专业知识，能确保选品操作规范。 ⑤ 具备数据分析能力，能分析平台数据，能及时调整直播的策划方案及优化选品	① 基础能力：良好的观察能力，注重细节，执行能力强。 ② 状态要求：有内部资源沟通和协调的能力，能判断出对直播最有价值的资源。 ③ 技能要求：熟悉平台规则，具备内容策划能力，能根据商品策划直播活动。 ④ 其他要求：熟悉商品供应链，能根据选品及时调整定价及内容策划。 ⑤ 具有多个电商岗位实践经验，具备较强的管理能力。 ⑥ 良好的职业素养和抗压能力，能适应直播电商较快的工作节奏。 ⑦ 要有良好的个人素养，善于总结问题及进行自我调整

1.4.4 策划

策划负责整个直播团队的创意策划内容，包括视频怎么拍、脚本怎么创作和撰写、直播间怎么策划等。策划的岗位职责和职业能力要求如表1-12所示。

表1-12 策划的岗位职责和职业能力要求

岗位职责	职业能力要求
① 视频创意策划：策划账号的各种视频，包括引流视频、商品视频、吸粉视频等。 ② 直播内容策划：策划直播间内容创意玩法，结合直播活动给粉丝不一样的购物体验。 ③ 场景呈现策划：直播间硬装效果、直播间贴图和动图设计、主播的妆容创意等	① 基础能力：熟悉短视频内容市场，了解用户的内容喜好。 ② 状态要求：阅读涉猎广泛，文字功底扎实。 ③ 技能要求：熟悉不同内容的策划流程及创意思路，有相关写作经验，有优秀的创意和文字能力，叙事逻辑清晰。 ④ 有良好的沟通能力和抗压能力

1.4.5 场控

场控的主要职责是协助主播把控直播间氛围、引导粉丝互动、处理突发状况等，对主播的直播节奏有直接影响。场控是直播间不可或缺的一员，毫不夸张地说，一场直播有优秀的场控在，直播销量一般不会差。

场控的岗位职责和职业能力要求如表1-13所示。

表1-13 场控的岗位职责和职业能力要求

岗位职责	职业能力要求
① 调节直播间气氛，调动粉丝积极性，配合主播进行商品的讲解。 ② 给予粉丝陪伴，对于高质量的粉丝团，需要做到进场欢迎、离场欢送，提醒主播及时互动，并且适时给主播送一些热场礼物。 ③ 维持直播间秩序，日常直播管理，及时清理广告。 ④ 及时反馈数据给主播，实时关注直播间粉丝反馈和直播商品的数据反馈	① 有良好的语言表达能力。 ② 有较强的随机应变能力和突发事件处理能力。 ③ 有良好的场控能力和抗压能力

1.4.6 客服

客服是直播电商中的服务岗位，客服主要负责直播电商用户的售前、售中和售后服务。一场优秀的直播，除了优秀的主播，也离不开客服。客服的岗位职责和职业能力要求如表1-14所示。

表1-14　客服的岗位职责和职业能力要求

岗位职责	职业能力要求
① 负责收集用户信息，了解并分析用户需求，规划用户服务方案。 ② 熟悉商品信息，具有良好的沟通技巧，能正确解释并描述直播商品的属性。 ③ 负责进行有效的用户管理和沟通，了解用户期望值，跟进回访用户，提高服务质量，发展维护良好的用户关系。 ④ 负责对商品电子商务相关数据的收集和维护	① 基础能力：接待用户热情大方，能积极主动地帮助用户解决能力范围内的任何销售问题。 ② 状态要求：工作主动热情、仔细耐心，能持续保持高效的工作状态。 ③ 技能要求：打字速度快，能同时应对多人在线咨询，并能及时、正确地做好备注工作。 ④ 能熟练解答用户提问，为用户推荐商品，熟悉促进销售、订单生成等相关流程

1.5 直播电商团队的人员配置

无论是个人还是商家，要想真正做好直播带货，组建直播电商团队都是非常必要的。根据直播工作岗位设置、工作内容、工作流程等要素，个人或商家可以组建不同层级的直播电商团队。

1.5.1　低配版直播电商团队

如果预算不高，那么个人或商家可以组建低配版直播电商团队，根据工作职能，直播电商团队中需要至少设置1名运营、1名主播，低配版直播电商团队人员职能分工如表1-15所示。

表1-15　低配版直播电商团队人员职能分工

运营1人				主播1人
营销任务分解 商品组成规划 品类规划 结构规划 陈列规划 直播间数据运营	商品权益活动 直播间权益活动 粉丝分层活动 排位赛制活动 流量资源策划	商品脚本 活动脚本 关注话术脚本 控评话术脚本 封面场景策划 下单角标设计 妆容、服饰、道具设计	直播设备调试 直播软件调试 保障直播视觉效果 发货、配合表演 后台回复 即时登记、反馈数据	熟悉商品脚本 熟悉活动脚本 运用话术 做好复盘 控制直播节奏 总结情绪、表情、声音等

这种职能分工方式对运营的要求比较高，运营必须是全能型人才，懂技术、会策划、能控场、懂商务、会销售、能运营，在直播过程中要能够自如地转换角色，工作要游刃有余。

只设置1名主播的缺点在于团队无法实现连续直播，而且主播流失、生病等问题出现时会影响直播的正常进行。

1.5.2 标配版直播电商团队

企业或商家选择直播带货，一般会按一场直播的完整流程所产生的职能需求组建标配版直播电商团队。表1-16所示为标配版直播电商团队人员职能分工。

表1-16 标配版直播电商团队人员职能分工

运营1人	策划1人		场控1人	主播1人
营销任务分解 商品组成规划 品类规划 结构规划 陈列规划 直播间数据运营	商品权益活动 直播间权益活动 粉丝分层活动 排位赛制活动 流量资源策划	商品脚本 活动脚本 关注话术脚本 控评话术脚本 封面场景策划 下单角标设计 妆容、服饰、 道具设计	直播设备调试 直播软件调试 保障直播视觉效果 发券、配合表演 后台回复 即时登记、反馈数据	熟悉商品脚本 熟悉活动脚本 话术运用 做好复盘 控制直播节奏 总结情绪、表情、声音等

标配版直播电商团队的核心岗位是主播，其他人员都围绕主播开展工作。当然，如果条件允许，还可以为主播配置助理，协助主播完成直播间的所有活动，这种团队配置的人数基本为4~5人。

1.5.3 升级版直播电商团队

随着团队的不断发展，企业或商家可适当壮大直播电商团队，将其改造为升级版直播电商团队。升级版直播电商团队人员更多、分工更细、工作流程也更优，升级版直播电商团队人员职能分工如表1-17所示。

表1-17 升级版直播电商团队人员职能分工

主播团队 （3人）	主播	① 开播前熟悉直播流程、商品信息及直播脚本内容。 ② 直播时介绍、展示商品，与用户互动，活跃直播间气氛，介绍直播间福利。 ③ 直播结束后做好复盘，总结话术、情绪、表情、声音等
	副播	协助主播介绍商品，介绍直播间福利，主播有事时担任临时主播
	助理	① 准备直播商品、道具等。 ② 协助配合主播工作，做主播的模特、互动对象，完成画外音互动等
策划（1人）		规划直播内容：确定直播主题，准备直播商品，做好直播前的预热宣传，规划好开播时间段，做好直播间外部导流和内部用户留存等
编导（1人）		编写商品脚本、活动脚本、关注话术脚本、控评话术脚本，做好封面场景策划，下单角标设计，做好妆容、服饰、道具设计等

（续表）

场控（1人）	① 做好直播设备如摄像头、灯光等相关软硬件的调试工作。 ② 负责直播中控台的后台操作，包括直播推送、商品上架、监测直播实时数据等。 ③ 接收并传达指令，如运营有需要传达的信息，场控在接到信息后要传达给主播和副播，由他们告诉用户
运营（2人）	营销任务分解、商品组成规划、品类规划、结构规划、陈列规划、直播间数据运营、活动宣传推广、粉丝管理等
店长导购 （2人）	帮助主播介绍商品特点，强调商品卖点，为用户"种草"商品，同时协助主播与用户互动
拍摄剪辑 （1人）	负责视频拍摄、剪辑（直播花絮、主播短视频及商品的相关信息），辅助主播工作
客服（2人）	配合主播与用户进行在线互动和答疑；修改商品价格，上线优惠链接，转化订单，解决发货、售后等问题

案例分析

雷军成小米最大带货主播

小米在营销方面一直奇招频出。雷军作为小米的一大IP，2020年7月31日在微博及个人微信公众号首先抛出十周年演讲计划，小米集团官方微博发布定档信息，发布多张写意海报，提出终极式命题"小米从哪里来？将往哪里去？"的热门话题，点燃私域粉丝，引发舆论关注。

除了微博的主阵地，在微信、抖音、B站、百度广告、外部媒体等各个渠道的预热期，小米以多样的形态，打造立体品牌话题曝光阵地。比如在抖音上，小米手机发起"小米十周年"等话题，在演讲会前相关话题的视频累计已达5 000万的播放量。演讲期间，多个平台进行了转播。

"雷军十周年演讲"话题一经上线，12个小时内阅读量就直冲5.7亿次，足见米粉和微博用户对这场直播的期待。而作为整场直播的"主咖"，雷军在微博的影响力丝毫不输当红明星，由他来分享小米的十周年，大家真切地感受到了品牌的真诚和初心，一场直播下来，无数人刷新了对雷军的了解，也引发了更多人重新认知小米这个品牌。这场以"带品牌"为目标的直播，不仅吸引了流量，提升了品牌力，凸显了产品力，也有效验证了直播电商的更多可能——以内容和互动引爆声量，为品牌溢价能力造势，增加品牌资产价值。

通过以上案例，分析以下问题。

（1）品牌企业如何通过顶流IP进行直播推广？

（2）小米是通过哪些渠道和平台进行预热推广的？

知识巩固与技能实训

一、填空题

1. 按照直播主体的不同，直播电商分为_____和_____两种模式。

2. _____是指商家使用自己的品牌或店铺账号，在自己的直播间进行的持续直播带货行为。

3. _____是指商家利用达人的粉丝和流量帮自己卖货，是以达人账号为中心的货围绕人的电商直播形式。

4. 直播电商是指借助直播媒介开展电子商务活动，具有_____、_____、_____、_____和_____五大优势。

5. _____是指具备直播功能的第三方电商平台，如淘宝、京东、拼多多等。

6. 通常来说，一个成熟的直播电商团队里有六大岗位：_____、_____、_____、_____、_____、_____。

二、选择题

1. （　　）是指为用户提供娱乐内容的平台，如抖音、快手等，通过直播来销售商品是此类平台实现流量变现的重要方式之一。

    A．传统电商平台   B．娱乐内容平台   C．导购社区平台

2. 小红书是比较典型的（　　），它通过打造优质内容赢得用户口碑，并进一步充分利用用户口碑和平台流量。

    A．社交平台   B．导购社区平台   C．传统电商平台

3. （　　）就是直播运营团队在直播结束后对本次直播进行回顾，评判直播效果，总结直播的经验教训，为后续的直播提供参考。

    A．直播复盘总结   B．直播活动筹备   C．直播宣传规划

4. （　　）是直播电商中的综合岗位，主要负责直播电商的整体规划和统筹。

    A．运营   B．主播   C．副播

三、简答题

1. 直播电商的模式有哪些？
2. 直播电商的商业价值有哪些？
3. 常见的直播电商平台的类型有哪些？
4. 直播电商的流程是怎样的？
5. 直播电商有哪些岗位，各岗位职责与职业能力要求是怎样的？

四、技能实训题

下面通过技能实训熟悉抖音直播平台，具体实训步骤如下。

1. 打开抖音App首页，点击左上角的"直播"图标，如图1-7所示。
2. 进入直播间，通过上下滑动界面选择一个直播商家，如图1-8所示。

图1-7　点击"直播"图标

图1-8　选择一个直播商家

3.　在商家直播间中选择购物车中的商品，如图1-9所示。

4.　加入商家的粉丝团，如图1-10所示。

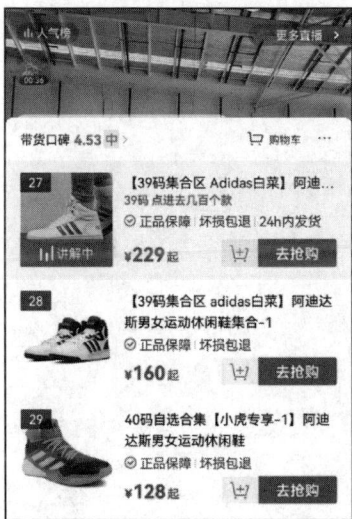

图1-9　选择购物车中的商品

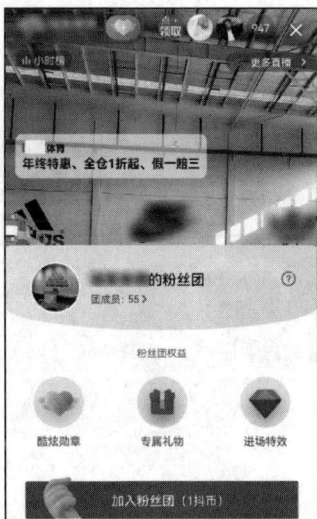

图1-10　加入商家的粉丝团

任务实训

　　为了更好地理解直播电商的概念并掌握相关的基础知识，我们将进行下述实训操作。

一、实训目标

1. 理解直播电商的特性。

2. 掌握各个直播电商平台的差异。

3. 掌握直播电商平台的选择方法。

二、实训内容

分别在快手、抖音、淘宝观看一场电商直播，完成以下内容。

1. 结合直播电商的特性，对你所观看的直播进行点评。

2. 结合你所观看的直播，对比各个直播电商平台的差异。

3. 谈谈你觉得企业应如何选择直播电商平台。

三、实训要求

1. 从实时性、真实性、精准性、直观性和互动性这5个方面对你所观看的直播进行点评。

2. 制作表格，对比各个直播电商平台的差异。

第2章

直播电商的策划与准备

只有进行有效的策划与准备，才能有针对性地开展直播电商活动。本章内容包括直播电商的定位、直播电商的三要素、直播内容策划、直播脚本策划、直播活动方案策划、直播场地的搭建准备等。

知识目标

☑ 熟悉直播电商的定位。

☑ 熟悉直播电商的三要素。

☑ 熟悉直播场地的搭建准备。

技能目标

☑ 掌握直播内容策划。

☑ 掌握直播脚本策划。

☑ 掌握直播活动方案策划。

【引导案例】

直播带货流量不等于销量

2021年10月，某明星瞄准了直播带货的红利，开始在抖音直播中进行直播带货。在直播中，该明星首先推荐了一款价值3 000元的皮大衣。但直到直播结束，该款皮大衣的销量依旧是零。之后，该明星又向消费者推荐了某品牌的奶粉，而这款奶粉的销量也十分惨淡。

除了该明星，还有其他许多明星也曾尝试过直播带货。尽管有些明星创造了一些惊人的数据，但也只是偶发现象。一些知名带货主播在直播中也会请一些明星前来做客，虽然几乎每场直播都能够创造很好的销售业绩，但大多数粉丝还是在为该带货主播买单，而不是为明星买单。

论知名度和带动流量的能力，毫无疑问，明星要比带货主播有优势；但若要论带货能力，明星就远不及头部主播了。这也是直播带货这种销售模式的规则：流量不等于销量。

直播带货的受众都是对商品有需求的消费者，只有商品满足了消费者的需求，消费者才会下单。在直播带货方面，由于明星缺少直播带货方面的专业知识和准备工作，所以他们在介绍商品时往往难以准确地传达商品的信息，自然也难以赢得消费者的信任。而相对于明星，带货主播拥有更强的专业性和更充足的策划准备，更了解消费者的需求，能够更全面地展示消费者想要了解的商品的要点，同时能够根据消费者的消费需求激发消费者的购物热情。此外，带货主播逐渐形成的良好口碑也会让消费者信任其推荐的商品。

在商品的推销上，无论专业性还是个人口碑，相对于明星，带货主播都更容易赢得消费者的信任。由此可见，在直播带货领域，流量并不等于销量，相对于为明星买单，消费者更愿意为自己信任的带货主播和商品买单。

思考与讨论：

（1）为什么大多数明星的带货能力不如带货主播？

（2）在直播前，怎样做好策划与准备工作？

2.1 直播电商的定位

直播电商的定位就是直播的方向和目标。直播电商的实时性、真实性和直观性等优势，决定了我们在直播过程中需要快速且精准地向用户传递信息并进行实时互动，所以开展直播电商活动之前必须先找准定位。做好直播电商的定位之后，主播直播时，直播间的用户会更加精准，精准的用户也意味着有更高的成交率，从而容易取得良好的直播效果。

专家提示

做好直播电商的定位，商家也会更容易找到合适的主播，主播也可以增加收入。但主播带货的合作佣金与粉丝数量有关，因此主播想要增加粉丝数量，就要做好直播和短视频的内容，而且这些内容最好是对用户有价值的。

一场成功的直播实际上是一项系统工程，企业和主播首先要做的就是精准识别消费者需求，找到消费者的需求痛点，并从直播内容上寻找差异化的突破点，这主要包括以下4个步骤。

第一步，深入调研消费者。分析消费者的基本参数，如性别、年龄、职业、收入水平、地理位置等，完成消费者细分，目的在于挑选合适的直播对象，以使直播有的放矢。

第二步，选择适合所推荐商品的消费者群体，并完成消费者画像。在这个过程中，企业需要解决哪些人是我们的直播对象，他们需要买什么商品、为什么买这些商品，哪些人参与购买商品，如何购买商品，何时购买商品等问题。这有助于企业了解消费者的行为特点，帮助主播做出更有效的直播行为，并为供应链等相关人员提供工作依据。

第三步，针对消费者的需求痛点，有效构建直播的看点、直播商品的卖点，提高直播的商业价值。就目前而言，电商直播不仅头部效应强烈，同质化现象也非常严重，多数直播间的定位都围绕着专业性、性价比、货品丰富等关键词，但这些显然已经很难使其在无数竞争者中脱颖而出，甚至已经成为直播间的标配属性。如何打造有趣、有料的直播内容，建立直播间特有的直播调性，打造直播间的核心竞争力，这才是主播需要思考的问题。

第四步，企业拥有了清晰的市场定位和商业逻辑之后，还需要对其形象及特色进行持续塑造，培养与确认消费者的心理认知，持续强化消费者的认可、支持和偏爱。

2.2　直播电商的三要素

直播电商的核心是电商，电商是"人""货""场"三要素的结合，直播电商本质上就是围绕这三个要素展开的具体销售商品的过程。

直播电商的
三要素

2.2.1　人物要素

人物是直播电商的第一要素。直播电商的内容输出形式为视频、图片、文字等，包含观念、品牌、商品、价值等众多内容，需要依托直播人员来完成展示与呈现。一般来说，主播需要从用户状态、商品与竞争、卖点、优惠或质保力度等方面入手，以演示、互动与激励等手段完成内容输出。

1. 主播的主要类型

目前，直播电商的主播主要分为专业电商主播、网络达人、商家员工、名人、企业家、专家、主持人等类型。不同类型主播的特征、优缺点如表2-1所示。

表2-1　不同类型主播的特征、优缺点

主播类型	特征	优点	缺点
专业电商主播	早期由电商平台培育	① 专业度高。 ② 商品转化率较高	直播的商品种类繁杂
网络达人	活跃于抖音、快手等短视频平台，拥有一定规模的粉丝	镜头感较强	① 通常对直播的商品不太了解。 ② 缺乏专业的直播技能
商家员工	商家的电商客服人员或线下导购	① 依托品牌知名度，有一定数量的忠诚用户。 ② 直播场次多。 ③ 熟悉商品	① 直播专业度不高。 ② 商品转化率不稳定

（续表）

主播类型	特征	优点	缺点
明星	大部分将直播带货作为副业，通常会涉足淘宝、抖音、快手等多个直播平台	① 自带流量，具有一定的影响力。② 直播带货的同时还可以推广商品，提高商品的知名度	① 通常对商品缺乏详细的了解，缺乏专业的直播技能。② 商品转化率不稳定
企业家	在商业领域具有一定的知名度，是某个行业中比较成功的人士，通常是某企业或某品牌的创始人、管理者	① 具有一定的知名度，自带流量，容易让人信服。② 对商品比较了解	缺乏镜头感和专业的直播技能
专家	某个领域或行业的专业人士，如服装设计师、化妆师等	掌握某个领域或行业的专业知识，在直播中销售与其专业领域相关的商品时更具说服力和影响力	缺乏镜头感和专业的直播技能
主持人	专业的主持人，如电台主持人、新闻主持人	具有镜头感和专业的播音技巧	通常对商品缺乏详细的了解，缺乏专业的直播技能

2. 选择合适的主播

选择合适的主播很重要，商家或企业可以从三个方面来考虑：匹配度、带货力和性价比。

（1）匹配度需要从这几个方面来考查：主播的粉丝画像、主播形象、专业度、主播的直播间氛围、主播的口碑等。

（2）带货力需要从这几个方面来考查：粉丝活跃度、粉丝团及直播数据等。

（3）性价比需要从这几个方面来考查：转化率、垂直性、佣金、"坑位费"等。

🎓 专家提示

尽管直播内容输出以主播为主体，但副播和其他运营人员的共同参与、体验营造，也可以提高内容输出的质量。总之，优质直播内容输出需要直播团队的高度配合和对直播过程的高度控制。

2.2.2 货物要素

直播电商的最终目的是卖货，所以商品的选择很重要。直播团队根据直播账号所针对的具体消费群体或者不同场景的不同需求，选择直播电商带货的商品。例如，某主播虽然带货品类很多，但是他的带货主线仍然是美妆，因为他的粉丝群体以女性为主。

随着直播电商的迅猛发展，直播电商涉及的商品品类不断丰富，涵盖快消品、美妆护肤、服装鞋帽、图书、箱包、珠宝、3C 数码、汽车等多个品类。其中复购率高、客单价低、利润率高的品类在直播电商中更为受益。

从经济效益的角度来看，美妆护肤和服装鞋帽具有利润率高、客单价高、成交量大的特点，所以这两个品类成为直播电商中的强势品类。

从专业化程度的角度来看，在快消品品类中，由于不同品牌的商品差异较小，因此用户购买此类商品更多是受品牌效应的驱动。此外，这类商品的专业化程度较低，不需要主播对商品进行过于专业化的讲解。因此，快消品也成为直播电商的热门品类之一。

而汽车、珠宝、3C 数码等专业性较强的商品品类，对主播的专业化程度要求较高。主播需要与用户进行专业的双向交流，才能推动用户更快地做出购买决策。所以，在直播中销售这些品类的商品时，主播对商品认识得越深刻，对商品的介绍越专业，越容易促成用户购买。

2.2.3　场景要素

直播间的场景就是主播所处的直播场景，它直接决定了用户在观看直播时的视觉感受和消费体验，极大地影响着整场直播的效率。直播电商的场景要素主要包括设备选择、直播间布置、场地选择。

1. 设备选择

在极端情况下，利用一部手机也可以完成直播。但更专业的设备与场景布置，可以更有效地提高效率、促进转化、控制过程。直播不受地理位置的限制，其潜在用户数量可能非常大，所以主播最好采用高配置的计算机、独立网线等，避免在直播过程中出现卡顿现象。如果采用手机直播，则最好准备两部手机，一部手机用来直播，另一部手机用来查看粉丝留言，方便与粉丝及时互动，同时还要特别注意保持电量充足。另外，主播还应选择更专业的摄像头，以保证直播的清晰度，摄像头最好自带美颜、特效滤镜、多镜头切换等功能。

2. 直播间布置

直播间布置包括灯光和背景等的布置。一般来说，直播间应该依照明确和简洁两个原则进行布置。明确就是直播间要通过文字或图片等直接告诉用户"这场直播是做什么的"，或者告诉新用户"如何参与互动"；简洁就是直播间的设置应简单明了，直接告诉用户"这个直播间是什么直播间"。我们在布置时需要根据品牌定位和商品特点来做出相应的设计，如灯光的明暗程度、色温、色调，背景墙的颜色与风格等；此外，还应该注意直播间的隔音效果、话筒收音效果等。

3. 场地选择

越来越多的商家开始在更多的时间段和更多的场景下展示商品，直播电商的直播场景越来越丰富、多元。直播电商常见的场地选择如下。

（1）产地直播。产地直播是指主播在商品的原产地、生产车间等场地进行直播，以展示场地或者制造工艺、细节为主，并通过这样的方式来销售商品，产地直播如图2-1所示。

（2）实体门店直播。实体门店直播是指主播在线下实体门店里进行直播，实体门店就是直播间，实体门店直播如图2-2所示。这样商家不需要专门选场地搭建直播间，能够节约一定的成本，在销售商品的同时还能为线下实体门店导流。

图2-1　产地直播

图2-2　实体门店直播

（3）搭景直播。搭景直播是指商家或达人主播选择合适的场地，并搭建直播间进行直播，搭景直播如图2-3所示。商家或达人主播可以根据品牌调性、主播人设或直播商品的调性来设计直播间的风格。

图2-3　搭景直播

（4）供应链基地直播。供应链基地直播是指主播在供应链基地进行直播。供应链基地通常用于自身旗下的主播开展直播，或者租给外界主播、商家进行直播。在供应链比较完善的基地，主播可以根据自身需求在供应链基地挑选商品，并在供应链基地提供的直播场地中进行直播，供应链基地直播如图2-4所示。

图2-4　供应链基地直播

供应链基地的装修和直播设备一般比较高档，直播时画面画质比较好，容易使用户下单。供应链基地中的商品通常是经过供应链运营方筛选的，主播在基地选好商品后，在直播时将商品链接导入自己的直播间即可。供应链基地提供的商品款式非常丰富，主播不用担心缺少直播商品。

（5）海淘现场直播。海淘现场直播是指主播在国外的商场、免税店进行直播，用户通过观看直播选购商品，海淘现场直播如图2-5所示。海淘现场直播可以让用户产生身临其境般的在国外购物的感觉，有利于提升用户对商品的信任度。

图2-5　海淘现场直播

> **知识窗**
>
> 　　进行场地选择时，商家要优先选择用户购买与使用商品频率较高的场地，以拉近与用户之间的距离，加深用户观看直播后对商品的印象。与此同时，商家还可以根据活动策划需要，根据人数、游戏内容、商品陈列等选择场地。

2.3 直播内容策划

有价值的直播内容是直播电商能够形成有效流量的关键。做好直播内容的策划，可以让直播内容变得更有创意和吸引力。下面将介绍直播内容策划，以增强用户的黏性。

2.3.1 直播的常见形式

主播要结合自身特点选择适合自己的直播内容表现形式。目前，比较常见的直播形式主要有以下几种。

1. 娱乐幽默式直播

很多主播会以娱乐、幽默的形式来直播，如表演脱口秀、幽默段子，让观众在碎片化的时间里消遣。看了能让人捧腹大笑的直播，比较容易迎合人们的心理需求，更容易获得人们的关注。

2. 才艺表演式直播

才艺表演式直播是指通过才艺表演的形式来呈现直播内容，如魔术、音乐、舞蹈等。在这种直播中，主播可以将语言作为表现直播内容的辅助手段。才艺表演式直播不能只是主播自顾自地表演，还要配合观众的互动，这样才能增强直播的互动性，让缺少语言交流的直播显得有趣。

不过才艺表演式直播对主播的要求比较高，主播的表演能力要强，音乐要好听，舞蹈要好看，没有这方面才能的人是无法做这种直播的。

3. 实用培训式直播

实用培训式直播是指主播以授课的方式，在直播中教授知识与技能，如教授网络课程、生活技巧、美食制作方法等。这样的直播能够让观众在观看直播、放松身心的同时学习某些技能或知识。直播平台上有很多制作美食的直播，很多年轻观众不会做饭却渴望学着做饭，直播中的菜品制作步骤简单、菜式精致，实用性较高，因此这类直播较受年轻用户的欢迎。图2-6所示为制作甜点直播。

4．卖货式直播

卖货式直播就是直播带货，主播通过在直播中向观众推荐物美价廉的商品来吸引其关注，以引导其购买商品，卖货式直播如图2-7所示。

图2-6　制作甜点直播　　　　图2-7　卖货式直播

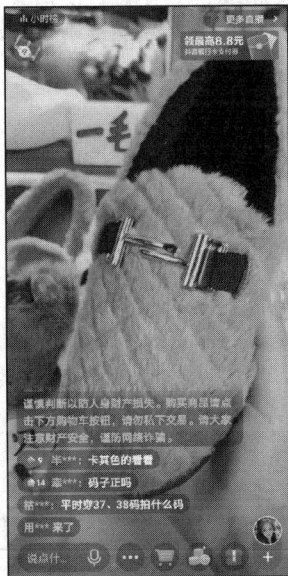

5．开箱评测式直播

开箱评测式直播是指主播拆箱并介绍商品的直播。在这类直播中，主播需要客观、诚实地描述商品的特点及使用商品的体验，让观众全面、真实地了解商品的功能、性能等。

2.3.2　选择擅长的领域

做直播不能一味地追求噱头，主播要先找到自己喜欢并擅长的领域，这样才能在直播中发挥自身优势，创作出受观众欢迎的直播内容。

有些人喜欢的领域很多，旅游、美术、音乐、舞蹈、美食等，找到自己最喜欢的领域，好好审视自己到底做过的事情哪些是被别人赞扬得最多的。这些事情很可能就是你的天赋、专长所在。

主播如果对"吃"非常有研究，那么可以从美食入手来策划直播内容。在直播中，主播并不是简单地让观众看自己吃了什么、怎么吃，而是教观众怎么做美食，让观众观看直播后能自己制作各种美食。这样观众不仅能够全程观看主播制作美食的过程，还能听主播讲解其中的注意事项，并与主播进行互动，从而大大提升直播内容的新鲜感。

2.3.3　挖掘直播观众需求

必须真正尊重观众，真正掌握观众需求，才能获得观众认可。要想打造高质量的直播内容，最根本的是从观众的需求出发，聚焦观众的痛点，即寻找观众的兴趣点和刚需，挖掘他们最关心的内容。所谓"需求至上"，就是说只有当直播的内容刺中观众的需求及痛点时，才能持续吸引其关注，并让观众产生依赖，进而提高其留存率。

在挖掘观众需求痛点时，主播可以尝试以下几种方法。

1. 与观众建立情感连接，激发观众产生共鸣

情感是一切痛点的源头。对于很多人来说，他们之所以喜欢某个主播，是因为能够从这个主播身上找到情感寄托。例如，某个主播非常平易近人，那么这个主播的情感标签就是"温和""和蔼"，其能够给观众以亲切感；某个主播擅长制作各种精美的甜食，那么这个主播的情感标签就是"甜食"，观众通过观看直播可以学会制作各种甜食的方法。主播只有和观众建立情感连接，才容易激发观众产生共鸣。

2. 为观众创造超越心理预期的内容

要想激发观众对直播内容进行分享和口碑宣传，就必须要为他们创造令其触动和喜悦的内容，而关键点不外乎两个：一是在直播的细节上让观众感受到贴心，二是让观众从直播中获得既定内容以外的收获。

在生活中，惊喜容易给人留下深刻的印象，而持续的惊喜容易令人感动，人们会将创造惊喜的人牢牢地刻在脑海中。因此，对于主播来说，创造能够超越观众心理预期的直播内容，才更容易给观众带来惊喜感。

3. 运用同理心，站在观众的角度进行思考

主播要懂得换位思考，设想如果自己是直播间的观众，自己希望从直播中获得什么样的内容与细节，什么样的内容与细节能够让自己感动，然后在直播过程中对此进行满足。例如，有的人观看直播，除了想看主播展示才艺、技能，还想与主播进行互动，以体现自己的存在感。因此，主播在直播时要随时与这类观众进行互动，这样更容易让观众感觉自己受到了重视，从而关注主播，甚至信任主播。

2.3.4　提升直播内容的专业性

主播要想长久地吸引观众观看自己的直播，不能靠撒娇、卖萌等手段，而应该从为观众提供具有专业性的直播内容入手，让观众能够从直播中获得新的、有价值的信息，因而对自己保持长期的关注。

例如，主播可以通过直播做菜，让用户学会美食的制作方法；主播可以通过直播锻炼身体，让观众了解如何正确地健身；主播可以通过直播财务教学，让观众掌握

更多的财务知识；主播可以通过带货直播，让观众购买到令他们心仪的商品；等等。总而言之，只要主播能够持续地为观众带来有价值的信息，观众就会认可主播的专业度，从而长期对主播保持关注。图2-8所示为某主播的塑料花制作教学直播画面。

图2-8　某主播的塑料花制作教学直播画面

课堂思政

　　随着直播领域的细化，网络用户对直播内容质量的要求也在不断提高。高"颜值"主播和低级娱乐内容已经无法满足用户的心理，高质量、文化内涵深的内容，将成为未来直播用户接受的主流内容。伴随着直播技术的发展和人们文化素养的提升，直播用户会越来越倾向于观看有内涵、有深度、正能量的内容。因此，无论是直播卖货的企业还是一般的直播平台，都要在直播内容的文化内涵上下一番功夫。

　　低劣庸俗的直播内容会让用户在企业与"庸俗"之间画上等号，而具有文化内涵的直播内容则会让用户在企业与"高端"之间画上等号。大多数用户在购买商品的时候，都会在自己的消费能力内尽可能选择"高端"的企业。因此，企业的直播营销必须营造出积极的文化氛围，并让用户感受到企业深厚的文化内涵。

　　直播电商在进行直播内容策划时，一定要遵守相关政策，不能为了吸引流量，在内容上打"擦边球"。企业、直播平台和政府应该携手共进，共同维护直播市场中的秩序。

2.4 直播脚本策划

一场直播，主播和商品选择的重要性不言而喻，但一场成功的直播也绝对离不开一个逻辑严谨、分析连贯的直播脚本。

2.4.1 直播脚本的定义

直播脚本就是直播的剧本，它以一篇稿件为基础，形成直播的工作框架，规范并引导直播有序地推进。在直播过程中，主播在没有脚本的情况下，介绍商品容易因信息琐碎造成重点与卖点不突出，或因时间控制不当导致商品介绍时间超时或剩余时间过多等一系列问题。

一场好的直播离不开一个设计严谨的脚本。直播脚本就像电影的大纲一样，可以让主播把控直播的节奏、规范直播的流程，达到预期的目标，让直播效益最大化。

直播脚本一般以完整的直播为单位，或以单品解说为单位。一般来说，整场直播脚本应强调流程、时间、工作配合、技术指导等；单品直播脚本应侧重于突出商品卖点，强调与用户利益的结合点，以及如何在直播中以体验的方式佐证商品的真实、高效、优惠等。

2.4.2 直播脚本的核心要素

在进行直播脚本策划之前，直播运营团队首先要明确直播脚本的核心要素，包括明确直播主题、把控直播节奏、调度直播分工、控制直播预算，直播脚本的核心要素如图2-9所示。

1. 明确直播主题

直播主题是直播的核心，整场直播的内容需要围绕直播主题进行拓展。要明确直播主题，首先要明确本场直播的目的，是提高企业的知名度还是开展大型促销活动。明确直播主题，吸引用户观看直播，是直播电商中最关键的步骤之一。

俗话说："好的开头是成功的一半。"选好直播主题也是如此。直播主题可以是紧抓当下的热点主题，如"双11""6·18"等，也可以是一些节日主题，或者商家自己创造的节日主题，如品牌诞生周年纪念日等。

图2-9　直播脚本的核心要素

2. 把控直播节奏

把控直播节奏可以通过让主播预习当天的直播内容，熟悉当天直播的商品来实

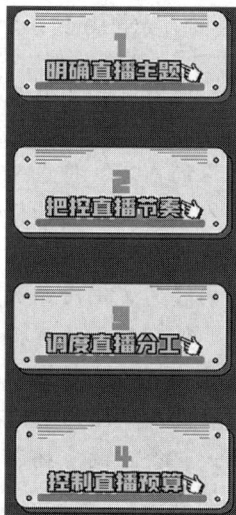

现。把控直播节奏在很大程度上可以让直播有条不紊地进行。

一个合格的直播脚本应具体到分钟。比如8点开播，8点到8点10分进行直播间的预热，和观众打招呼等。

另外直播脚本的内容还应包括对商品的介绍的安排，如一个商品介绍多长时间。直播运营团队只有尽可能地把时间规划好，才能按照计划来执行。直播运营团队可以为每一款商品定制一个简单的单品直播脚本，以表格的形式将商品的卖点和优惠活动标注清楚，以避免主播在介绍商品时手忙脚乱、混淆不清。

3. 调度直播分工

调度直播分工可以指导主播、副播、运营的动作、行为、话术，其内容包括直播参与人员的分工。

4. 控制直播预算

单场直播需要控制成本，中小商家可能预算有限，直播运营团队可在直播脚本中提前设计好能承受的优惠券面额或者促销活动、赠品支出等，以控制直播预算。

2.4.3　整场直播脚本策划

一场直播通常会持续几个小时，在这几个小时里，主播先讲什么、什么时间互动、什么时间推荐商品、什么时间送福利等，都需要提前规划好。因此，直播运营团队需要提前准备好整场直播脚本。

整场直播脚本是对整场直播活动的内容与流程的规划与安排，重点是规划直播活动中的玩法和直播节奏。整场直播脚本的内容，一般包含直播主题、直播目标、主播介绍、直播时间、注意事项、人员安排、直播的流程细节等，整场直播脚本的内容如表2-2所示。

表2-2　整场直播脚本的内容

直播脚本内容	具体说明
直播主题	从用户需求出发，明确直播的主题，避免直播内容没有营养
直播目标	明确直播要实现何种目标，是积累用户、提高用户进店率，还是宣传店铺等
主播介绍	介绍主播、副播的名称、身份等
直播时间	明确直播开始、结束的时间
注意事项	说明直播中需要注意的事项
人员安排	明确参与直播人员的职责，例如： 主播负责引导关注、讲解商品、解释活动规则； 助理负责互动、回复话题、发放优惠信息等； 后台/客服负责修改商品价格、与用户沟通转化订单等
直播的流程细节	直播的流程细节要非常具体，要详细说明开场预热、商品讲解、优惠信息、抽奖或发福利、用户互动、结束环节送出小礼品、下一场直播预告等环节的具体内容。例如，什么时间讲解第一款商品，具体讲解多长时间，什么时间抽奖等，直播运营团队应尽可能把时间都规划好，并按照规划来执行

优秀的整场直播脚本一定要考虑到细枝末节，让主播从上播到下播都有条不紊，让每个参与人员、道具都得到充分的调配。

2.4.4 单品直播脚本策划

单品直播脚本是围绕单个商品设计的脚本，核心是突出商品卖点。在一场直播中，主播会向用户推荐多款商品，主播必须对每款商品的特点和应采用的营销手段有清晰的了解，这样才能更好地将商品的亮点和优惠活动传达给用户，刺激用户的购买欲望。因此，为了帮助主播明确商品的特点，熟知对每款商品应采用的营销手段，直播运营团队最好为直播中的每款商品都准备一个直播脚本。

直播运营团队可以将单品直播脚本设计成表格形式，其主要包括品牌介绍、商品卖点、直播利益点、直播时的注意事项等内容，这样既便于主播全方位地了解直播商品，也能有效地避免相关人员在对接过程中产生疑惑或不清楚的地方。表2-3所示为某品牌一款电饭锅的单品直播脚本。

表2-3 某品牌一款电饭锅的单品直播脚本

项目	商品宣传点	具体内容
品牌介绍	品牌理念	强调电饭锅品牌、品质，企业创始人或企业领袖创办企业的动机、经历、精神，商品开发的历程等
商品卖点	商品基本属性	突出电饭锅产地、价格、颜色、型号、大小、用途、保质期、质地、材料、新工艺、新材料、文化传承、包装
直播利益点	商品促销信息，强调性价比	① 开场满送（开播前为了聚人气，直播间人满多少抽奖）。 ② 整点抽奖（每到整点截屏抽奖，让用户持续关注）。 ③ 优惠券促销（在直播间氛围不佳时推出，可有效拉高人气）。 ④ 问答抽奖（直播间设定问题，用户答对可参与抽奖）
直播时的注意事项		① 在直播进行过程中，直播界面持续显示"关注店铺"卡片。 ② 引导用户分享直播间、点赞等。 ③ 引导用户加入粉丝群。 ④ 引导用户下单

🎓 专家提示

一个直播脚本的质量是否高，需要通过真实的直播来验证。所以每次直播后，直播运营团队都需要及时复盘不同阶段的数据和问题，分析直播间在不同节点中的优缺点，进而对脚本进行改进和优化。通过多次直播的锤炼，直播运营团队可形成一套适合自己直播间的脚本制作策略，让脚本更高效地为直播服务，帮助商品销量不断攀升。

2.5　直播活动方案策划

直播运营团队做直播活动方案策划时，切忌主观臆断，要从用户的角度出发，多为用户考虑，从而达到更好的直播效果。

2.5.1　确定直播开始时间和持续时长

确定直播开始时间和持续时长是直播活动方案策划的第一项内容。规划直播开始时间和持续时长前，直播运营团队要清楚以下两个问题的答案。

（1）什么时间开播最合适？

（2）直播预计持续多长时间？要用多长时间做好直播收尾？

直播运营团队应综合考虑各方面的因素，确定直播开始时间和持续时长，并严格执行。建议直播时间段固定，并保持准时开播，这样能够促进粉丝形成按时观看直播的习惯。在直播临近结束的时候，及时预告下次的直播，能让粉丝持续关注下一场直播。

知识窗

推荐几个流量高的直播时间段。

（1）7：00—10：00，赖床时间

此时观看直播的人，时间相对自由，收入相对稳定可观。此时平台上开播的主播人数少，竞争小，是圈粉的好时机。

（2）12：00—14：00，午休时间

此时观看直播的人大多数是上班族，收入稳定可观。此时平台上开播的主播人数逐渐增加，竞争逐渐变大，是维护粉丝的时间。

（3）19：00—次日 4：00，高峰时间

此时平台迎来流量高峰，无论是主播还是观众都在这段时间涌进平台，消费也达到高峰，是刺激消费的时间。

2.5.2　确定直播互动方式

直播互动方式可以影响直播间的氛围和人气，只有直播间有人气，观众才会停留。和粉丝互动的方式有很多种，主播可以在直播间引导粉丝评论，通过游戏互动、连麦互动来活跃直播间氛围。

1. 引导粉丝评论

主播要提前了解粉丝的偏好，与粉丝互动，引导粉丝评论。例如，主播可以直

接向粉丝说"喜欢的请扣1""想要这个赠品吗？想要的扣1"等，让更多的人参与到直播互动中来。

2. 通过游戏互动

主播还可以通过游戏互动的方式来活跃直播间氛围，如开展答题活动、领红包活动等。例如，主播可以说"大家觉得橘色大衣好看还是黄色大衣好看？选橘色的扣1，选黄色的扣2"。

3. 通过连麦互动

粉丝和主播连麦互动，不仅有助于提高直播间热度，调动直播间氛围，提高粉丝的积极性；还能帮助主播塑造权威和专业的形象，增加直播间粉丝的活跃性。

2.5.3 确定直播促销活动

利用各种礼品促销活动、点赞活动、周期性活动、竞价活动、随机活动等留住观众和意向用户。

1. 礼品促销活动

礼品促销是商家促销商品的一种销售手段，礼品促销活动成本低、效果好，是性价比不错的促销活动之一。在激烈的竞争中，礼品促销可以为商家争取更多的生意、更快的成交速度。礼品促销有签到礼、互动礼、分享礼、下单礼等，图2-10所示为礼品促销活动。

图2-10　礼品促销活动

专家提示

参加活动的商品要经过精挑细选，一般是受欢迎的、比较热门的商品；其次是时间的选择，也就是确定哪个时间段是活动时间，直播运营团队需要对时间进行分段规划，不能一直开展活动。

2. 点赞活动

点赞数体现了活跃人数，点赞数越多，直播间的人气也就越高，所以直播运营团队一般都会设置点赞数达到多少就发红包、发福利，这样有购买欲望的人就会主动支持主播，为主播点赞、提升人气，以获取自身需要的优惠。

3. 周期性活动

周期性活动一般是每周固定时间开展的直播活动，或者每月固定时间开展的直播活动，这样的活动对于看直播的时间很少的粉丝有很好的维护作用，同时也能增加直播间的趣味性。

4. 竞价活动

竞价活动包括设置1元起拍等，适用于人气比较高的直播间，尤其适用于推销新品。

5. 随机活动

随机活动的特点是给主播提供的权限更大，比如主播可以临时决定送礼品的额度，因此，主播的积极性更高和自由度更大。这也有利于提升直播间的人气，但是权限大小需要根据主播的实际执行力来确定。

2.5.4　确定直播引流方案

直播引流的目的在于提升直播间人气，有更多的人进入直播间才能有更高的转化率。例如，是在站外做直播引流还是直接发短视频引流，是否要借助第三方平台进行引流，是否要付费引流等。确定直播引流方案，有利于最大限度地提升直播间人气。

1. 通过短视频引领

直播运营团队可提前1～2天发布直播预告短视频进行直播预热。从预热视频的评论中，直播运营团队可以了解粉丝的需求，从而在直播中有针对性地进行推广。这样既能增加粉丝的好感度，还能提高直播商品的转化率。

2. 优惠促销

不定期在直播间发放优惠券，利用专属利益点刺激消费，可以刺激用户的购买欲望，提高商品的转化率，同时还能活跃直播间气氛。直播运营团队也可以定时抽奖，以延长用户留存时间。

3. 站外资源宣传

直播运营团队可以用站外资源对直播进行大力宣传，比如通过朋友圈、QQ群、微博等社交平台，告诉用户具体的直播时间、直播相关内容等。

2.6　直播场地的搭建准备

在直播之前，直播运营团队需要做好直播设备的选择、直播场地的选择与布置。

直播场地的
搭建准备

2.6.1　室内直播设备选择

"工欲善其事，必先利其器。"优质的直播效果离不开专业的直播设备。通常来说，室内直播需要的设备主要有以下几种。

1. 视频摄像头

视频摄像头是直播的基础设备，目前既有固定支架摄像头，也有软管式摄像头，还有可拆卸式摄像头。

（1）固定支架摄像头如图2-11所示，可以独立置于桌面，或者夹在计算机显示器屏幕上，使用者可以转动摄像头的方向。这种摄像头的优势是比较稳定，有些固定支架摄像头甚至自带防震动装置。

（2）软管式摄像头带有一个能够随意变换、扭曲身形的软管支架，如图2-12所示。这种摄像头上的软管能够多角度自由调节，即使被扭成S、L等形状后仍可以固定，可以让主播实现多角度自由拍摄。

（3）可拆卸式摄像头是指可以从底盘上拆卸下来的摄像头，如图2-13所示。这种摄像头能被内嵌、扣在底盘上，主播可以使用支架或其他工具将其固定在计算机显示器屏幕顶端或其他位置。

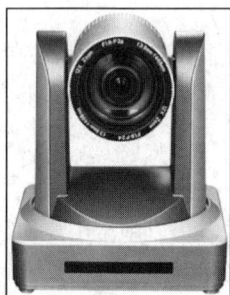

图2-11　固定支架摄像头　　图2-12　软管式摄像头　　图2-13　可拆卸式摄像头

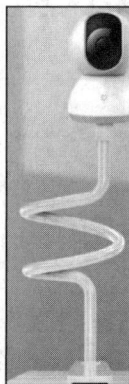

2. 耳机

耳机可以让主播在直播时能够听到自己的声音，从而很好地控制音调、分辨伴奏等。一般来说，入耳式耳机和头戴式耳机比较常见，分别如图2-14和图2-15所示。大多数主播会选择使用入耳式耳机，因为这种耳机不仅可以避免头部被夹的不适感，还比较美观。

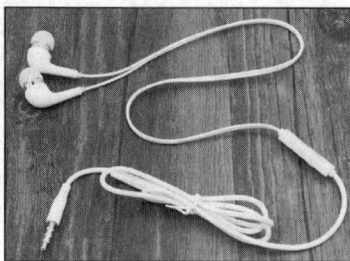

图2-14　入耳式耳机　　　　　　图2-15　头戴式耳机

3．话 筒

除了视频画面，直播时的音质也直接影响着直播的质量，所以话筒的选择也非常重要。目前，话筒主要分为动圈话筒和电容话筒。

（1）动圈话筒如图2-16所示，其最大的特点是声音清晰，能够将高音真实地还原。动圈话筒又分为无线动圈话筒和有线动圈话筒，目前大多数无线动圈话筒支持苹果及安卓系统。动圈话筒的不足之处在于其收集的声音的饱满度较差。

（2）电容话筒如图2-17所示，其收音能力极强，音效饱满、圆润，听起来非常舒服，不会产生尖锐高音带来的突兀感。如果直播唱歌，就应该配置一个电容话筒。由于电容话筒的敏感性非常强，容易形成"喷麦"，因此使用时可以给其装上防喷罩。

图2-16　动圈话筒　　　　　　图2-17　电容话筒

4．声 卡

声卡（见图2-18）是直播时使用的专业收音和声音增强设备，一台声卡可以连接4个设备，分别是电容话筒、放伴奏用的手机或平板、直播用的手机和耳机。

5．灯光设备

为了调节直播环境中的光线效果，需要配置灯光设备，图2-19所示为环形补光灯，图2-20所示为八角补光灯。专业级直播则需要配置专业的灯光设备，如柔光灯、无影灯、美颜灯等，以打造更加精致的直播画面。

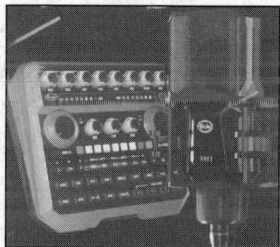

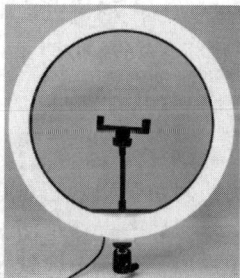

图2-18　声卡　　　　　图2-19　环形补光灯　　　　图2-20　八角补光灯

6. 计算机和手机

计算机和手机可以用来查看直播间评论，与粉丝进行互动。主播也可以用手机上的摄像头直播。若要直播计算机显示器屏幕上的内容，如直播课件，可以使用视频录制直播软件；若要直播手机屏幕上的内容，则可以在计算机上安装手机投屏软件，然后进行直播。

7. 支架

支架是用来放置摄像头、手机或话筒的，它既能解放主播的双手，也能增加摄像头、手机、话筒的稳定性，图2-21所示为摄像头三脚支架，图2-22所示为手机支架，图2-23所示为话筒支架。

图2-21　摄像头三脚支架　　　　图2-22　手机支架　　　　图2-23　话筒支架

2.6.2　户外直播设备选择

现在越来越多的主播选择到户外进行直播，以求给观众带来不一样的视觉体验。户外直播面对的环境更加复杂，需要配置的直播设备主要有以下几种。

1. 手机

手机是户外直播的首选，但不是每款手机都适合做户外直播。用于进行户外直播的手机的CPU和摄像头的配置要高，主播可以选用中高端配置的手机，只有CPU性能足够强，才能满足直播过程中的高编码要求，以及解决直播软件的兼容性问题。

2. 上网流量卡

网络是户外直播首先要解决的问题，因为它对直播画面的流畅程度有着非常直接的影响。如果网络状况较差，就会导致直播画面卡顿，甚至出现黑屏的情况，会严重影响观众的观看体验。因此，为了保证户外直播的流畅度，主播需要配置信号稳定、流量充足、网速快的上网流量卡。

3．手持稳定器

在户外直播时，主播通常需要到处走动，一旦走动，镜头就会出现抖动，这样必定会影响观众的观看体验。虽然一些手机具有防抖功能，但是其防抖效果有限，这时主播需要配置手持稳定器来保证拍摄画面的稳定，手持稳定器如图2-24所示。

4．运动相机

在户外进行直播时，如果主播不满足于手机平淡的拍摄视角，就可以使用运动相机来直播。运动相机如图2-25所示，是一种便携式的小型防尘、防震、防水相机，佩戴方式多样，拥有广阔的拍摄视角，可以拍摄慢速镜头。因此，主播可以在一些极限运动中使用运动相机进行直播。

5．自拍杆

自拍杆能够有效避免大头画面的出现，让直播画面更加完整，更加具有空间感。自拍杆的种类非常多，如带蓝牙的自拍杆，能够多角度自由翻转的自拍杆，以及带美颜补光灯的自拍杆等。就户外直播而言，带美颜补光灯的自拍杆和能够多角度自由翻转的自拍杆更受欢迎。图2-26所示为自拍杆。

图2-24　手持稳定器　　　　图2-25　运动相机　　　　图2-26　自拍杆

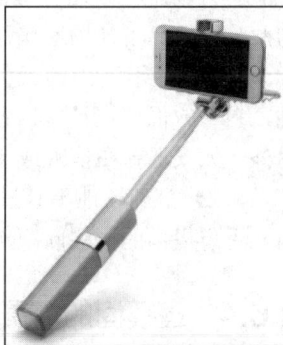

6．移动电源

很多直播设备都是需要用电的，而户外直播充电不像室内直播那样方便，所以做户外直播需要配备移动电源，随时为直播设备补充电量，以保证直播的正常进行。

2.6.3　直播场地的基本要求

直播场地的基本要求，可以分别从室内和室外两个场景来讲。

1．室内直播场地的基本要求

（1）隔音效果良好，能够有效避免杂音的干扰。
（2）有较好的吸音效果，能够避免在直播中产生回音。

（3）光线效果好，能够有效提升主播和商品的美观度，降低商品的色差，提高直播画面的视觉效果。

（4）空间充足，面积一般为10～40平方米，如果需要展示一些体积较大的商品，如钢琴、冰箱、电视机等，要注意空间的深度，确保能够完整地展示商品，直播画面要美观。

（5）如果需要使用顶光灯，则要考虑室内空间的层高，层高一般控制在2.3～2.5米，要保证能够给顶光灯留下足够的空间，避免因顶光灯位置过低而导致顶光灯入镜，影响画面的美观度。

（6）为了避免直播画面过于凌乱，在直播时不能让所有的商品同时入镜。因此在直播商品较多的情况下，直播间要留出足够的空间放置其他商品。此外，有些直播间会配置桌椅、黑板、花卉等道具，也要考虑为这些道具预留空间。

（7）有些直播中除了主播还会有副播、助理等人员，也要考虑为这些人员预留出工作空间。

2. 室外直播场地基本要求

室外场地比较适合直播体形较大或规模较大的商品，或需要展示货源采购现场的商品。选择室外场地作为直播间时，直播运营团队需要考虑以下因素。

（1）鉴于室外的天气状况，一方面要做好应对下雨、刮风等天气的防范措施，另一方面要设计室内备用方案，避免在直播中遭遇极端天气而导致直播延期。另外，如果选择在傍晚或夜间直播，还需要配置补光灯。

（2）室外场地不宜过大，因为在直播过程中主播不仅要介绍各类商品，还要回应用户提出的一些问题，如果场地过大，主播容易把时间浪费在行走上。

2.6.4　直播间的场景布置

虽然对直播间场景的布置并没有统一的硬性标准，主播可以根据自己的喜好进行设计与布置，但总体上要遵守以下原则。

1. 直播间要干净、整洁

大部分主播不会准备专门的直播间，而是选择在家或者寝室进行直播。无论选择何处作为直播间，首先要保证直播间的干净、整洁，一个脏乱的直播间会让很多人的好感瞬间消失。因此，在开播之前，主播首先要将直播间整理干净，将各种物品摆放整齐，创造一个干净、整洁的直播环境。

2. 根据直播内容定位直播间的整体风格

在布置直播间前，主播要从直播的类型入手，明确这个直播间是展示才艺的直播间，还是电商带货的直播间，然后根据直播内容定位直播间的整体风格。

例如，对于爱好音乐、脱口秀，装扮甜美、可爱的泛娱乐女主播来说，在布置直播间时可以采用小清新风格，背景墙可以选择粉红色、樱草色、丁香色等暖色系色调，营造一种温暖、清新、甜美的感觉。而对于电商带货类直播来说，直播间则要突出营销的属性，可以用要销售的商品来装饰直播间，图2-27所示为电商带货类直播间。

3. 直播间的环境要与主播格调一致

这里所说的主播格调指的是主播的妆容、服装风格等。如果直播间的环境布置能够与主播的妆容、服装风格保持一致，就能让直播画面在整体上看起来和谐统一，给观众带来浑然一体的感觉。

4. 利用配饰做适当点缀

利用一些别具一格的配饰做点缀可以增加直播间的活力，同时也可以让观众对主播有更多的了解，找到更多的话题。例如，主播可以在置物架上放置一些自己喜欢的书籍、玩偶、摆件等，图2-28所示为用配饰做点缀的直播间。这样不仅能够增加直播间的活力，还能突出主播的品位和个性特征。主播要合理安排配饰的摆放位置，切勿让直播间显得过于杂乱。

图2-27　电商带货类直播间　　　图2-28　用配饰做点缀的直播间

5. 背景布放置的距离要合适

如果想节约直播间布置成本，或者直播间布置达不到心理需求，这时可以尝试使用背景布，图2-29所示为使用背景布。质量上乘的背景布配上合适的灯光，能够形成很好的立体效果，让直播间场景达到以假乱真的程度。需要注意的是，在直播间内使用背景布时，背景布与主播之间的距离一定要合适，若距离太近，会让人感觉背景对主播有一种压迫感；若距离太远，则会让背景显得不真实。

图2-29　使用背景布

2.6.5　直播间的灯光布置

在布置直播间的场景时，除了放置好背景、物品之外，直播间的灯光布置也非常重要，因为灯光不仅可以营造气氛，塑造直播画面的风格，还能起到为主播美颜的作用。

按照光线造型作用来划分，直播间内用到的灯光可以分为主光、辅助光、逆光、背景光和顶光。不同的灯光采用不同的布置方式，其营造出来的光线效果也不同。

1. 主光

在直播中，主光是主导光源，决定着画面的主调。同时，主光是照射主播外貌和形态的主要光线，准确布置的主光可以让主播的脸部均匀受光。因此，给直播间布光时，只有确定了主光，才能添加辅助光、背景光和逆光等。

主光应该正对主播的面部，与直播所用摄像头的光轴形成0～15度的夹角，这样会使照射到主播面部的光线充足、均匀，并使主播面部的肌肤显得柔和、白皙。主光可以在鼻子下制造出对称的阴影，而不会在上嘴唇或者眼窝处制造太多阴影。但是，由于主光是正面光源，仅用主光会让直播画面看上去比较平，缺乏立体感。

2. 辅助光

辅助光是从主播侧面照射过来的光，起到一定的辅助照明作用。使用辅助光能够增加主播整体形象的立体感，让主播的侧面轮廓更加突出。例如，从主播左前方45度方向照射过来的辅助光可以使主播的面部轮廓产生阴影，从而突出主播面部的立体感；从主播右后方45度方向照射过来的辅助光可以提高主播右后方轮廓的亮度，并与主播左前方的灯光形成反差，增强主播整体造型的立体感。

辅助光要放在距离主播较远的位置，其让主播五官更立体的同时也能照亮周围大环境的阴影。因为它距离主播比主光更远，所以他只能照亮而不能完全消除阴影。在调试辅助光时，需要注意光线的亮度，避免因某一处的光线太亮而导致画面中主播的某些地方曝光过度，而其他地方曝光不足。

3. 逆光

逆光是指光线的照射方向与拍摄方向正好相反，图2-30所示为逆光。逆光能够明显地勾勒出被拍摄对象的轮廓，将其从直播间的背景中分离出来，从而使被拍摄对象的主体形象更加突出。

逆光拍摄具有极强的艺术表现力，能够增强画面的视觉冲击力。在逆光拍摄中，由于暗部比例较大，很多细节被阴影掩盖，被拍摄对象以简洁的线条或很少的受光区域呈现在画面中，这种大光比、高反差给人以强烈的视觉冲击感，从而能产生良好的艺术效果。在布置逆光时，要注意光线的强度，如果逆光的光线过亮会让被拍摄对象前方的画面显得昏暗。

4. 背景光

背景光又称环境光，是被拍摄对象周围环境及背景的照明光线，其主要作用是烘托主体或者渲染气氛，可以使直播间各处的亮度都尽可能和谐、统一。由于背景光最终呈现的是均匀的灯光效果，因此在布置背景光时要采取低亮度、多光源的方法，图2-31所示为背景光。

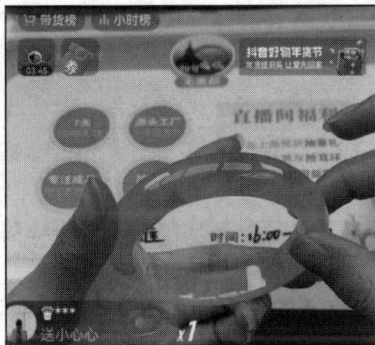

图2-30　逆光　　　　　　　　　　　　图2-31　背景光

5. 顶光

顶光指光线从被拍摄对象的顶部照射下来，光线照射方向与拍摄方向呈90度，如果顶光运用得当可以为画面带来饱和的色彩、均匀的光影分布和丰富的画面细节。

从主播的头顶位置进行照射，给背景和地面增加照明，能够让主播的颧骨、下巴、鼻子等部位的阴影拉长，让主播的面部产生浓重的投影，这有利于塑造主播的轮廓造型，同时也能够强化主播的瘦脸效果。顶光的位置距离主播的头顶最好在两米以内。

案例分析

传统手艺人直播带货变现

随着直播带货形式渐渐丰富，直播平台愈加多样化，吸引了众多手艺人入驻，他们在借助直播平台传播相关文化的同时，也通过直播带货获得了收益，实现了自我价值与社会价值的双赢。

来自成都的"80后"廖奥，是制壶人"俊合号"潮州手拉壶传承人谢华的徒弟，他在入驻抖音后，发布的第一条视频是制壶的整个过程。他保持着1~2天直播一次的频率，获赞15.7万次。他的直播让更多人了解和喜欢上了潮州壶，让国家级非物质文化遗产得到了更好传承。

随着粉丝数量增多、影响力逐渐扩大，廖奥开起了抖音小店，第一场直播便取得了可观收入。截至目前，其抖音电商橱窗店铺销售的茶叶、茶壶已超过5万单。

同时，很多网友在直播间对潮州壶制作工艺、文化表现出十足的兴趣。这与师父谢华利用陶瓷生意赚钱，开设潮州壶免费培训班，依然有许多学生选择改行的窘境，形成了鲜明的对比。

从平台获益后，廖奥也在切实反哺这个行业——2021年"双11"期间，他仍坚持在直播间里讲述着每一个潮州壶的制作工艺，除了售卖有自己理念的茶壶，还售卖其他手艺人的作品。

中国有很多传统的手艺，民间有很多手艺人，但是在短视频流行之前，那些传统的手艺一直都不受大家关注，很多手艺甚至面临失传，因为收不到徒弟，没有年轻人愿意学。随着短视频和直播的火速发展，中国大量传统手艺人利用短视频和直播，通过手艺制作过程展示吸引关注、带货变现。各种具备欣赏性或"硬核"过程的技能都可以作为短视频和直播的选题，并有助于销售对应商品。

通过以上案例，分析以下问题。

（1）前些年为什么很少有人愿意学习传统手艺？

（2）廖奥是怎样通过短视频和直播带货的？

知识巩固与技能实训

一、填空题

1. _____就是直播的方向和目标。

2. 直播电商的场景要素主要包括_____、_____、_____。

3. _____就是直播的剧本，它以一篇稿件为基础，形成直播的工作框架，规范并引导直播有序地推进。

4. _____是对整场直播活动的内容与流程的规划与安排。

5. _____是围绕单个商品设计的脚本，核心是商品卖点。

二、选择题

1. （　　）是直播电商的第一要素。

　　A．人　　　　　　　　B．货　　　　　　　　C．场

2. （　　）需要从这几个方面考查：粉丝活跃度、粉丝团及直播数据等。

　　A．匹配度　　　　　　B．带货力　　　　　　C．性价比

3. （　　）是指商家或达人主播选择合适的场地，并搭建直播间进行直播。

　　A．实体门店直播　　　B．产地直播　　　　　C．搭景直播

4. （　　）可以指导主播、副播、运营的动作、行为、话术。

　　A．调度直播分工　　　B．把控直播节奏　　　C．明确直播主题

5. （　　）更多是提供给主播的权限，以提高主播的积极性和增加活动宽度。

　　A．竞价活动　　　　　B．抽奖活动　　　　　C．随机活动

三、简答题

1. 直播电商的三要素是什么？

2. 直播脚本的核心要素有哪些？

3. 直播场地的基本要求有哪些？

4. 直播间的场景应如何布置？

四、技能实训题

下面是某款男士羽绒服的商品简介，请你为其制作一个单品直播脚本，并模拟直播场景对其进行讲解。

商品名称及特征：某款羽绒服男冬季外套、短款连帽、灰色、2XL

商品编号：1003881308××××

毛重：0.8千克

商品产地：中国

穿着方式：开衫

材质：涤纶（聚酯纤维）

流行元素：亮面，简约

填充物：白鸭绒

版型：宽松型

领型：连帽

上市时间：2021年冬季

衣长：短款

厚度：厚款

适用人群：青年、青少年

充绒量：100～149克

含绒量：90%以上

风格：基础大众，青春休闲

基础风格：休闲百搭

图案：字母，渐变

适用场景：日常，休闲

任务实训

为更好地理解和掌握直播电商的筹划与准备工作，我们将进行下述实训操作。

一、实训目标

1．确定直播时间和时长。

2．确定直播促销活动。

3．确定直播互动方式。

4．确定直播间的场景布置。

5．确定直播引流方案。

二、实训内容

某品牌女装店想在国庆期间开展一场主题直播，请你结合本章内容，为其进行策划。

1．要在直播间引导粉丝评论，通过游戏互动、连麦互动来活跃直播间的氛围。

2．利用各种点赞活动、周期性活动、竞价活动、随机活动等留住观众和意向客户。

3．根据直播主题的不同，确定直播间的场景布置。

4．确定直播引流方案，最大限度地提升直播间的人气。

三、实训要求

1．需要有完整的电商直播活动策划流程。

2．选择3～5款适合该主播的商品，并为其匹配相应的促销内容和推广渠道。

第3章

直播电商商品的选择与规划

想做好直播电商，商品的选择和规划是根本。消费者在网上买到劣质商品时，往往会降低对商家的好感度。商品的选择和规划是直播电商的起点，要想提高直播间的订单转化率，商家一定要选择好商品，合理规划商品的定价，并进行合适的直播间商品陈列和直播间商品配置。

知识目标

☑ 熟悉选品的定义。

☑ 熟悉选品的原则。

☑ 掌握商品定价的要素。

☑ 掌握直播间商品陈列方式。

☑ 掌握直播间商品配置。

技能目标

☑ 掌握选品的渠道。

☑ 掌握选品的策略、依据。

☑ 掌握商品定价策略。

【引导案例】

直播间选品标准严格

100件直播预选商品中一般只有5%可以被真正上架，这种情况已经成为某主播直播间带货选品过程中的常态。该主播及其团队对于在直播间上架的商品有着一套高标准、严苛的选品流程。

招商组把控选品的第一环节，他们会做基本的筛选，然后由选品组的专业评审及公司内随机挑选的大众评审亲身体验，继续筛查。

该主播除了拥有一支"硬核"的选品团队，还拥有一支由食品药品监督管理、生物化学、材料学等专业背景的人员组成的专业质检团队。他们对商品的生产、包装、卖点、评级标准、运输等方面都有很严格的检验标准。质检团队会审查商品的成分是否健康、安全，在资质和卖点上是否有一些打"擦边球"的因素，还会审查包装上的文字、图案等是否合规。这些都通过后，该商品才能在直播间上架。很多时候，这样一套完整的流程下来，需要花费1～2个月的时间。

思考与讨论：

（1）案例中的团队是怎样选品的？

（2）你觉得直播间选品有哪些原则？

3.1 直播间选品概述

常言道，"巧妇难为无米之炊"。没有好的商品，想要打造高关注度、高销量的直播间，基本是不可能的。本节讲述选品的定义、选品的原则、选品的渠道、选品的策略、选品的依据、测品的方法。

直播间选品概述

3.1.1 选品的定义

选品指的是通过相关方法选择适合直播的商品。选品至关重要，甚至可以说是决定直播盈利或亏损的关键环节，一点儿都马虎不得。如果商品没选好，就算你的直播间人气很高，也可能会出现零转化的情况。

所有的选品最终都指向消费者，只有站在消费者需求的角度考虑，才能正确选品。主播不能盲目地选择一些根本没有市场需求的商品，然后自己为商品臆想一个市场空间，若如此结果必然是惨淡收场。

选品需要投入大量的精力和时间，依托强大的资源整合能力和充裕的资金，完善、丰富商品品类并不断上新，以此刺激消费者购买，调动直播间气氛。

🎓 专家提示

要想做好直播电商，首先要有商品，但是商品类目繁多，哪些商品适合自己，可以卖得更好，是需要仔细分析的。

3.1.2 选品的原则

直播选品的基本原则有以下几点，即高性价比、高匹配度、具有独特性、需求及时、流行应季和品质有保障。

1. 高性价比

大家选择在直播平台上购物的原因，第一是方便，第二是便宜。所以高性价比是符合消费群体心理需求的。不管在哪个平台，高性价比的商品都会在直播电商中更占优势。很多商家会给粉丝"全网最低价"且"无条件退换"的福利，这样一方面最大限度地保证了粉丝的权益，另一方面也让粉丝对商家产生了极高的信任感，从而提高回购率。所以在挑选商品的时候，主播要做好调查，选择高性价比的商品，用户就会纷纷前来购买。

2. 高匹配度

无论是达人主播还是商家主播，都要让商品和直播间粉丝标签或者达人标签相匹配。这样一方面能保证主播对商品的熟悉度较高，另一方面也符合粉丝对直播的预期，有助于提高商品的转化率。找未婚年轻女性来直播母婴用品就会缺乏说服力，同样，如果商品定位的消费群体是青年群体，也不适合让一个老年主播来直播。

3. 具有独特性

商品的独特性是指商品的卖点。商家要熟悉商品的特性，找出该商品与其他商品的差异，商品要有自己的个性，突出自身特点，要巧妙致、给人以美感，要能够体现其品牌和特质。突出自身特点才能吸引更多用户，面对直播间的众多商品，主播可以用"商品特征+商品优势+用户利益"来阐述，如"面料很透气，衣服可以正反穿，穿上感觉很独特、很有个性，现在下单买一送一"。

4. 需求及时

在直播活动期间，商家选择的商品要能满足活动趋势和粉丝的需求。满足活动趋势是指商家要在核心销售日如"双11"、品牌日等目标消费人群集中、购买力较强和销售价值较高、影响力较大的时间，把商品准备充足，并保证商品符合活动的主题，如七夕节的浪漫主题、中秋节的团圆和亲情主题。另外，商家要多关注用户的需求，多留意和搜集粉丝想要在直播间看到的商品，然后据此补充商品，及时满足用户的需求。

🎓 **专家提示**

> 了解粉丝需求的前提是已经确定了自己的用户群体。了解粉丝需求的方式有很多，可以使用一些数据分析工具，比如目前常用的卡思数据、飞瓜数据等数据分析工具。

5. 流行应季

每一个季节都有相应的畅销商品，大多数用户在相应的季节会购买相应的商品。如果在夏天售卖冬天才会使用的商品，肯定是不会有较高销量的，所以最好在直播中选择应季的商品。比如，夏天售卖空调、小风扇、凉席等商品，冬天售卖保温杯、羽绒服等商品。

想要把握住旺季，选对商品是关键。主播可以根据市场趋势、用户使用习惯，以及多平台近期的历史销售纪录，挑选出最具销售潜力的商品。例如，夏季的防晒需求会高涨，如果卖防晒用品，就能很好地满足用户需求，成交就更容易，销量自然大增。

6. 品质有保障

想要抓住年轻消费群体，主播在选择商品时可以选择品质较好、质量过硬的品牌。商家需要对品牌进行深入的了解与分析，包括品牌发展历史、商品的特点、目标用户、竞争对手、行业信息等，只有用户反馈好的商品才能持续得到用户的青睐。纵观当下，直播受众更多以年轻群体为主，他们的品牌意识有待加强，更多人会因为商品质量高和商家的信任背书而产生购买行为。

3.1.3 选品的渠道

要想通过直播带货，首先要有物美价廉的货源。选品的渠道分为线上渠道和线下渠道两种，各有优劣，需要商家和主播结合自身实际去选择。

1. 线上渠道

线上渠道的优点就是商家没有囤货的压力，发货比较省时省力，方便且快捷；缺点是有时候无法看到实物，不容易把控商品的质量。目前线上货源的渠道有以下3类：抖音精选联盟、货源批发网站、其他电商平台。

（1）抖音精选联盟

几乎每个直播电商平台都有自己的官方仓库，抖音精选联盟就是一个连接商家和主播的选品库。符合条件的商家入驻抖音精选联盟上架自己的商品，主播在这个平台上选择符合自己定位的商品。主播在线选择商品并试用后，制作商品分享视频或者直播带货，产生订单后，平台按期与商家或主播结算。商家和主播都可以在后台看到带货的数据和自己的收益，公开透明，避免了不必要的纠纷，可以将更多的精力放在商品分享上。图3-1所示为抖音精选联盟。

但是这种渠道对主播的带货能力要求比较高，如果主播的粉丝数不多，销售能力也不强，能选择的商品就非常少。

（2）货源批发网站

批发网站是很多新手商家和主播都会选择的渠道，比较知名的是1688阿里巴巴采购批发网，上面有很多一手货源，拿货价格较低，有些还支持一件代发，图3-2所示为1688阿里巴巴采购批发网首页。

图3-1 抖音精选联盟

1688阿里巴巴采购批发网是全球企业间的电子商务网站，为天下网商提供海量商机信息和便捷安全的在线交易市场。该网站从海量的商品中甄选热销新品、优质好商，为用户采购批发提供风向标，提供优质折扣货源让用户进货更省心。

图3-2 1688阿里巴巴采购批发网首页

（3）其他电商平台

其他电商平台，有淘宝、京东、拼多多等。某商品在其他电商平台卖得好意味着其在价格、款式、功能等各方面具有一定的优势，将这样的商品放在直播间销售，如果做好了推广，一般也能取得不错的销量。图3-3所示为京东排行榜中热销的商品。

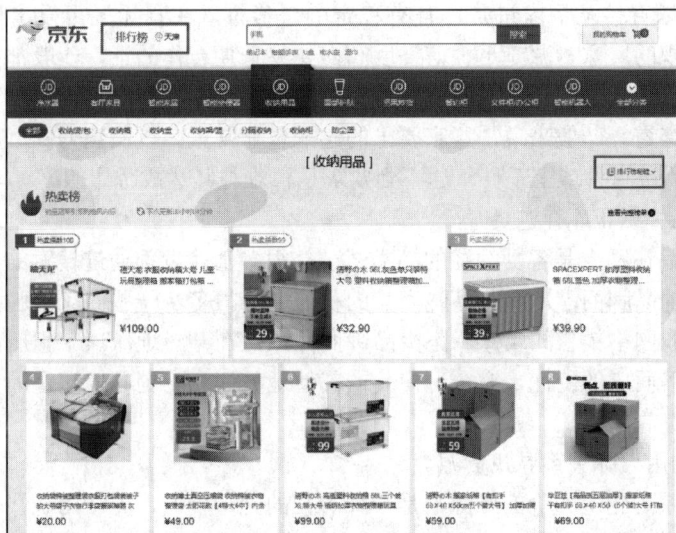

图3-3 京东排行榜中热销的商品

该渠道的劣势在于，爆款商品人人都想卖，竞争自然就会很大。所以，商家和主播在挑选商品的时候要查看该类商品在直播电商平台上的竞争有多大。商家和主播尽量挑选在别的平台热销，但在自己所在直播平台还未被挖掘和发现的一些商品，以降低流量竞争，达到更好的效果。

2. 线下渠道

线下渠道比较适合有一定资金实力的商家和主播，其能根据自身情况控制货源、把控商品；但是线下囤货的压力比较大，还会增加一些额外的人力成本。

目前线下渠道主要有以下4类：批发市场进货、厂家进货、品牌积压库存进货、利用人际关系寻找货源。

（1）批发市场进货

虽然厂家能提供一手货，但是一般的厂家都有固定的大客户，他们通常不会和小商家合作。批发市场的商品价格一般比较便宜，这也是经营者选择最多的线下渠道。从批发市场进货一般有以下特点。

- 批发市场的商品数量大、品种全、挑选余地大、易"货比三家"。
- 批发市场很适合兼职卖家，这里的进货时间和进货量都比较自由。
- 批发市场的价格相对较低，容易实现薄利多销。

相较于其他几种渠道，批发市场的确是新手商家不错的选择。如果主播生活的城市周围有较大的批发市场，不妨就去那里看看。主播多与批发商交往不但可以熟悉行情，还可以拿到较低的批发价格。

（2）厂家进货

一件商品从生产厂家到消费者手中，要经过许多环节，其基本流程如下：原料供应商→生产厂家→全国批发商→地方批发商→终端批发商→零售商→消费者。

如果可以直接从厂家进货，且有稳定的进货量，主播无疑可以拿到理想的价格。而且正规的厂家货源充足、信誉度高，如果长期合作的话，一般都能争取到商品调换和退货还款的便利。一般能从厂家进货的小商家并不多，因为多数厂家不屑与小商家打交道。一般来说，厂家要求的起批量非常大。以服装为例，厂家要求的起批量至少为数百件或上千件，达不到要求是很难与其达成合作的。

（3）品牌积压库存进货

品牌商品在网上是备受关注的品类之一。很多消费者都通过搜索的方式直接寻找自己心仪的品牌商品。有些品牌商品的积压库存很多，一些商家干脆把积压库存全部卖给专职网络销售的卖家。不少品牌商品虽然在某一地域属于积压品，但网络销售具有覆盖面广的特性，完全可使其在其他地域成为畅销品，这是因为品牌积压库存有其自身的优势。

（4）利用人际关系寻找货源

人际关系是一笔无价的资源，是一种潜在的无形资产，无法用金钱来估量。利用人际关系寻找货源，不仅可以节省成本，而且商品售后也更有保障。

3.1.4　选品的策略

要想直播带货，首先要有商品，但是商品类目繁多，我们就需要采取一定的选品策略。选品的策略具体如下。

1. 根据用户画像选择

用户画像是根据用户的社会属性、生活习惯和消费行为等信息而抽象出的一个标签化用户模型。构建用户画像的核心工作即给用户贴"标签",而标签是通过分析用户信息得到的高度精练的特征标识。

例如,如果某用户经常在直播平台购买一些玩具,那么直播平台就会根据用户买玩具的情况给该用户贴上"有孩子"的标签,甚至还可以判断出孩子的大概年龄,贴上"有3~6岁的孩子"这样更为具体的标签。而所有这些标签综合在一起就形成了用户画像,如"一位3~6岁孩子的家长且经常买玩具"。得出这样的结论后,直播平台就会向你精准推送更多关于3~6岁孩子的玩具。

用户画像一般由性别、年龄、地域、职业、消费偏好、消费承受力、消费周期等组成。商家可以从用户画像中了解很多信息,并根据这些信息挑选相应的商品。不同的用户群体需要的商品类型不同。例如,如果用户以男性居多,主播最好推荐科技数码、游戏、汽车用品、运动装备等商品;如果用户以女性居多,主播最好推荐美妆、服饰、居家用品、美食等商品。商家只有选择符合用户画像的商品,转化率才会高。

2. 根据主播人设选择

把合适的商品交给合适的主播来卖,才能卖得更好,这是直播带货的基本道理。主播如果对美妆比较熟悉,那就尽量选择与美妆相关的商品。这样一方面能确保主播对商品的熟悉度较高,另一方面也符合粉丝对主播的预期,更有助于提高商品转化率。

所以主播首先要打造好自身人设,根据自身的性格、讲话方式、兴趣爱好、专业技能,塑造一个特点鲜明,同时又能跟商品匹配的形象。

图3-4所示为美食主播选择炒菜调料作为带货商品,该美食主播就拥有一个专业性特别强的人设,很多喜欢美食的网友都会去看他的直播。这种人设一旦建立起来,用户对其的信任度是很高的,所以该美食主播可以选择与其人设相匹配的炒菜调料作为带货商品。

图3-4　美食主播选择炒菜调料作为带货商品

3. 根据用户购买心理选择

分析用户的购买心理是为了预测用户的购买行为，以便选择适合用户的商品。

（1）适用

适用即求实心理，指立足于商品的基本效用。这类用户在选购商品时不过分强调商品的美观性，而以朴实耐用为主，在适用动机的驱使下，偏重商品的性能，而将其外观、价格、品牌等放在次要考虑的位置。

（2）经济

经济即求廉心理，在其他条件大体相同的情况下，价格往往成为左右用户取舍某种商品的关键因素。折扣券、拍卖等活动之所以能牵动大量用户的心，就是因为这类用户存在求廉心理。

（3）可靠

用户总是希望商品在规定的时间内能正常发挥其使用价值，可靠实质上是"经济"的延伸。品牌商品在激烈的市场竞争中具有优势，就是因为其具有可靠的质量。所以，具有远见的商家总是在保证质量的前提下打开商品销路的。

（4）安全

随着科学知识的普及，经济条件的改善，用户对自我保护和环境保护的意识增强，安全性越来越多地成为用户选购某一商品的动机。"绿色商品"具有十分广阔的前景，就是因为这一用户购买心理的存在。

（5）美感

爱美之心，人皆有之，美感也是商品的价值之一。抱有这种购买心理的用户在选购商品时不以使用价值为宗旨，而是注重商品的品格和个性，强调商品的艺术美感。

（6）好奇

所谓好奇心理，是对新奇事物和现象产生注意和爱好的心理倾向，也可称作好奇心。在好奇心理的驱使下，大多数用户喜欢新的消费品，寻求商品新的质量、新的功能、新的花样、新的款式。

（7）求新

抱有这种购买心理的用户在选购商品时尤其重视商品的款式和眼下的流行样式，追逐新潮，对于商品是否经久耐用，价格是否合理则不大考虑。

（8）从众

某些用户在购物时最容易受别人的影响，如见到许多人正在抢购某种商品，他们也极可能加入抢购的行列，或者平常就特别留心他人的穿着打扮，别人说某种商品好，他们很可能决定购买，别人若说某种商品不好，则其很可能放弃购买。

4. 根据市场热点选择

与短视频内容要贴合市场热点的逻辑类似，直播带货的选品也可以贴合市场热点，如端午节时全民都在吃粽子，中秋节时全民都在吃月饼，或某段时间某知名艺人或直播达人带火了某款商品，这些都是主播可以贴合的市场热点。

用户当下对这些商品保持了高度关注，即使不买也会在直播间热烈地讨论相关话题，从而提高了直播间的热度，吸引更多用户进入直播间，这在一定程度上会提高其他商品的销量。

3.1.5　选品的依据

不管是短视频还是直播带货，决定销量的一个重要因素就是选品。商家通常会根据一些条件来选择商品，这就是选品依据。直播间的选品依据如下。

1. 是否符合市场趋势

选品的第一步是观察市场趋势，市场趋势是对消费者需求变化的验证。在观察市场趋势时，商家一般从以下几点进行分析。

（1）品类整体趋势。如果品类整体销售情况处于快速上升趋势，就说明此类商品的需求在扩大，该品类有充足的市场空间。

（2）细分卖点的趋势。细分卖点具体包括款式、技术、成分、口味等。细分卖点的差异化表现代表着品类中的竞争关系正在发生改变，如果自家商品拥有细分卖点优势，那就更容易在竞争中胜出。

（3）价格带趋势。有的品类趋向于走平价路线，而有的品类则逐渐高端化，了解价格带趋势可以帮助商家更好地了解需求人群的购买力，从而做出更合理的定价。

（4）讨论度和热点话题的趋势。在直播电商的内容环境中，商品本身的讨论度为商品带来了曝光量，商家可以根据热点话题来配置对应商品，借助话题热度吸引更多关注。

2. 是否有竞争优势

明确的商品竞争优势可以化作商家的销售话术，推动消费者对于商品的"种草"和转化。一些常见的竞争优势如下。

（1）比较优势：人有我优的商品竞争优势，能使商品更具说服力。

（2）权威背书：从侧面展示商品认可度的支撑材料，如销量数据、明星同款、第三方检测/认证等。

3. 是否有优质的商品体验

（1）优质的商品体验可以带来正向口碑的积累，为品牌获取免费的用户原创内容，UGC曝光。

（2）优质的商品体验可以带来更高的店铺和商品评分，而高评分可以撬动更多的自然流量。相反，商品评分过低则会导致店铺被限流。

（3）优质的商品体验容易实现更稳定的消费者复购率，为品牌带来忠实的消费者，创造长期收益。

4. 是否便于用视频化语言进行内容呈现

在直播电商平台，商品以短视频和直播为主要展现形式，因此商品的卖点一定要充分"可视化"，才能真正吸引到屏幕前的消费者。常见思路如下。

（1）服装、珠宝、首饰等以外观和款式为主要卖点的商品，通常需要更加合适的机位设置，以确保将商品拍摄得清晰完整，并可配合合适的模特进行穿戴展示，充分体现商品的款式设计优势。

（2）化妆品、护肤品等以功效为主要卖点的商品，可以通过现场试用讲解，突出商品使用前后的对比效果。

（3）食品等需要触发感官的商品，可以通过现场试吃来突出感官体验，或通过近景拍摄来清晰呈现其色泽等，强调商品质量。

3.1.6 测品的方法

在筛选出潜力商品后，商家还需要通过充分的测品来验证其销售潜力。常用的测品方法有以下几种。

1. 短视频测品

商家将待测商品根据不同销售话术、不同展示场景制作成多组带货短视频同步发布，根据视频的点击转化数据及点赞评论数据可以了解该商品的销售潜力，同时也能够对不同的销售话术和展现形式进行潜力判断。当有多款相似商品需要确定优先度时，商家也可以为它们制作相似的短视频进行带货测试，从中选取销售情况更佳的商品作为销售主力商品。

2. 直播间挂链接

直播间挂链接是指在直播过程中，把几款备选商品同步上架，在不对其进行讲解的情况下观察它们的自然点击和转化数据。这是一种较为简单且低成本的测试方式，其优势在于商家可以根据测试结果进行实时调整。当有一款备选商品的自然转化情况较好时，商家可以临时安排主播对这款商品进行讲解，进一步测试其转化效果。

3. 直播间互动

在直播过程中，主播也可以通过主动向用户提问的方式来了解用户的需求，比如主播可以描述一个具体的生活场景并提示痛点，让用户回应是否会在生活中遇到这样的场景，如果用户的反响强烈，则说明解决对应痛点的商品有较大的销售潜力。直播间互动的方式不仅能够让主播了解用户的需求，也能够让用户获得更多的参与感。

3.2　直播间商品定价

商品定价是一门很深的学问。在瞬息万变的市场中，商家要把自己的商品成功销售出去，必须掌握商品的定价策略。

直播间商品
定价

3.2.1　商品定价的定义

商品定价是市场营销学的重要组成部分之一，主要研究商品价格制定和变更的策略，以获得最佳的营销效果和最大的收益。如今直播电商中的商品类目繁多，要想将自己的商品成功地销售出去，商家必须掌握合理、独具特色的定价策略，定价决定着商品的销量。

由于网络信息透明化，用户可以很容易地获取同一类商品的价格信息。如果商品定价太高，而商品又没有其他明显的竞争优势，用户就会流向价格更低的商品。如果商品定价过低，虽然可以提高销量，但可能会导致总利润减少。

> **知识窗**
>
> 关于定价的注意事项有以下几点。
>
> • 定价要使自己能获得基本利润，不要轻易降价，也不要定价太高，定好的价格一般不要轻易更改。
>
> • 包含运费的价格应该低于市面上的价格。
>
> • 线下买不到的时尚类商品的价格可以定得适当高一些，低了反而会影响用户对商品的印象。
>
> • 直播中的商品价格应有一定的档次，既有高价位的，也有低价位的。有时为了促销需要甚至可以将一两款商品按成本价出售，以吸引用户的注意力、提升直播间的人气。
>
> • 如果不确定某件商品的网上定价情况，可以利用比较购物网站，在上面输入自己要经营的商品的名称，在查询结果中你就可以知道同类商品在网上的报价，然后确定自己的报价。
>
> • 定价一定要清楚明白，如明确是否包含运费，否则可能会引起麻烦，影响自己的声誉，模糊的定价甚至会使有意向购买的用户放弃购买。

3.2.2　商品定价的要素

商家给商品定价时需要考虑的要素有很多，其中特别要注意以下要素。

1．市场竞争情况

商家为商品定价时应该考虑市场上其他商品是如何定价的，再仔细权衡，从而为自己的商品定价。商品吸引力的高低，直接决定着消费者购买的意愿及数量。如果商品具有一定的吸引力，那么此商品的销售量一般较大；如果商品没有吸引人的地方，那么不论如何促销、降价，其都很难成功售出。

2. 市场的性质

第一，商家要考虑消费者的消费习惯，一旦消费者习惯了使用某种品牌的商品，就不会轻易改变。

第二，商家要考虑销售市场的大小。销售商品时，商家要准确定位自己的消费群体，要了解由这种消费群体构成的市场走向。

3. 销售策略

商品销售策略要根据商品性质、企业形象及店铺的特性来制定。如销售品质优良的品牌商品，则需要定高价。一些具有明显流行期的商品，也需要定高价，因为一旦流行期结束，商品就需要降价。销售过时的商品则需要定低价，这样才能使商品顺利打开销路。

4. 商品形象

一些历史悠久、商品品质优良的品牌店铺，因服务周到且具有一定的名气和根基，使得消费者在逢年过节要买礼品送人时，一定会想到它，因此其商品定价可以稍高。

3.2.3 商品定价策略

商品价格是影响消费者下单的重要因素。定价策略会直接影响消费者的消费意向，如奇特的定价策略会给消费者带来心理刺激。常见的定价策略如下。

1. 阶梯定价

阶梯定价是按照不同的购买数量给出不同的价格。购买一定数量之内的商品，是一个价格，超过一定数量之后，又是另一个价格，一般买的数量越多，价格越低。

一些知名主播就经常使用阶梯定价策略，如4件商品107元，第一件49元（原价）；第二件便宜10元，只要39元；第三件再减20元，只要19元；第四件直接免费。

用阶梯定价策略的商品，看着便宜很多，实际上和直接打包出售的价格一样，但"第三件19元，第四件0元"的超低折扣，能激发消费者的购买欲望。阶梯定价适用于一些想要提高销量的商品，或想要成套出售的商品。

> **知识窗**
>
> 运用阶梯定价策略时，需要注意以下问题。
>
> • 优惠金额不等比。因为购买的数量越多，交易的难度也就越大，这样的话，优惠幅度也应该越大，交易才更容易达成。

> ·上限保持吸引力。阶梯价格的上限不能设得太高，不然消费者一看就没有购买欲望，比如一件衣服第二件 8 折第三件 5 折就很有吸引力，但如果要 500 件才 5 折那就没什么吸引力了。

2. 商品组合定价

组合定价是商家常用的一种商品定价策略，即把相关的商品组合在一起集合定价，以获取最大销售利益。这种定价策略一般将互补商品或关联商品进行组合定价。

例如，一套夏季出街装一般包括 T 恤、短裤或裙子、墨镜、帽子和配饰等。

如果以上服装配饰单独购买，总价可能会超过 300 元。但主播在直播间给出的组合价格会非常实惠，同样是 T 恤、短裤或裙子、墨镜、帽子和配饰，T 恤 88 元，短裤或裙子 49 元，墨镜 19 元，帽子不要钱，配饰也不要钱，总价 156 元。主播在说出商品的价格时，语速一定要快，声音要饱满，音量要大，向用户传达商品的组合定价优惠力度，使用户兴奋起来，刺激用户下单购买。

3. 成本加成定价

成本加成定价是以经营成本为基础的一种定价策略，即商品价格等于单位商品成本加上按一定盈利率确定的销售利润。这是商家通常采用的一种定价策略，优点是计算方便。在正常的情况下，即在市场环境的许多因素趋于稳定的情况下，运用这种方法能够保证商家获取正常利润。同时，同类商品的成本和利润率都比较接近，定价不会相差太大，相互间的竞争也不会太激烈。此外，这种定价策略容易给消费者带来一种合理公平的感觉，很容易被消费者接受。

4. 竞品对比定价

该定价策略指通过对比行业内的商家、达人给商品的定价，来给自己的商品定价。

消费者在决定消费的时候，一般会将与该商品有密切关联的同类商品作为价格参照物，对二者的价格进行比较。因此，了解竞品的定价区间有助于商家为商品制定一个更加具有竞争力的价格。但是研究竞品并不代表一味地效仿竞品，竞品的价格只是一个行业参考基准，商家还需要综合考虑自身品牌定位、目标消费人群等多方面因素。

5. 非整数定价

"失之毫厘，差之千里。"把商品价格定成带有零头的做法被称为非整数定价。实践证明，非整数定价确实能够激发消费者良好的心理反应，获得良好的经营效果。例如，将一件商品定为 9.9 元，肯定比定为 10 元更能激发消费者的购买欲望。这里的非整数定价也不是绝对意义上的非整数，比如将原价为 400 元的商品定为 399元，也是非整数定价。图 3-5 所示为采用非整数定价的商品。

非整数定价能够激发消费者的购买欲望，虽然商品价格与整数价格相近，但两者给予消费者的心理信息是不一样的。

图3-5　采用非整数定价的商品

商家进了一批货，以每件100元的价格销售，可消费者的购买意愿并不强烈。商家出于无奈，只好降价，但考虑到进货成本，只降了2元，价格变成98元。想不到这2元之差，竟使消费者的购买意愿大大增强，货物很快销售一空。

3.3　直播间商品陈列

当用户进入直播间时，直播间商品陈列决定了他们对直播间的第一印象。直播间商品陈列的标准是饱满而不拥挤，也就是既能让用户感到直播间的商品丰富和视觉上的舒适，又不会让用户感到过于杂乱。

直播间商品
陈列

3.3.1　商品陈列的定义

商品陈列指以商品为主体，运用一定的艺术方法和技巧，借助一定的道具，将商品按销售者的经营思想及要求，有规律地摆设、展示出来，以方便用户购买。合理陈列商品可以起到展示商品、刺激购买、节约空间、美化购物环境等重要作用。

在商品陈列方面，商家自播的单一品类商品可以放在桌面上，进行直观展示。如果想展示多种品类的商品，商家就要慎重选择陈列架，因为如果商品摆放得不整齐，整体就会显得比较杂乱。建议把商品陈列架放在镜头可以拍到的位置，这样进入直播间的用户就能够第一时间知道这个直播间在卖什么商品。选择陈列架一般有两个标准：一是能更好地展示商品，二是能让直播间看起来整洁有序。

🎓 专家提示

不管是传统零售业还是直播电商行业，商品陈列都是为了方便消费者购物，要以视觉效果好、感觉舒服、陈列丰满、容易发现、容易选择为最终目的。

3.3.2　商品陈列方式

商品陈列是烘托直播间购买氛围的手段，直播间的商品陈列方式主要有主题式、分类式和组合式。

1. 主题式

主题式商品陈列即结合某一事件或节日，集中陈列有关的系列商品，渲染气氛，营造一个特定的环境，以利于该系列商品的销售。主题式商品陈列的主要特征是统一，即要与直播间的主题或风格保持一致。

采用主题式商品陈列的商品可以是一种商品，如某一品牌的某一型号的家用电器、某一品牌的服装等，也可以是一类商品，如系列化妆品、工艺礼品等。

一般来说，直播间的商品陈列主题可以分为以下3个类型，表3-1所示为直播间的商品陈列主题。

表3-1　直播间的商品陈列主题

主题	分主题	具体商品
节假日	中国传统节假日	与春节、端午节、元宵节、中秋节、清明节等有关的特色商品
季节	春季	春季新品、烧烤用具、防雨用具
	夏季	清凉降火用品、防晒用品、防蚊用品、沙滩玩具、夏季新品、饮料、冰棍
	秋季	秋季新品
	冬季	保暖御寒用品、润肤乳
商品品类	零食	干果、罐头、薯片、果冻、酸奶、巧克力
	服装	裙子、衬衫、牛仔裤、西装
	美妆	口红、润肤乳、眼影、面膜
	厨卫	洗涤用品、餐具

例如，卖食品的商家要在直播间陈列某类食品，如零食、快餐食品等，图3-6所示为零食系列；而卖女鞋的商家则要在直播间陈列某种特定风格的女鞋，图3-7所示为女鞋系列。

2. 分类式

分类式商品陈列是根据商品质量、性能、特点和使用对象进行分类，然后将同一类别的商品进行集中陈列，向用户集中展示商品的陈列方法。例如，鞋子可分为皮鞋、布鞋、旅游鞋、拖鞋4类，也可分为男鞋、女鞋、童鞋3类。这种商品陈列方式主要是通过品类的组合，为用户营造琳琅满目、可以充分选择的购物氛围，从而让用户从中购买到自己心仪的商品。

3
Chapter

图3-6　零食系列　　　　　　图3-7　女鞋系列

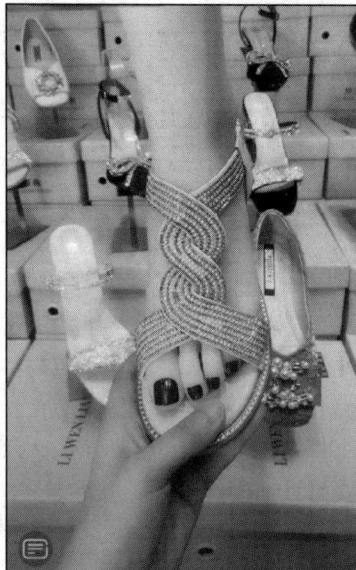

图3-8所示为分类式商品陈列，在图中所示的直播间中，该商家所卖的商品品类繁多，有绞肉机、空气炸锅、垃圾桶、筷子等，给用户提供了很多选择。

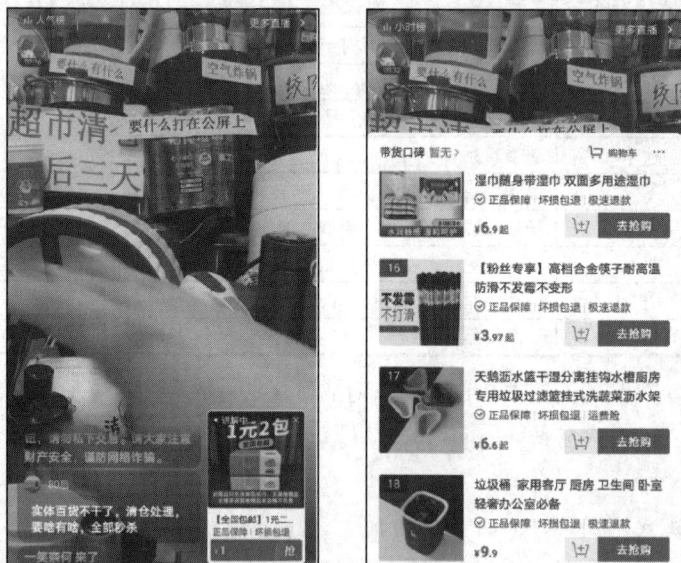

图3-8　分类式商品陈列

3．组合式

组合式商品陈列方式主要是通过强调商品与商品之间的紧密联系和搭配，引导用户将商品组合起来同时下单。利用好商品的组合式陈列方式不但可以提升用户的购物体验，还能提高商家的整体销量。

例如，服饰类商家先让用户试穿了毛衣，然后又让用户试穿了外套，为的是让用户了解服装搭配，促使其购买套装，图3-9所示为组合式商品陈列。

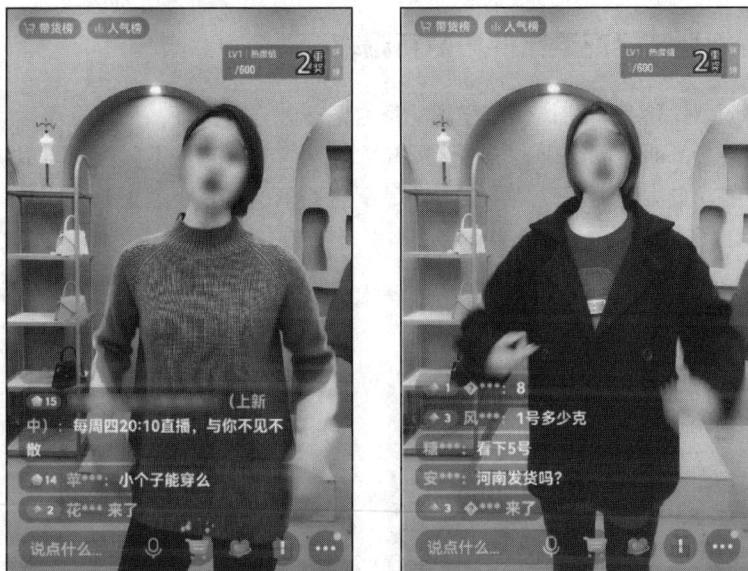

图3-9　组合式商品陈列

3.4　直播间商品配置

下面介绍直播间商品配置，包括商品配置的定义、规划商品配置比例和更新频率、把控商品价格和库存配置、已播商品预留和返场、直播商品上架策略。

直播间商品配置

3.4.1　商品配置的定义

商品配置是指根据用户需求对可配置商品进行组合的过程。通过商品配置，主播可以明确知道，哪些商品分别需要多少数量。

在直播过程中，主播经常面临的问题就是"款式不够""利用率不高""单品销量不够"等，归根结底是因为商家没有根据直播需求对商品进行合理配置，从而使直播数据总是在混乱的商品配置中不断变差。

对商品进行有计划的配置，可以让整个直播营销活动在符合用户消费习惯和商品属性的前提下，有目的、有组织地进行。

目前，一些商家的直播间中的商品越来越多，如果不进行分类，就会一片混乱，不仅用户很难找到需要的商品，而且加大了商家管理商品的难度，更谈不上开展有计划的销售活动。因此，商家做好商品的有序分类，可以让商品的管理便捷化，便于用户集中挑选和比较。此外，直播间商品配置还要能充分展示直播间和商品的美感，以贴合用户在购物时的感性思维，激发用户的购物欲望。

3.4.2 规划商品配置比例和更新频率

商品配置比例是精细化商品配置的核心之一。在规划商品配置比例时，商家要记住三大要素，即商品组合、价格区间和库存配置。合理的商品配置可以提高商品的利用程度，最大化消耗商品库存。商品配置比例的设置类型主要有两种：单品配置比例，如图3-10所示；主次类目配置比例，如图3-11所示。

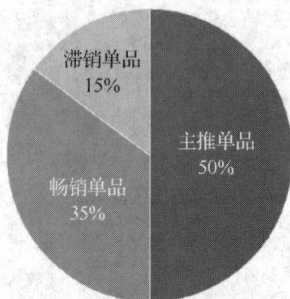

图3-10　单品配置比例　　　图3-11　主次类目配置比例

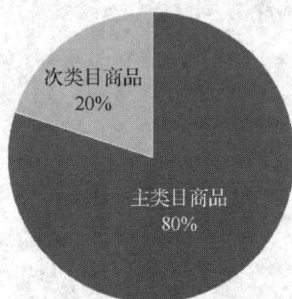

所以，主播只要根据直播时长等因素确定好每场直播的商品总数，然后根据以上商品配置比例做好相应数量的选品即可。

商家要在规划好的商品配置比例的基础上不断更新商品。为了保证每场直播的新鲜感，维护粉丝的黏性，商家要不断地更新直播内容，其中商品更新是非常重要的一部分。

🎓 **专家提示**

一场直播中更新的商品总数至少要达到该场直播中总商品数的50%，其中更新的主推单品占50%，更新的畅销单品占35%。这样就能确保直播间每天都有较高的更新频率。

3.4.3 把控商品价格和库存配置

在商品需求、商品数量及更新比例都确定好的前提下，商家要进一步把控另外两大要素：价格和库存配置。

1. 价格

对于用户来说，价格是促使其停留在直播间的一个重要原因。通过对比各大平台头部商家带货时所售卖商品的单价可以发现，大多数头部商家的客单价基本在50～70元。该价格对于大部分用户来说并不需要谨慎考虑再做出决定，购买量会大大增加。

🎓 **专家提示**

　　通过对比各大平台头部主播带货时所售卖商品的价格可以发现，大多数头部主播的客单价为 50 ～ 70 元。该价格对于大部分用户来说并不需要谨慎考虑后再做出决定，因此商品销售量往往较高。

2. 库存配置

　　优化库存配置是提高直播效果及转化效果的一个重要措施。库存配置的一个重要原则是"保持饥饿"，商家要根据当前在线人数配置不同的库存数量，使直播间始终保持抢购的状态。

　　要想保持"饥饿"状态，库存数量要低于在线人数的50%。如果条件允许，商家可以直接设置店铺库存来配合直播。

3.4.4　已播商品预留和返场

　　为了完善商品配置，更加充分地利用商品资源，商家要对已播商品进行预留和返场。商家要根据商品配置，在所有直播过的商品中选出至少10%的优质商品作为预留和返场商品，并应用到以下场景中。

　　（1）日常直播一周后的返场直播，使返场商品在新流量中转化。

　　（2）当部分商品因特殊情况无法及时上架时，将预留商品作为应急补充。

　　（3）当遇到节假日促销时，将返场商品作为活动商品再次上架。

3.4.5　直播商品上架策略

　　商家要对每一个出现在直播间的商品进行定位，分析它们的销售潜力。根据商品的销售潜力、作用功能、库存状况、品类定位等，商家可以了解商品的定位。商品的分类与定位如表3-2所示。

表3-2　商品的分类与定位

商品分类的依据	商品的分类	商品的定位
销售潜力	热销款	直播电商的主力销售单品，属于销售量排在前列的"爆款"
	平销款	销售量尚可，具备较高的转化率，可以在某些时候代替热销款
	滞销款	销售量较低，转化率不高，属于冷门款
作用功能	引流款	性价比高，可以作为直播引流，点击率高
	"抢购"款	用于提高转化率，以"抢购"降价的利益点带动销量
	利润款	增加利润的单品，尽管转化率一般，但毛利率较高

（续表）

商品分类的依据	商品的分类	商品的定位
库存状况	深库存款	库存较多，如果销售受到影响，会带来库存积压风险
	清仓款	库存较少，一般存在库存不足的风险，可清仓甩卖
品类定位	主营类目款	直播电商重点销售的商品
	次要类目款	可与主营类目款进行连带销售，与主营类目款有很强的关联性

当然，商品的定位并不是唯一的，有些商品既是热销款，又是"抢购"款，而滞销款也可能是利润款。在不同的营销阶段，商家要根据营销目标进行商品的定位或转换定位，由于商品可能存在多种销售目的，商家要对商品进行深度了解，灵活判断商品在不同营销阶段的定位。

为了提高不同营销阶段商品的转化率和销售额，商家要根据不同营销阶段的不同目的，重新定位商品。

1. 日销小促阶段

为了促使更多用户来直播间购买商品，商家可以在直播间自建营销活动，实现日销状态下的销量小高峰，这时可以把直播间看作促销专区。日销小促可以为直播电商积累日常流量，吸引新用户，提高粉丝的复购率，用日销"爆款"推动直播电商整体销售额的增长。商家要把购物车顶部的位置留给性价比高的款式，毕竟不是每个用户都有耐心从购物车最上方一直拉到最下方。

日销小促阶段上架商品种类、数量占比和作用如表3-3所示。

表3-3　日销小促阶段上架商品种类、数量占比和作用

商品种类	数量占比	作用
热销款	50%	引流，保证基础销量，商家可详细讲解，主要用于留存直播间的新用户
"抢购"款	30%	培养用户的观看习惯，用低客单价的商品提高销售量
平销款	20%	每天都推新款，让粉丝每天都有新鲜感，同时拉动销售额的增长

2. 上新阶段

由于直播具有强大的带货能力，能够为商品带来足够的流量，因而直播是新品孵化的重要渠道。如果商家已经积累了一定数量的粉丝，在直播间推出新品时就具有一定的优势。

在上新阶段，商家要把购物车顶部的位置留给新品，因为购物车顶部的位置更容易获得用户的关注。上新阶段上架商品种类、数量占比和作用如表3-4所示。

表3-4　上新阶段上架商品种类、数量占比和作用

商品种类	数量占比	作用
新款	60%	当场直播的主推商品，主播可详细介绍，高频展示，以提升直播间商品的丰富度

（续表）

商品种类	数量占比	作用
引流款/利润款	30%	具有引流和保证利润的作用，在推荐时与新品相结合，可带动新品销售
"抢购"款	10%	用于上新一小时前就开始进行预热，给粉丝提供福利，让有意向购买的粉丝来直播间购买新品，提高复购率

3. 排位赛活动阶段

商家可以通过参与不同类目和不同项目的排位赛来实现大促预热和促销转化的目的。在排位赛期间，用户可以在直播间点击并打开榜单，在榜单上查看排在前列的商家，然后一键跳转到他们的直播间。也就是说，只要商家能排在榜单前列，就可以获得一定的公域流量，更好地实现拉新。

排位赛活动阶段上架商品种类、数量占比和作用如表3-5所示。

表3-5　排位赛活动阶段上架商品种类、数量占比和作用

商品种类	数量占比	作用
直播专享价款	50%	以直播专享价来打动用户，提高转化率，营造冲榜的氛围
热销流量款	40%	具有引流和保证销售额的作用，商家要重点讲解，以更好地实现拉新
"抢购"款	10%	吸引粉丝回流，设置几个流量高峰点，刺激阶段性销售，截留新用户

在排位赛活动阶段，商家要在直播过程中实时监测数据，努力学习榜单前列商家的运营策略，以进一步提升直播间的直播效果。

案例分析

直播带货应该有所选择

明星进行直播带货时，比较适合推销服饰及美妆类商品，因为对于这类商品，明星自身便是一块招牌，很容易被粉丝接受。并且也有许多粉丝相信，明星不会为一些不好的商品代言，因为明星同样担心某款商品不好，从而对自己的人气造成负面影响。

对于企业来说，邀请明星直播带货需要有选择性。例如，某品牌企业邀请某女明星在快手平台直播，10分钟内卖出了20万份面膜。但是，主营数码电子商品的品牌企业在与她合作时，虽然直播观看量高达42万，但成交量只有几十件。为什么观看直播的用户那么多，成交量却如此少呢？原因在于该品牌企业的商品与该明星的定位不符，用户丧失了对明星的信任感。

另一个明星也是如此，在淘宝直播间直播时，曾两个小时内卖出了1万台的空调，然而在卖奶粉时，成交量才几十罐。

可见，并不是明星直播带货就一定会销售火爆。直播带货应该有所选择，如对

商品的选择、对明星类型的选择等，都是需要仔细考量的。

通过以上案例，分析以下问题。

（1）什么样的商品更适合直播带货？

（2）直播电商中，选品的策略有哪些？

知识巩固与技能实训

一、填空题

1. _____指的是通过相关方法选择适合直播的商品。

2. 商家要熟悉_____，找出该商品与其他商品的差异，商品要有自己的个性，突出自身特点，要巧妙别致、给人以美感。

3. 要想通过直播带货，首先要有物美价廉的货源。选品的渠道分为_____和_____两种。

4. 在规划商品配置比例时，商家要记住三大要素，即_____、_____和_____。

5. 主播首要打造好_____，根据自身的性格、讲话方式、兴趣爱好、专业技能，塑造一个特点鲜明，同时又能跟商品匹配的形象。

二、选择题

1. （　　）的优点就是商家没有囤货的压力，发货比较省时省力，方便且快捷；缺点是有时候无法看到实物，不容易把控商品的质量。

　　A. 线上渠道　　　B. 线下货源　　　C. 电商平台

2. （　　）就是一个连接商家和主播的选品库。

　　A. 货源批发网站　B. 抖音精选联盟　C. 电商平台

3. （　　）指立足于商品的基本效用。这类用户在选购商品时不过分强调商品的美观性，而以朴实耐用为主。

　　A. 经济心理　　　B. 可靠心理　　　C. 求实心理

4. （　　）是按照不同的购买数量给出不同的价格。

　　A. 阶梯定价　　　B. 商品组合定价　C. 批量购买引导定价

5. （　　）商品陈列即结合某一事件或节日，集中陈列有关的系列商品，渲染气氛，营造一个特定的环境，以利于该系列商品的销售。

　　A. 分类式　　　　B. 组合式　　　　C. 主题式

三、简答题

1. 选品的原则有哪些？

2. 选品的依据有哪些？

3. 商品定价的要素有哪些？

4. 选品的线下渠道有哪些？

5. 商品定价策略有哪些？

四、技能实训题

下面通过技能实训让学生掌握在1688阿里巴巴采购批发网如何选择商品货源，具体实训步骤如下。

1．打开1688阿里巴巴采购批发网首页，如图3-12所示。

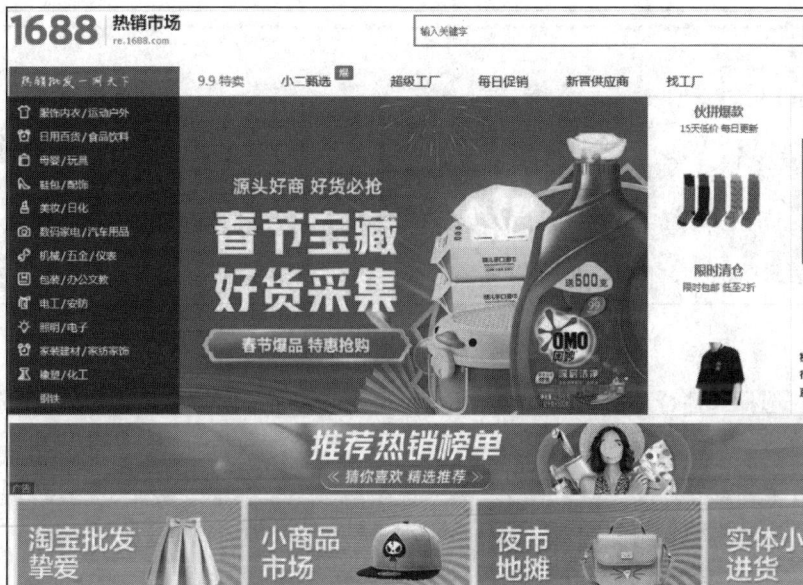

图3-12　1688阿里巴巴采购批发网首页

2．登录后，在找货源下面的搜索框中输入要搜索的商品，图3-13所示为搜索商品。

图3-13　搜索商品

3．在搜索结果页面中可以进一步按照风格、材质、箱包潮流款式、箱包大小、产品参数等搜索条件来筛选商品，图3-14所示为根据搜索条件来筛选商品。

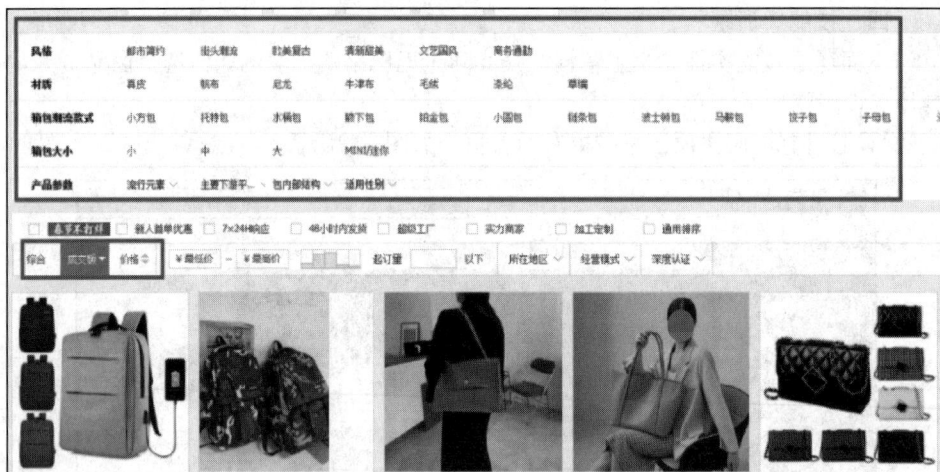

图3-14　根据搜索条件来筛选商品

4．选择一件合适的商品，进入商品详细信息页面，选择商品的颜色、款式和数量，然后点击"立即订购"即可，图3-15所示为选择商品的颜色、款式和数量。

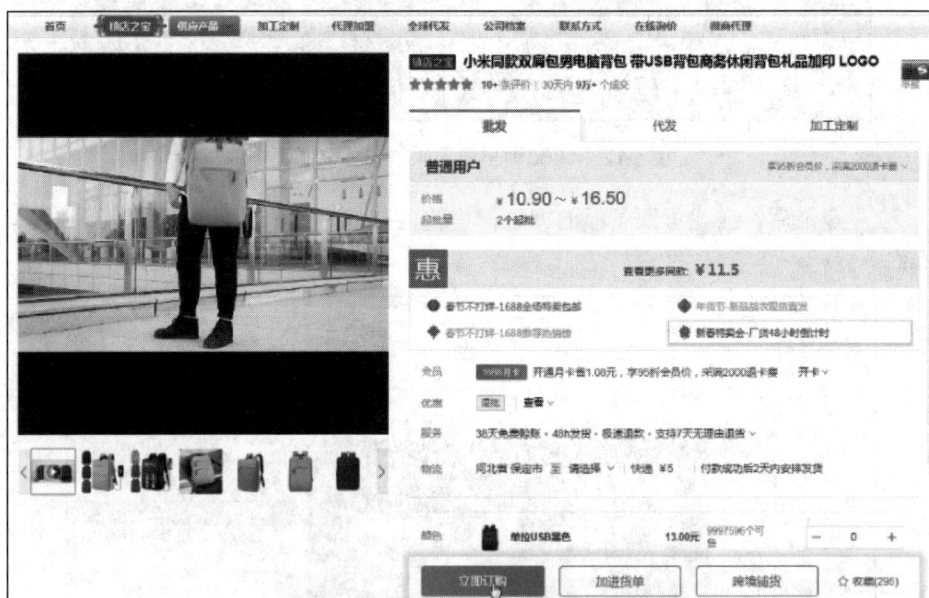

图3-15　选择商品的颜色、款式和数量

任务实训

为了更好地理解选品的渠道并掌握相关的基础知识，我们将进行下述实训操作。

一、实训目标

1．理解直播选品的渠道。

2．掌握线上选品的渠道。

3．掌握线下选品的渠道。

二、实训内容

1．通过直播平台线上选品渠道来选择商品，如抖音商城中的精选商品，如图3-16所示。

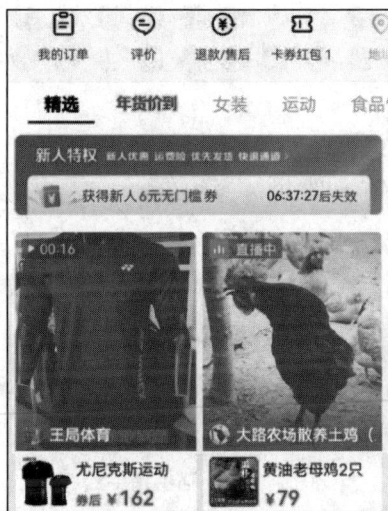

图3-16 抖音商城中的精选商品

2．通过货源批发网站选择商品，图3-17所示为1688阿里巴巴采购批发网。

图3-17 1688阿里巴巴采购批发网

3．通过其他电商平台来选择商品，如天猫供销平台，如图3-18所示。

4．通过线下选品渠道来选择商品：批发市场进货、厂家进货、品牌积压库存进货、利用人际关系寻找货源。

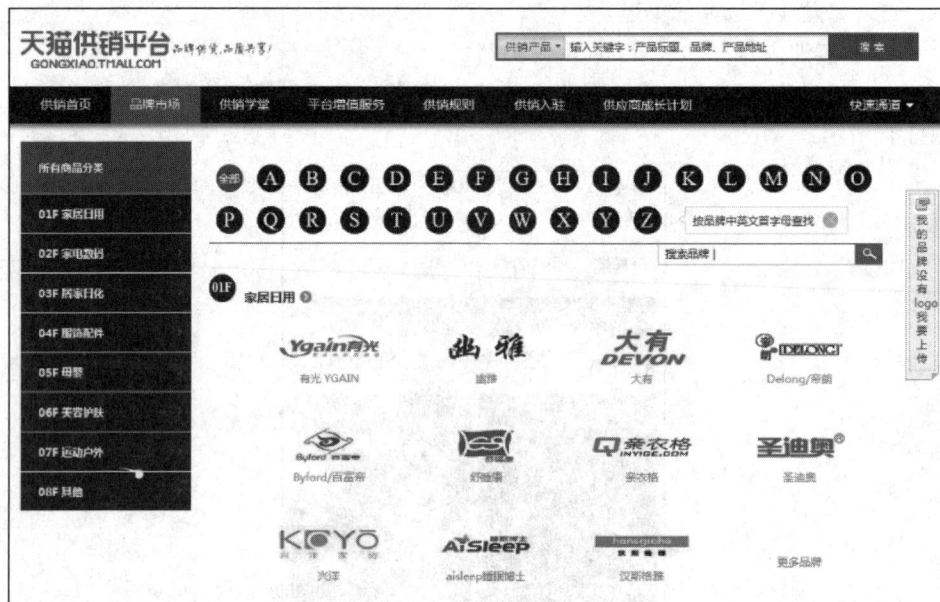

图3-18　天猫供销平台

三、实训要求

1．综合运用各种选品策略。

2．通过表格对比各个选品渠道的差异。

第4章

直播电商引流推广

为了使直播能吸引更多用户的关注，商家需要通过多种渠道进行宣传引流，也要掌握各种悬念十足的引流推广方法。商家使用的引流推广方法越多，就越能吸引用户前来观看直播。本章内容包括直播引流概述、直播前的预热引流、直播中的引流策略、直播后的引流、不同直播平台的付费引流。

知识目标

- ☑ 熟悉直播引流的定义。
- ☑ 熟悉直播引流的优势。
- ☑ 熟悉直播预热引流时机。
- ☑ 熟悉直播后的引流。

技能目标

- ☑ 掌握直播预热引流渠道。
- ☑ 掌握直播中的引流策略。
- ☑ 掌握不同直播平台的付费引流方法。

【引导案例】

做好直播前的短视频预热引流

在直播之前，主播可以发布一些相关的短视频来引流。这样在直播时，关注你的用户在抖音上能收到开播提示，他们很可能点击进入直播间；没关注你的用户刷到相关短视频的时候，你的头像会呈现为正在直播的状态，这样也可以起到引流作用。此外，你还可以采取下面的方法引流。

（1）直播预热：在直播过程中为下一次直播进行预热，告知用户下一次直播的时间。

（2）个人主页及昵称预告：在个人主页及昵称中添加直播预告。

（3）站外流量预热：社群、微博、公众号、小红书引流。

（4）优化直播间标题：直播间标题是吸引用户点击最直观的要素之一，优质的标题能激发用户的点击欲望，且直播间标题的字数不宜过多，3~15个字为宜；主播应用一句话来展示直播内容的亮点，一定要避免直播间标题空洞无物，没有可用信息。

（5）打造优质封面图：在封面图中将直播内容的亮点和精华展示出来，能吸引用户观看直播。

除了粉丝会来到直播间，其他用户也会从直播间列表中进入直播间。直播间列表一般会出现在同城或者顶部列表之上。如果你的直播间在直播间列表中处于较好的位置，那就相当于有一个较好的广告推荐位，引流的力度是很大的。

思考与讨论：

（1）怎样做好直播前的短视频预热引流？

（2）直播间标题的写作方法有哪些？

4.1 直播引流概述

直播引流作为直播间提高流量获取和转化能力的一种惯用技法，可以让广告投放效率和投放效果实现大幅提升。下面介绍直播引流的定义、优势，以及直播引流短视频。

直播引流
概述

4.1.1 直播引流的定义

直播带货是线上的营销行为，不管是线上还是线下，流量都是非常重要的。直播引流就是为了获取用户，商家需要通过一定的方法和手段吸引更多用户来自己的直播间购买商品或服务。引流的传统表现形式即广告，是由媒体机构接受经营者委托，面向用户反复播放的商业介绍和推销信息。

很多商家的直播之所以没人看，大多是因为他们的直播引流工作做得不到位。现在，在网上进行直播带货的商家太多了，其直播间很难被用户知道，所以如果想要直播间更具有人气，商家就要加强对直播间的引流推广。

4.1.2 直播引流的优势

如今，直播引流是一个快速涨粉的途径。借助更有真实感的直播，与粉丝实时互动，商家能够获得很好的引流效果。直播引流具有以下优势。

1. 引流成本低

做直播是很简单的，只需要在直播平台上完成相关的注册和认证即可，几乎不需要成本。如果内容精彩，吸引的粉丝就会非常多。直播引流成本非常低，而且效果相对来说是很不错的，对于企业而言，可选择一些粉丝较多的网络达人来帮助引流。

2．提高曝光率

直播平台的传播范围和速度是其他推广方式所不及的，能够为商品带来很多曝光机会。不论是企业还是个人都能够通过直播平台来提升知名度，有曝光就有可能吸引到粉丝。

3．粉丝黏性较高

如果粉丝喜欢主播，忠诚度就可能会高，主播只要能持续输出内容，粉丝就有很大概率留下来。企业也能通过直播增强用户对品牌的黏性。

4．可以打造个人IP

现在，各大直播平台都比较注重个人IP的打造。如果能打造个人IP，一般就能够起到很好的标杆作用，从而提高品牌对用户的影响力，让更多的用户关注品牌。

5．变现能力强

在直播平台上，很多主播通过靠其粉丝为商品、活动引流等来顺利实现变现。

4.1.3　直播引流短视频

直播引流短视频，顾名思义就是为给直播间引流而专门创作的短视频。直播引流短视频最重要的作用在于引流。不同于日常短视频的更新规则，直播引流短视频一般在直播前发布，以起到直播预告、通知开播的作用，可以让商家用较低的成本吸引更多的用户。直播引流短视频的内容不能脱离账号和直播内容，一般发布时都带有和商品或品牌相关的话题，并且一般在流量高峰时段发布。

> 🎓 专家提示
>
> 在直播引流短视频结尾留下悬念，吸引用户来直播间一探究竟，可以起到不错的预告效果。

直播引流短视频需要具备以下要素。

1．明确直播价值点

商家在直播引流短视频中应该明确表达直播价值点，让用户快速了解自己将开展的直播活动是做什么的。

2．告知直播时间

直播引流短视频需要直接告知用户直播的具体时间，比如今天晚上8点或者某年某月某日晚上7点，告知直播时间如图4-1所示。

3．传递直播核心卖点

直播引流短视频需要传递直播间的核心卖点，其主题通常是宣传商品的卖点、性价比，以及观看直播的福利等，图4-2所示为传递直播核心卖点。

图4-1　告知直播时间　　　　　图4-2　传递直播核心卖点

4. 合理安排发布时间

直播预热应从几天前就开始，以便让用户先关注你，然后通过发布预热短视频等来慢慢地影响用户，从而让用户进入直播间。

5. 做好封面图

封面图是用户形成对直播间第一印象的重要途径，足够吸引人的封面图可以为直播间带来流量。如果封面图能在一秒内吸引用户的注意力，本场直播就会在海量的直播中脱颖而出，成功吸引用户来观看直播。

4.2 直播前的预热引流

直播预热是为了让用户提前了解直播的内容，这样对直播感兴趣的用户就可以在直播时及时进入直播间，从而增加直播间的在线人数。下面介绍直播预热引流时机和直播预热引流渠道。

直播前的
预热引流

4.2.1 直播预热引流时机

直播预热引流时机与用户在社交平台上的活跃时间、直播预热与正式直播的间隔时间等因素息息相关。

1. 直播预热的时间

与相对固定的直播时间不同，直播预热的时间灵活很多。由于用户白天通常都在工作和学习，直播的人气峰值一般出现在19点至22点，这是大多数用户的

> ✎ **课堂讨论**
>
> 说一说在哪些时间进行直播预热的效果更好。

休息时间，用户利用休息时间看直播的可能性更高，因此带货效果更好，转化率也更高。图4-3所示为某直播间粉丝活跃时间分布情况。

短视频平台、微博、微信公众号等都可以成为直播预热的平台，所以商家要了解这些平台用户的活跃时间。需要注意的是，直播预热的时间最好选择在用户活跃峰值出现前的半个小时左右，这样可以给用户更多的反应和转发时间，以免错过用户活跃峰值。

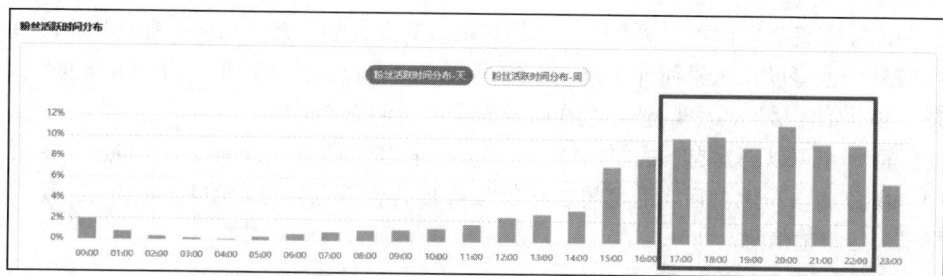

图4-3　某直播间粉丝活跃时间分布情况

2. 直播预热与正式直播的间隔时间

直播预热的时间不能与正式直播的时间间隔太长，否则很容易让用户遗忘预热信息；但也不能间隔时间太短，否则直播预热效果很难呈现出来，间隔时间至少为24小时。一般来说，商家要在正式直播的1~7天前进行直播预热，预热信息一般会在这段时间内被大量用户看到。当人气达到顶峰时，商家再开始正式直播，可以很好地避免热度衰退。

商家把握以下4个直播预热的时间段，能很好地增加直播间的流量。

（1）开播前一周

举个例子，商家如果打算做一场新款产品推荐直播，那就需要提前一周进行预热；直播预热作品可以是一段该产品在车间里加工的视频，商家注意要在视频最后告知用户该产品的推荐直播的信息。

（2）开播前三天

在开播前三天，商家还要再发一个直播预热作品以透露更多的信息，如这次直播会给用户带来多少福利，正式直播的时间等。

（3）开播前一天

开播前一天商家还要继续为直播预热，此时可以发一段新品视频，然后问用户是否感兴趣，再次强调商家明天几点开始直播。

（4）开播前半小时

最后一次预热是在开播前半小时，商家需要告诉用户今天的直播主题及直播结束前的小惊喜。

4.2.2　直播预热引流渠道

多渠道宣传预热能够让更多用户了解直播信息，也能为直播带货营造良好的氛围，激发用户的购物热情。常见的直播预热引流渠道有直播平台私域场景、电商平台、企业官网、社交平台及线下实体店等。

1. 直播平台私域场景

对于抖音、快手等短视频平台来说，商家可以利用的私域场景主要是账号名称、账号简介、粉丝群等。

商家在直播之前可以更新账号名称和账号简介，如在账号名称中加括号备注直播信息，也可以在账号简介中以文案的形式说明自己的直播时间，如"每天9点和13：30开始直播"，图4-4所示为在账号简介中说明直播时间。

商家也可以创建自己的粉丝群，并将加入粉丝群的方式直接展示在自己的主页中，用户加入粉丝群后，商家可以在粉丝群里公告直播信息，图4-5所示为在粉丝群里公告直播信息。

图4-4　在账号简介中说明直播时间　　　图4-5　在粉丝群里公告直播信息

2. 电商平台

电商平台是连接商家和用户的重要渠道，因此商家可以通过电商平台进行直播预热。以淘宝平台为例，商家通过淘宝平台进行直播预热的优势是十分明显的。

淘宝平台的首页有直达淘宝直播的入口，商家可以将自己的直播预告发布在淘宝平台上。但是，淘宝平台上的直播信息众多，要想引起用户的注意，商家就要在设计直播预告时多花一些心思。

商家在设计直播预告时，要确保直播预告能够迅速吸引用户的目光。商家可以通过图文和视频结合的方式讲明直播的重点内容，同时还要为直播预告确定一个吸睛的标题。因为吸睛的标题能够让更多用户关注商家的直播。图4-6所示为淘宝平台直播预热。

图4-6　淘宝平台直播预热

同时，淘宝平台的直播激励机制对于商家而言是十分友好的。当商家制作的直播预告内容足够优质时，淘宝平台会将商家的直播预告内容放在直播广场最显眼的地方，以让更多用户看到。

在其他电商平台进行直播预热也是如此，电商平台的用户优势、直播激励机制等都会为商家进行直播预热提供支持。因此，商家一定要重视电商平台的作用，借助电商平台的力量做好直播预热。

3. 企业官网

企业官网拥有新闻发布、口碑营销、商品展示等功能，是企业面向社会的重要窗口。因此，主播和企业合作推销商品时，可以利用该企业的官网进行直播预热。

有些用户并不关注直播，但是他们会通过企业官网关注自己心仪的商品。主播通过企业官网进行直播预热，能够吸引这些关注该企业的用户前来观看直播。

例如，某主播与某手机品牌达成合作，以首席体验官的身份体验并推销该品牌的新款手机。在直播之前，为了吸引更多用户来观看直播，该主播在该手机品牌的官网上发布了直播预告。一些以前不关注直播，但是关注该手机品牌的用户通过该手机品牌的官网上的直播预告了解到新款手机的直播信息，就在直播当天进入主播的直播间购买手机。也就是说，这位主播通过在该手机品牌的官网上发布直播预告的方式吸引了更多用户的关注。

🎓 **专家提示**

主播通过企业官网进行直播预热，不仅能够吸引更多消费者关注自己的直播，还能够借企业官网证明自己所销售商品的真实性，赢得用户的信任。总之，主播在与企业进行合作时，一定要充分利用企业官网这个渠道为直播预热。

4. 社交平台

随着移动互联网的快速发展，人们与各种社交平台的联系越来越紧密。人们会用QQ、微信等沟通方式来工作，用微博、豆瓣等社交平台来了解时事、发表看法等，很多人都把闲暇时间贡献给了各种社交平台。主播要抓住这一点，在社交平台上进行直播预热。

（1）通过微信发布直播预告

商家在微信上可以通过多种方式来发布直播预告。第一，商家可以通过朋友圈宣传直播时间和福利，并设置转发福利。例如，"转发此条信息至朋友圈，可凭截图领取5元代金券"，这样便可以激励用户转发直播预告，实现直播预热。图4-7所示为朋友圈预告直播时间和福利。第二，商家可以通过微信公众号发布直播预告，同时插入贴图或海报，说明直播的时间和主题，图4-8所示为通过微信公众号发布直播预告。商家还可以将直播间的直达链接添加在微信公众号发布的内容中，让用户能够更加便捷地进入直播间。

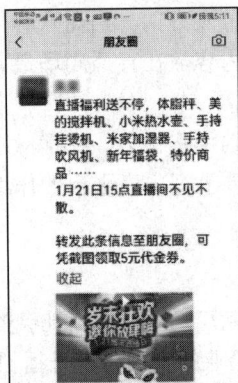

图4-7　朋友圈预告直播时间和福利

图4-8　通过微信公众号发布直播预告

（2）通过微博发布直播预告

除了微信，商家也可以在微博上发布直播预告。一些知名主播就经常在微博上进行直播预热，告诉粉丝具体的直播时间和直播内容。

微博上的新闻热点层出不穷，为了让更多人看到直播预告，商家可以通过转发抽奖的方式来引导用户转发微博。

例如，商家可以设置"关+转评赞，抽3人分别送……"的抽奖活动，图4-9所示为在微博发布直播预告。转发抽奖活动可以充分调动用户转发微博的积极性。商家积极引导用户转发直播预告，可以增加直播预告的曝光度，进而在正式直播时获得更多关注。

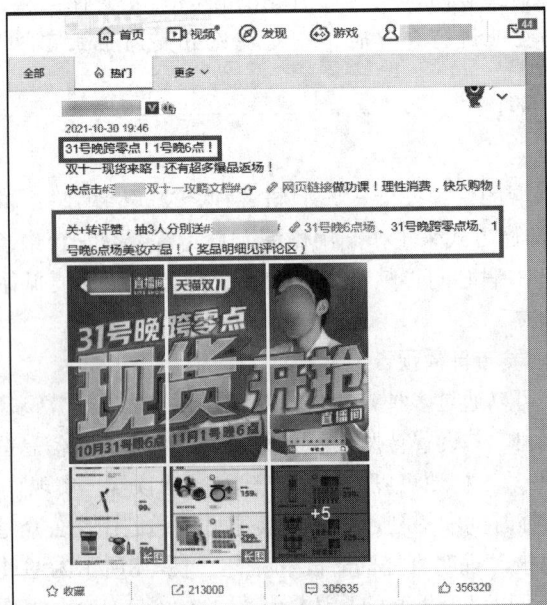

图4-9　在微博发布直播预告

（3）微博、微信"大V"的付费宣传

微博、微信"大V"拥有庞大的粉丝群体，具有很强的号召力和影响力。微博、微信"大V"的宣传能力要比一般的微博、微信账号强很多，会给主播带来更高的转化率。商家可以请微博、微信"大V"为自己的直播做宣传，借助其影响力使自己的直播间获得更多关注。

商家要注意的是，不同的"大V"有不同的定位。因此，在寻找微博、微信"大V"时，商家一定要分析其定位是否与自己所推销的商品的定位一致，只有选择合适的微博、微信"大V"才能实现高效的宣传推广。

5. 线下实体店

当自身拥有线下实体店或者与拥有线下实体店的品牌商合作时，商家也可以把直播预告投放到线下实体店中。

许多习惯于在线下实体店购物的消费者或许没有接触过直播，但其对该品牌的商品是有需求的，他们极有可能成为商家直播间的粉丝。因此，商家要吸引这部分消费者关注自己的直播。在利用线下实体店为直播做宣传时，商家可以从以下两方面入手。

（1）店内宣传

商家可以在店内宣传自己的直播。商家可以把直播预告内容做成传单，发放给消费者，图4-10所示为把直播预告内容做成海报传单；也可以叮嘱实体店内的店员，在消费者结账时向消费者宣传商家的直播信息："您好，我们店为了回馈新老顾客，将在今晚于某某平台开启直播，直播间中的商品价格更加优惠。"对于追求实惠的消费者而言，他们在听到价格更加优惠后，一定会按捺不住好奇心去观看直播。

图4-10 把直播预告内容做成海报传单

（2）店外展板

商家可以在实体店的店外设置包含直播信息的展板。在设计展板时，商家需要注意将直播的重点内容突出在展板上，让消费者在看到展板第一眼时就能看到与直播相关的重点内容，如直播平台、直播间的房间号、直播时间及直播中的惊喜福利等。

商家把展板设置在店外，来店中购物或者路过的人都可能会因看到商家的直播预告，而对商家的直播内容产生好奇，进而进入直播间观看。

4.3 直播中的引流策略

直播带货的受众是用户，目的是销售商品。为了提高商品的销量，商家要以满足用户需求为中心，在直播中开展各种引流活动。直播的引流策略有很多，如派发红包、抽奖活动、发放优惠券、赠品促销、与名人合作、企业领导助播等。

直播中的
引流策略

✎ 课堂讨论 -

说一说常见的直播带货主播的引流策略有哪些。

4.3.1 派发红包

一场完美的直播离不开主播与用户之间的互动，用户越活跃，直播效果才会越好。派发红包是直播间比较常见的一种引流策略。在直播期间，向用户派发红包的操作方法，如表4-1所示。

表4-1 派发红包的操作方法

派发红包的操作	具体做法
约定时间	提前告诉用户，5分钟或10分钟以后派发红包，并引导用户邀请朋友进入直播间抢红包，这样不仅可以活跃直播间的气氛，还会提高直播间的流量
站外平台抢红包	除了在直播平台上派发红包，商家还可以在支付宝、微信、微博等平台上向用户派发红包，并提前告知用户参与条件是加入粉丝群。这一步是为了向站外平台引流，便于直播结束之后的效果发酵
派发红包	到达约定的时间后，主播或助理在平台上派发红包。为了营造热闹的氛围，主播最好在派发红包之前进行倒计时，让用户产生紧张感

对于新主播来说，前期粉丝数量很少，可以采用派发红包的方式来提升直播间的人气，派发红包如图4-11所示。派发红包要在介绍完商品，并等待用户输入指定内容、拍下订单以后进行。主播可以这样说："好了，现在又进入我们的红包环节了，主播马上就要派发红包了！"主播可以进行倒计时，让用户做好准备，并在派发完红包以后展示抢红包的人数。

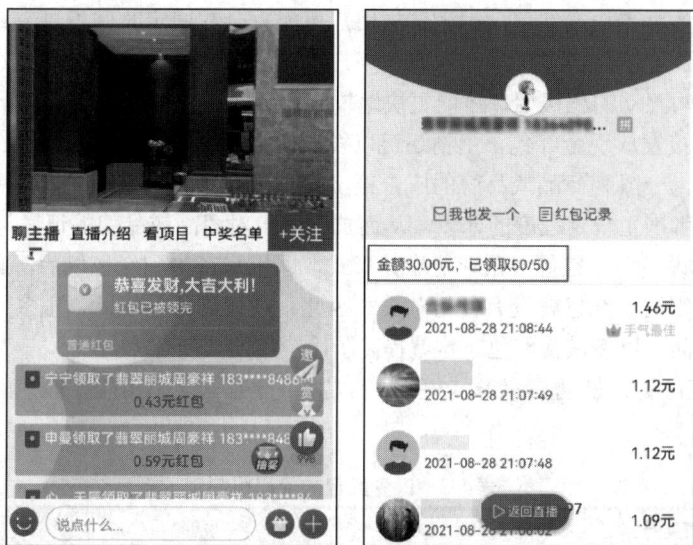

图4-11　派发红包

知识窗

派发红包有以下 3 个好处。

（1）派发红包可以打破直播间在线人数太少、无人互动的尴尬局面。因为红包对于用户的诱惑力是很大的，用户通常会积极参与。派发红包也是一种互动方式，用户在参与互动的同时能慢慢地建立起对主播的信任。

（2）派发红包可以解决关注增量的问题。由于用户必须关注主播才能加入粉丝群，派发红包可以提高用户的关注量，从而提升直播间的人气。

（3）主播每介绍完一款商品就派发一次红包，可以延长用户在直播间里的停留时长。

有些商家担心花费太多钱派发红包，最后的效果却没有达到预期，下面就介绍直播派发红包的技巧。

（1）刚开始直播时，观看直播的人数较少，间断发放小额红包，可以为直播间积累人气，吸引更多人进入直播间，后续人数增加后再发放大额红包。

（2）在线人数平稳时，商家可增加红包发放数量，让更多用户可以抢到红包，避免用户中途退出。若抢红包的重复率太高，发红包的时间要延长，让更多新进入直播间的用户可以抢到红包，以便稳定在线人数。若是直播间在线人数有所下降，商家要立刻派发红包，以吸引用户观看直播。

（3）在线人数达到峰值时，商家可发放大额红包，并增加红包数量，争取最大限度地进行外推和拉新，加强曝光效果。

（4）在某个节点派发红包，如点赞满2万时派发红包。千万不要在固定时间点派发红包，如整点派发红包，因为这样用户可能只会在固定时间点进入直播间抢红包，直播间的互动性会差很多。只有与用户的互动达到某一节点时派发红包，用户才会更有参与互动的积极性，才能更快地提升直播间的人气。

除了直接发放现金红包，主播还可以发放口令红包。口令红包是指在红包中设置输入口令，一般为商品或品牌的广告语，参与抢红包的用户在输入口令的同时能对商品或品牌产生一定程度的印象，从而加深用户对商品或品牌的记忆。

一般来说，口令红包多采取优惠券形式，即用户在抢到红包以后，必须购买指定商品，否则这个红包就没有任何意义。因此，在抢到红包以后，很多用户会选择购买指定商品，以免浪费红包，这就提高了用户的购买转化率。

要想获得更好的营销效果，主播可以对口令红包的使用做出限制，如表4-2所示。

表4-2　口令红包的使用限制

使用限制的类型	说明
使用条件	必须满足一定条件时才能使用，如"满99元可使用"
使用期限	必须在限定的时间内使用

4.3.2　抽奖活动

商家可在直播间发起抽奖活动，用户可免费参与。直播间抽奖活动是商家常用的互动方法之一，旨在通过抽奖活动来吸引用户的目光。用户若在观看直播的过程中产生期待，其停留在直播间的时间就会延长，停留的时间越长，消费的可能性就越大。

商家通过抽奖活动来吸引用户观看直播，可以大幅增强用户黏性。用户有追求实惠的心理，抽奖活动则能够带给用户直接的实惠。在观看直播的过程中，用户追求实惠的心理得到了满足，自然会关注商家的直播间，因此，商家就会获得更多粉丝。图4-12所示为直播间抽奖活动。

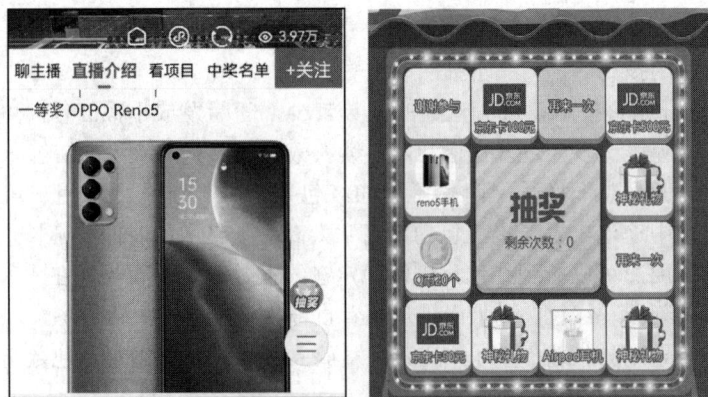

图4-12　直播间抽奖活动

　　开展抽奖活动并不是为了单纯地将奖品送出去，商家需要把握开展抽奖活动的技巧。

　　（1）商家要让更多用户知道自己在开展抽奖活动，同时让其了解抽奖的形式和内容。商家可以提前发布抽奖活动的预告，吸引更多用户关注。商家定期开展抽奖活动还能够持续刺激用户产生购买行为。

　　（2）抽奖活动不能集中于某个时刻一次性开展完，而应分散于直播的各个环节。

　　（3）商家要注意直播的节奏和与用户的互动。在抽奖之前，商家应提醒用户点赞、评论、发弹幕等，待直播间的气氛活跃起来后再进行抽奖。

　　（4）抽奖的整个过程应公开、公平、公正，不要让用户质疑抽奖的公平性。

　　（5）在抽奖结束后，商家在公布中奖名单时需要对中奖的用户表示恭喜，同时让没有中奖的用户不要灰心，告知其下一次抽奖的具体时间、抽奖的内容等，增加用户的期待感。

知识窗

抽奖的具体形式有以下几种。

1. 评论截屏抽奖

评论截屏抽奖是商家选择一个固定的关键词（如时尚包包），用户只需要在评论区发关键词，商家随机截屏，抽取前 5 名发送者给予奖品。

2. 下单抽奖

在直播过程中，商家提前公布奖品内容，并限定抽奖的条件，比如只有下单了的用户才能参与抽奖，下单满 500 元可获得 3 次抽奖机会等。这样能引导用户下单购买商品，最后在下播前，商家要公布中奖名单。

3. 点赞抽奖

商家在开展点赞抽奖活动时，可以设置每增加 2 万点赞就抽奖一次。这种抽奖活动的操作比较简单。开展点赞抽奖活动的目的是激励用户在直播间里停留更长的时间。

4. 问答抽奖

商家在开展问答抽奖活动时，可以在活动中根据商品详情页的内容提出一个问题，让用户在其中找答案，然后在评论区评论，商家从回答正确的用户中抽奖。

4.3.3　发放优惠券

　　优惠券是虚拟电子现金券，在直播间购买商品时，用户可以使用优惠券抵扣现金。发放优惠券的引流策略具有较强的灵活性和较大的选择权，优惠券的面额、发放对象及发放数量完全由商家决定，优惠券多用于商品促销活动。

发放优惠券的成本很低，并且发放对象多是直播间里的用户，能实现精准投放。发放优惠券可以加强用户与商家的互动，同时能够强化直播的变现能力。如果用户对商家推销的商品比较满意，那么此时商家向其发放优惠券就能够有效刺激用户将消费想法转化为行动，刺激用户产生消费行为。

下面是在腾讯直播间中发放优惠券的方法，如图4-13所示。

（1）全员抢券：商家可向当前在直播间内的所有用户发放优惠券，同时可以限定优惠券领取数量。

（2）分享领券：商家可发布分享领券任务，用户只需成功邀请一位好友进入直播间，分享者和被分享者就能领券。

商家在发放优惠券时要设置一定的规则，如优惠券不兑现、有明确的使用期限、过期不补等。从福利营销的角度看，发放优惠券是为了吸引更多用户下单，增加直播间的销售额。为了更好地发挥优惠券的促销作用，商家在发放优惠券时要注意如下问题。

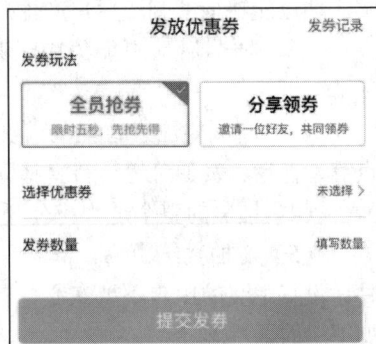

图4-13　在腾讯直播间中发放
优惠券的方法

（1）商家为忠实的粉丝发放优惠券，能够有效地刺激他们消费。商家可以为忠实粉丝开设专场直播，这时直播的商品品类应比较丰富，商家可以为忠实粉丝介绍直播间的新款商品、经典类商品、折扣商品等。在这样的专场直播中发放优惠券能够激发忠实粉丝的购物热情，充分发挥优惠券的促销作用。

（2）创建定向的优惠券。定向优惠券需要用户关注商家以后才可以领取，商家发放这种优惠券可以将对商品感兴趣的用户转化为粉丝，增加直播间的粉丝数量，这对于整个直播间上热门可以起到意想不到的作用。图4-14所示为关注商家以后才可以领取的定向优惠券。

图4-14　关注商家以后才可以领取的定向优惠券

总之，在发放优惠券时，商家不仅要了解如何设置优惠券，更要注意优惠券的精准发放。只有这样，优惠券才能够充分发挥其应有的作用，帮助提高商品销量。

4.3.4　赠品促销

赠品促销就是用户在购物满一定额度时，商家以赠送赠品的形式向用户提供优惠，以吸引其购买某商品。赠品促销是常用的引流策略，它把商品作为赠品赠送给用户，以实物的方式给用户非价格上的优惠。图4-15所示为赠品促销。

图4-15　赠品促销

商家可以标明赠品的价值，也可以不标明。例如，商家可以标明"满399元赠精美饰品一件"。这件饰品只用"精美"加以描述，不涉及其真实价格。用户很少用399元去衡量饰品的现金价值，从而会忽略自己实际付出的价值与饰品的价值的差异。

对于商家而言，合理开展赠品促销活动可以有效提高商品的销量。商家在开展赠品促销活动时要注意以下几个方面。

1. 控制成本

在成本方面，商家要考虑的因素有3个：一是赠品，二是赠品包装，三是销售渠道。把握好这3个方面的成本，商家才能够避免资源浪费，将成本控制在合理的范围内。

2. 提升宣传效果

开展赠品促销活动的最终目的是宣传商品，提高商品销量。商家可以充分利用直播间、微信公众号、微博等进行多渠道宣传，最大限度地提高赠品促销活动的宣传效果。

3. 要体现赠品的额外价值

赠品的核心是让目标用户认为其"物有所值"，但赠品的价值不能太高，因为这将产生更多的成本。并且，当商家提供价值高得离谱的赠品时，用户会觉得该商品的利润空间很大，从而会降低主商品在他们心中的价值，甚至干脆放弃购买。

总之，在开展赠品促销活动时，对于赠品的选择、宣传渠道等方面，商家都要制订详细的营销方案。只有保证赠品促销活动各环节的工作顺利开展，才能够更好地发挥赠品促销活动的营销效果。

课堂思政

不要将次品、劣质品作为赠品，否则只会适得其反。近年来，一些商家为了把生意做大做强，往往会推出一系列赠品促销活动。但这类赠品促销活动会让消费者感到很困惑：商家的赠品在使用过程中出现了质量问题怎么办？找商家吧，商家往往以"这是赠品，质量概不负责"为由来搪塞或拒绝提供服务。而一些消费者也往往认为，反正是赠品，有质量问题也正常，于是就算了，因而不予追究。殊不知，消费者的这种"谦让"，无形中让一些商家有了可乘之机。

其实，赠品也是商品，赠品不是"次品"，岂能"不求质量"？只要商品进入市场，就必须遵守《中华人民共和国产品质量法》的规定，就应该符合国家有关的质量安全标准，不能是假冒伪劣商品。因此，商家必须明白，赠品虽然是免费的，但它属于经营者提供的附加商品，所以，即使是赠品也必须保证质量，必须是合格的，否则，消费者在使用过程中一旦出现质量问题或发生事故，商家必须承担责任并赔偿损失。也就是说，赠品并不意味着商家可以免责，赠品一旦出现质量问题商家照样要进行赔偿。

因此，商家在赠品促销活动中，不但要保证商品的质量，也要保证赠品的质量。如此，才能真正达到促销的目的。

4.3.5 与名人合作

如果有条件，主播可以经常在直播间与其他主播或名人合作直播，合作直播一般分为与其他主播"连麦"、邀请名人进直播间两种形式。

1. 与其他主播"连麦"

在抖音、快手这两个平台中，主播之间"连麦"已经成为一种常规的引流策略。所谓"连麦"，就是指正在直播中的两个主播连线通话。主播可以向其他主播发起"连麦"，也可以接受其他主播的"连麦"邀请。主播与其他主播"连麦"互动，既可以增加直播的趣味性和互动性，使自己有机会向大主播学习吸引粉丝消费和带动直播间氛围等的实用技巧，还可以刺激粉丝消费。

"连麦"的应用场景有以下几种。

（1）账号导粉

账号导粉是指引导自己的粉丝关注对方的账号，对方也会用同样的方式回赠关注，从而实现互惠互利。在引导关注时，主播可以与对方交流，也可以让对方给出自己的粉丝关注对方的理由。同时，主播还可以引导自己的粉丝去对方的直播间抢红包或领取福利，带动对方直播间的氛围。

（2）"连麦"PK

"连麦"PK就是一个主播在直播时，可以对另一个直播间的主播发起挑战。一旦挑战被接受，两个直播间的主播就开始进行"连麦"互动，直播界面一分为二，同时显示两个主播的画面，双方粉丝也会进入同一个直播间中。当两个主播成功进入PK模式后，双方粉丝通过点赞、刷礼物等方式来为自己的主播加油助威。图4-16所示为"连麦"PK画面。

图4-16 "连麦"PK画面

"连麦"PK的好处有很多，如刺激消费、活跃直播间氛围、提升主播的人气等。主播可以开发更多的"连麦"PK方法，以激发粉丝的互动热情，使直播间迅速"升温"。

知识窗

"连麦"PK对象选择的要点如下。

1. 粉丝量级相近

粉丝量级相近是"连麦"PK的前提，如很多平台的"连麦"机制是如果随机"连麦"，系统会自动匹配与你直播间人数相当的其他直播间。

2. 商品互补

商品互补能最大化引流和提高双方销量。例如，做装修设计的主播跟房产主播"连麦"，很容易产生"1+1＞2"的效果。

3. 福利置换

"连麦"在一定程度上是一种资源置换行为，相当于一个付费广告位。主播应在"连麦"时通过送福利引导关注等方式来为自己的账号涨粉。

2. 邀请名人进直播间

一般来说，有能力邀请名人进直播间的主播大多是影响力较大的头部主播，且名人进直播间往往与品牌宣传有很大的关联。

名人与主播互动可以实现双赢，因为名人的到来有利于增加主播的粉丝量，并且名人与主播共同宣传，对于提升主播的影响力会有很大的帮助。与此同时，主播也会利用自己的影响力为名人代言的商品进行宣传推广和销售。值得一提的是，头部主播邀请名人进入直播间也是其积累社交资源的重要过程。

4.3.6　企业领导助播

很多企业领导看准了直播的影响力和营销能力，纷纷开始出现在镜头前"侃侃而谈"，且大多数企业领导参与的直播都获得了成功。企业领导亲临直播间为主播捧场，在一定程度上增加了主播的影响力。企业领导与专业主播最大的不同在于，企业领导更多的是起着为品牌背书的作用，向用户传递自家商品的价值、品牌故事，同时提供更加专业的参考信息。

某服装店原来在淘宝开店，2021年2月份开始做直播，之所以能转型成功，得益于企业领导的大力支持。该服装店在企业领导的带动下开通了抖音直播，公司员工利用微信朋友圈、微博、微信群推广直播间，引入了大量用户。几个月下来，该服装店直播时的最高销量能占总销量的60%。由此可见，企业领导助播不仅能够增加直播间的人气，为直播增加话题性，还能为主播信誉背书，提升主播的影响力。

4.4　直播后的引流

商家做直播并不是只做一场以后就不做了，而是会持续不断地做下去。因此，商家在直播后需要将"流量"变成"留量"。这就需要商家做好直播后的引流工作。

每次直播后商家都要对直播进行总结和复盘，分析每场直播的优缺点，及时跟进订单处理、奖品发放等工作，确保用户满意。

做好粉丝维护工作，既可以提高粉丝的复购率，也能利用口碑宣传引发新用户关注,从而拥有更多的流量。粉丝发的消息,主播看到后要尽可能回复,让粉丝感受到主播的重视。图4-17所示为某主播通过粉丝群维护粉丝所用的话术。

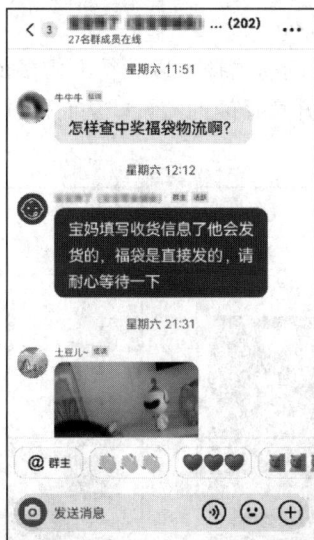

图4-17　某主播通过粉丝群维护粉丝所用的话术

在直播后,商家还可以将直播视频剪辑成有趣画面汇总、干货总结等,添加到推广软文中或做成精彩的短视频,并发布到流量大的自媒体平台上,让每一个有兴趣的用户都能产生关注甚至分享行为,从而引来更多的流量。

4.5　不同直播平台的付费引流

付费流量是需要付费购买才能获取的流量。主播可以通过付费推广为直播间引流,下面介绍淘宝直播付费引流、抖音直播付费引流、快手直播付费引流。

不同直播
平台的付费
引流

4.5.1　淘宝直播付费引流

淘宝直播付费引流主要通过超级推荐来实现。超级推荐是指在手机端淘宝App的"手淘推荐"等推荐场景中穿插原生形式信息的推广产品。基于阿里巴巴大数据推荐算法,去推送给最有意向的潜在买家,是付费推广模式中的一种。

直播推广是超级推荐的一项功能,通过直播推广,直播间可以被推送到"手淘推荐""淘宝直播""订阅"等资源位,从而实现引流。

1. "手淘推荐"资源位

"手淘推荐"资源位是淘宝最大的流量入口和最大的成交渠道之一。"手淘推荐"资源位拥有的流量主要是公域流量，可以覆盖大量潜在用户，流量较大，非常适用于为直播间引流、拉新等，图4-18所示为"手淘推荐"资源位。

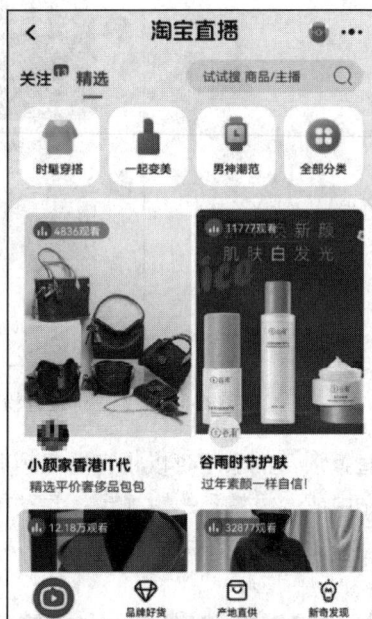

2. "淘宝直播"资源位

拥有"淘宝直播"资源位的主播可以获得非常多的流量和粉丝。对"淘宝直播"资源位进行开发能够提升直播间的流量，从而促进转化，图4-19所示为"淘宝直播"资源位。

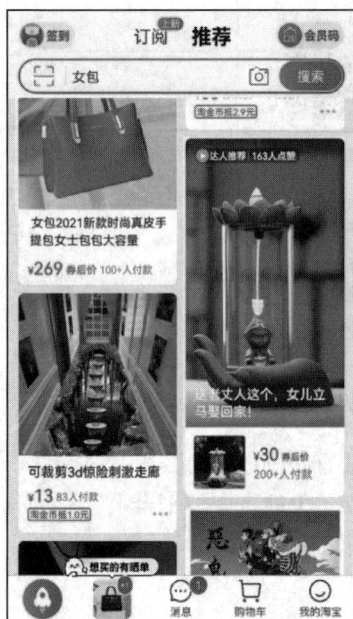

图4-18 "手淘推荐"资源位   图4-19 "淘宝直播"资源位

3. "订阅"资源位

"订阅"资源位拥有的流量主要是私域流量。"订阅"资源位专注于提供商品信息，只对商家开放，商家上新、优惠活动、互动等信息都将在这里展示，用户浏览时不但一目了然，而且可以一键跳转到相应店铺。

4.5.2 抖音直播付费引流

如果抖音直播间的人气不高，主播可以付费使用"DOU+直播上热门"功能。该功能可以助力直播间迅速上热门，提高直播商品的曝光率。

使用该功能时，主播既可以选择在开播前投放预热视频，也可以选择在直播过程中根据实时数据进行定向投放。

如果在开播前投放，则点击"开始视频直播"界面中的"DOU+上热门"，如图4-20所示，在打开的"DOU+直播上热门"界面中选择下单金额、加热方式、预估带来观众数等，支付对应金额之后即可开始投放，图4-21所示为付费

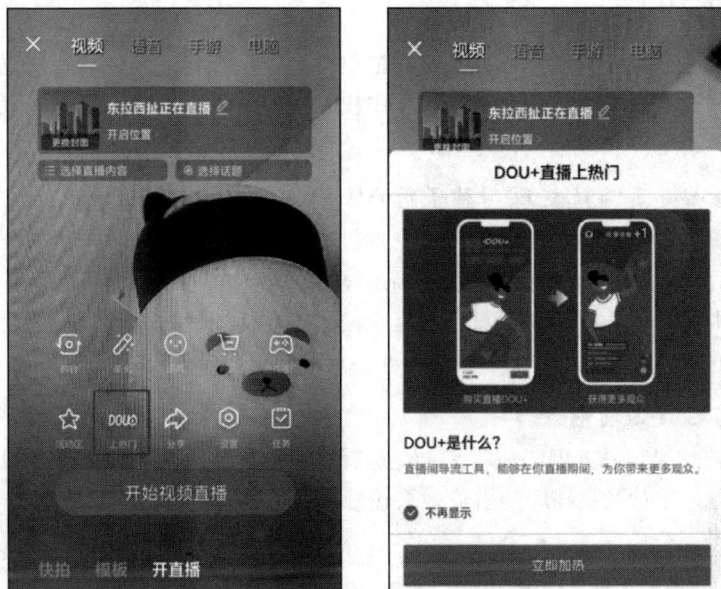

图4-20　点击"DOU+上热门"

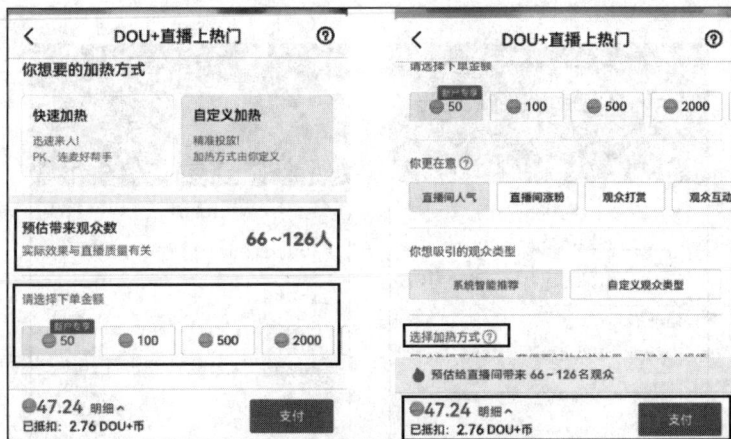

图4-21　付费

🎓 专家提示

　　付费流量最大的特点就是灵活，在直播时，主播可以根据流量反馈和节奏来安排，实时调整当下付费流量的力度。

　　如果在直播过程中投放，则点击直播界面右下角的"…"，选择"DOU+直播上热门"，选择后支付对应金额即可投放。

　　要想高效地投放预热视频，商家要做到以下几点。

1. 明确投放目的，精准投放

在投放之前，商家要想清楚投放目的是什么，是涨粉还是带货，明确了投放目的之后，才能准确进行投放。直播过程中投放主要是为了提升用户进入直播间后的互动数据，给用户"种草"、与用户互动、给直播间涨粉、提升直播间人气等。

2. 核心是更多地获取"种子用户"

付费流量不是所谓的"烧钱"，它的核心是更多地获取"种子用户"，也就是会在直播间产生购买行为的用户。主播通过对这部分"种子用户"的运营，提升他们在直播中的互动数据，可将直播内容变成系统定义的优质内容，从而获得平台提供的更多的免费流量。

3. 在投放的同时开播

投放预热视频最关键的技巧之一是选择合适的投放时间，一般应在投放的同时开直播，因为这时对直播间的引流效果较好。

4.5.3 快手直播付费引流

在快手平台直播时，如果直播间的人气不高，商家也可以进行付费推广，如图4-22所示。

图4-22　快手直播付费推广

值得注意的是，"预计带来直播观看数"是付费推广后可能引入的用户数量，实际引入的用户数量可能相对较少，所以商家要适当降低心理预期。

快手平台每引入一位新用户的推广费为1快币，即0.1元，商家在选择想要引入的用户数量后就可以看到金额。商家的出价越高，引入的用户数量就越多，引入速度也就越快，所以在直播高峰期，商家可以适当出高价，以快速提升直播间的人气。

当然，如果商家的粉丝非常多，商家可以在直播前将直播信息推广给粉丝，对本次直播进行预热。商家可以拍摄一条预热短视频，详细说明直播的时间和主题，并在直播前为该短视频购买"推广给粉丝"服务，这条短视频就会出现在粉丝关注页的第一位，从而提高被粉丝看到的概率。为了进一步提高直播间被粉丝看到的概率，商家在开播前要在"开始直播"界面开启"通知粉丝"功能，图4-23所示为开启"通知粉丝"功能。

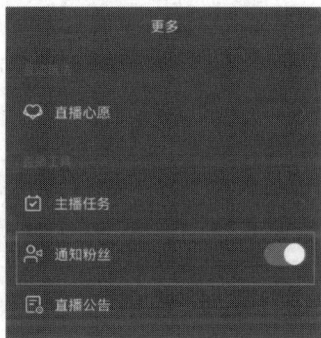

图4-23　开启"通知粉丝"功能

如果商家的粉丝不多，可以在直播前1～2小时进行推广，将预热短视频推广给更多的潜在粉丝，为直播间提升人气的同时还可以涨粉。

案例分析

做好赠品促销，提升直播间流量

2021年国庆节期间，某化妆品直播间开展了"多买多送，赠品送不停"的福利营销活动，吸引了广大用户积极购买。

该福利营销活动设置了不同的档次。用户一次性购物满199元，店铺即赠送价值49元的化妆刷一套；一次性购物满299元，店铺赠送价值88元的护肤一套；一次性购物满399元，店铺赠送价值168元的美白产品一套。由于该店铺的客单价普遍在200～300元，所以此次活动的最高档次设置为一次性购物满399元赠送一套美白产品。如果一次性购物额超过此额度，用户可主动联系客服人员，协商更多赠送优惠事宜。

该店铺选用的赠品都是与主播推荐的商品有关联的，同时这些赠品也是品牌商品，有一定的知名度。选择什么样的赠品，可以说是赠品促销活动中至关重要的一点，赠品选择不当，对赠品促销活动的打击是"致命"的。赠品质量必须符合国家法律条文的规定，它是赠品能否起作用的基础，甚至会影响店铺是否能生存和发展。

做好赠品促销，店铺可以获得基于该商品或服务独具特色的、竞争者不能轻易模仿的良好效果。可以说，赠品促销是一种既能短时间增加销量，又能长时间树立品牌形象的促销方式。

通过以上案例，分析以下问题。

（1）主播在直播中如何通过赠品促销为直播间引流？

（2）赠品促销的优势有哪些？

知识巩固与技能实训

一、填空题

1. _____，顾名思义就是为给直播间引流而专门创作的短视频。

2. _____是为了让用户提前了解直播的内容，这样对直播感兴趣的用户就可以在直播时及时进入直播间，从而增加直播间的在线人数。

3. 常见的直播预热引流渠道有_____、_____、_____、_____及_____等。

4. _____是虚拟电子现金券，在直播间购买商品时，用户可以使用其抵扣现金。

5. _____是淘宝最大的流量入口和最大的成交渠道之一。

二、选择题

1. 对于抖音、快手等短视频平台来说，主播可以利用的（　　）主要是账号名称、账号简介、粉丝群等。

  A. 私域场景   B. 公域场景 C. 其他平台

2. （　　）拥有新闻发布、口碑营销、商品展示等功能，是企业面向社会的重要窗口。

  A. 抖音平台   B. 电商平台 C. 企业官网

3. 刚开始直播时，观看直播的人数较少，间断发放（　　），可以为直播间积累人气，吸引更多人进入直播间。

  A. 大额红包   B. 小额红包 C. 口令红包

4. （　　）是商家常用的互动方法之一，旨在通过抽奖活动来吸引用户的目光。

  A. 直播间抽奖活动 B. 赠品促销 C. 发放优惠券

5. （　　）就是一个主播在直播时，可以对另一个直播间的主播发起挑战。

  A. 账号导粉   B. "连麦"PK C. 邀请名人进直播间

三、简答题

1. 简述直播引流的定义是什么。

2. 直播引流的优势是什么？

3. 直播预热引流时机包含哪些内容？

4. 直播预热引流渠道有哪些？

5. 直播中的引流策略有哪些？

四、技能实训题

下面介绍如何在快手直播间进行付费推广，具体实训步骤如下。

1．在"直播"界面中点击"开始聊天直播"按钮，如图4-24所示，进入快手直播间，点击右下方的"更多"按钮，如图4-25所示。

2．在弹出的界面中点击"上热门"按钮，如图4-26所示。

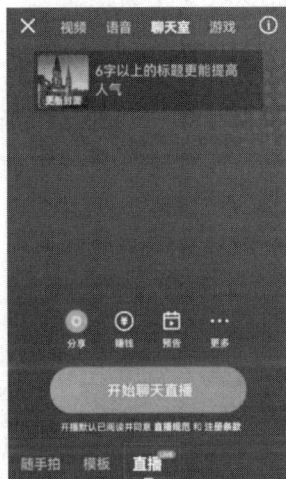

图4-24　点击"开始聊天直播"按钮　　图4-25　点击"更多"按钮　　图4-26　点击"上热门"按钮

3．弹出"直播推广"界面，设置"预计带来直播观看数""下单金额"，如图4-27所示。

4．设置"推荐给我想吸引的人""期望投放时长""支付方式"，图4-28所示为设置其他选项。充值并支付后，即可开启直播推广。

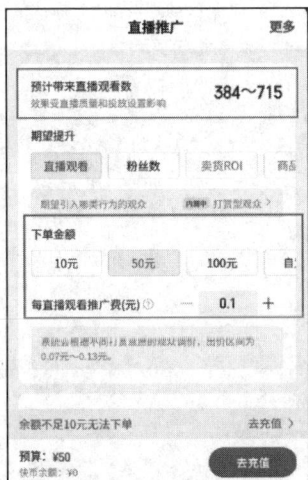

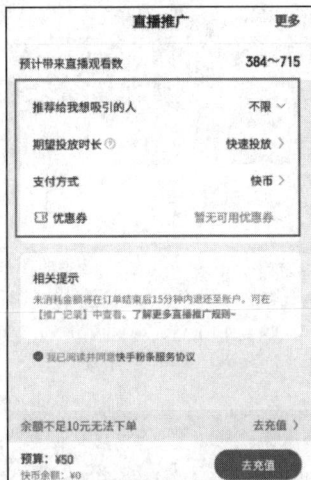

图4-27　设置"预计带来直播观看数""下单金额"　　图4-28　设置其他选项

任务实训

为了更好地理解直播引流的概念并掌握相关的基础知识，我们将进行下述实训操作。

一、实训目标

1. 掌握合适的直播预热引流时机。

2. 掌握常见的直播预热引流渠道。

3. 掌握直播中的引流策略。

二、实训内容

选择自己最熟悉的直播平台，掌握合适的直播预热引流的时机、渠道和直播中的引流策略。

1. 选择合适的直播预热引流时机，分析直播间用户活跃时间分布，找到人气峰值。

2. 多渠道宣传能够让更多用户了解直播信息，通过直播平台私域场景、企业官网、电商平台、社交平台及线下实体店等直播预热引流渠道预热引流。

3. 利用派发红包、抽奖活动、发放优惠券、赠品促销与名人合作、企业领导助播等引流策略为直播引流。

三、实训要求

1. 选择自己最熟悉的直播平台。

2. 要有完整的引流策略，包括直播脚本中的各项促销内容，如派发红包、抽奖活动、发放优惠券、赠品促销策略。

3. 根据直播引流过程中存在的问题，提出针对性的建议，以优化直播引流的效果。

第5章

直播电商话术

在直播电商中，用户观看直播好比在实体店逛商场，没有特别明确的需求，那么谁会吆喝，谁能一句话抓住用户的心思，谁就能吸引用户。主播如果不懂得直播电商的话术，只是一味地说自家商品有多好，自然无人问津。主播需要掌握直播电商话术，快速打消用户的消费疑虑，引起其兴趣，从而使其下单。本章主要讲述直播电商话术设计、直播电商的场控技巧、直播电商带货话术。

知识目标

☑ 熟悉直播电商话术设计要点。

☑ 熟悉直播电商话术设计原则。

☑ 熟悉直播电商销售话术框架。

技能目标

☑ 掌握直播电商的场控技巧。

☑ 掌握直播电商带货话术。

【引导案例】

直播电商销售话术

直播电商火了，越来越多的人开始效仿各大主播，在各大直播平台上推销自家商品。但是，在直播变现过程中，绝大多数人都有过以下困惑。

"直播了半天，没人理我，怎么回事？"

"拿到商品不知道怎样向用户介绍。"

"讲了半天都没人感兴趣。"

"直播了一个小时，为什么连一个下单的都没有？"

……

以上问题，究其本质是大部分人忽略了以下3个重要的变现要点。

没需求：不懂得如何将商品与用户建立起联系，让用户觉得自己需要某种商品。

没兴趣：不懂得如何介绍商品亮点，以打消用户对商品的疑虑，激发其消费兴趣。

没欲望：不懂得用户消费心理，不会用销售策略刺激用户马上下单。

直播间的用户往往是没有耐心的，如果直播内容无法在一分钟之内吸引住用户，用户就极有可能直接退出直播间，不再回来了。

如何解决这个问题？某知名主播总是能用几句话抓住用户的痛点，唤醒其需求，用几句话快速打消用户的消费顾虑，激发其兴趣，再用几句话让用户抢着下单。下面是他常用的销售话术，包括"还原场景话术""抬高需求话术""展示亮点话术""灌输理念话术""促进成交话术"。

他在直播间卖的化妆品大多为中高端品牌，价格不低，决策成本很高，但他总能在短短几分钟内激发用户的需求，甚至让本来不想买的用户也忍不住下单，上万份商品经常一上架就被一抢而空。

我们先来学习他的话术。

还原场景话术："一遇热水，皮肤就泛红，一用大牌且养肤性特别强的精华面霜，皮肤就红肿的女生在不在？爱长痘痘的女生在不在？长了痘痘且有粉色痘印的女生跟脸部红血丝很严重的女生在不在？"

抬高需求话术："我给你推荐这一×××自用款的修复精华液，它可以帮你解决多种皮肤不舒服的问题。"

展示亮点话术："它贵，但是它真的好用，为什么？它是××××集团下面专门做芳疗的护肤品牌。这款精华液就能帮你镇定修复皮肤，让你的皮肤不过敏，让你的皮肤都舒缓下来。"

灌输理念话术："我就一句话，有经济条件的，买它！你把你的皮肤状况调整好之后，再去用大牌才有用。调整不好，你用再多大牌都是没用的。"

促进成交话术："今天给大家带来的是50毫升的粉精华大瓶，还附赠亮灯化妆镜，以及一瓶4毫升的橙花精露和5毫升的舒缓面霜。除此之外，在我的直播间下单再送5毫升的舒缓精华和两个50毫升的洗面奶，这么多一共只要680元，我只有1 600套。3，2，1，上链接，来咯！"

思考与讨论：

（1）从这个案例中，你能总结出一些直播电商话术吗？

（2）为什么有的直播间没有用户下单？

5.1 直播电商话术设计

对于主播来说，话术水平的高低会直接影响直播间商品的销售效果。因此在直播电商中，巧妙地设计话术至关重要。

直播电商
话术设计

5.1.1　直播电商话术设计要点

直播电商话术是对商品特点、功效、材质的口语化表达，是主播吸引用户停留的关键，也是促使成交的关键。好的直播电商话术有利于促成销售、控制直播节奏、营造直播氛围。

直播电商话术也可以理解为根据用户的期望、需求、动机等，通过分析直播商品所针对的个人或群体的心理特征，运用有效的心理策略组织的高效且富有深度的语言。直播电商话术并不是单独存在的，它与主播的表情、肢体语言、道具使用等密切相关。主播在设计直播电商话术时需要把握好以下要点。

1. 话术设计口语化，搭配肢体语言

高成交率的直播电商话术设计的重点是语言要口语化，同时搭配丰富的肢体语言、面部表情等，使主播的整体表现具有很强的感染力，能够把用户带入其描绘的场景中。浅显易懂的语言加上直播现场的演示，能够直接戳中用户的痛点，让用户的感受更真实，更容易做出购买行为。

2. 灵活运用话术，表达要适度

很多新手主播经常套用一种话术模板或框架，但需要注意的是，话术并不是一成不变的，要活学活用，特别是面对用户提出的问题时，要慎重考虑后再回答。

对于表扬或点赞，主播可以积极回应；对于善意的建议，主播可以酌情采纳；对于正面的批评，主播可以幽默地化解或坦荡认错；对于恶意谩骂，主播可以不理会或直接拉黑。

✍ 课堂思政

凡事要掌握好度，不能张口即来，如果主播在说话时经常夸大其词，就可能引发用户的反感。因此，直播电商话术设计要避开争议性词语、敏感性话题，以文明、礼貌为前提，这样既能让表达的信息直击用户的内心，又能够制造融洽的直播间氛围。

2020 年 7 月，《视频直播购物运营和服务基本规范》正式实行。在当前全民直播带货的背景下，必定存在着很多虚假宣传的直播间。由于主播扮演着经营者、发布者、代言人等多重角色，行业准入门槛较低，主播素质参差不齐，致使虚假夸大宣传成风、假冒及三无商品泛滥、售后服务难以保障，直播带货成为用户投诉的重灾区。这些行业乱象层出不穷，严重影响了用户的消费体验。

行业规范出台后，三观不正、销售假冒伪劣商品的主播会被纳入黑名单，那些不规范的平台、质量不过关和售后服务很差的厂商也会被禁止进行直播带货，从而还用户一个干净的直播环境。

3. 话术配合情绪表达

新手主播往往缺乏直播经验，可能经常会遇到忘词的情况，这时主播可以参考话术脚本，并且要注意配合情绪表达，面部表情要丰富，情感要真诚，以及加上丰富的肢体语言、道具的使用等。

使用话术时，主播不能表现得过于怯懦或强势。过于怯懦会让主播失去自己的主导地位，变得非常被动，容易被用户牵着走；而如果主播过于强势，自说自话，根本不关心用户的想法或喜好，则不利于聚集用户和增加流量。

4. 语调富于变化，语速适中

在直播时，主播的语调要抑扬顿挫，富于变化，语速要确保用户能够听清讲话内容。主播可以根据直播内容的不同，灵活变化语速，如果想促成用户下单，语速可以适当快一些，用激情来感染用户；如果主播要讲专业性内容，语速可以稍微慢一些，这样更能体现出权威性；讲到要点时，主播可以刻意放慢语速或停顿，以提醒用户注意倾听。

5.1.2 直播电商话术设计原则

直播时，主播主要是通过语言与用户进行交流与沟通的，语言是主播思维的集中表现，能够从侧面体现出主播的个人修养与气质。直播电商话术设计原则如图5-1所示。

图5-1 直播电商话术设计原则

1. 专业性

直播电商话术的专业性体现在两个方面：一是主播对商品的认知程度，主播对商品认知得越全面、越深刻，在进行商品介绍时就越游刃有余，越能彰显自己的专业程度，也就越能让用户产生信任感；二是主播语言表达方式的成熟度，同样的一些话，由经验丰富的主播说出来往往比由新手主播说出来更容易赢得用户的认同和信任。

如果想要顺利把货卖出去，主播在这个领域就要有一定的专业度，这样才能更容易让用户信服。例如，在服装类直播中，主播必须对服装的材质、款式、穿戴搭配技巧等有深入的了解，并具备一定的审美能力；如果是美妆类直播，主播就要对护肤品的成分、品牌、护肤知识、美妆搭配等非常精通，在直播中讲述一些专业知识，塑造自身的专业人设，让用户认可主播的专业性。

🎓 **专家提示**

　　专业的内容是主播直播的核心，在竞争日益激烈的直播行业，主播只有不断学习，不断提高自身的专业能力，才能在直播这片肥沃的土壤上扎根，才能在直播中融入自己的专业见解，说话才会更有内涵、更有分量，才能更容易赢得用户的信任。

2. 挖掘痛点

　　主播要学会在直播过程中寻找用户最关心的问题和感兴趣的点，从而有针对性地为用户带来有价值的内容。挖掘用户的痛点是一项长期的工作，主播在这一过程中，必须注意以下3点。

　　（1）对自身能力和特点有充分的了解，清醒地认识到自己的优缺点。

　　（2）对其他主播的能力和特点有所了解，对比他人，从而学习其长处。

　　（3）对用户心理有充分的解读，了解用户需求，然后提供对应的内容以满足这种需求。

3. 真诚性

　　在直播过程中，与用户的互动是不可或缺的。但此时不可口无遮拦，主播要学会"三思而后言"，站在用户的角度，以真诚的态度进行沟通和互动。主播应设身处地为用户着想，以用户的观点来看待商品的说明、商品的种类、商家提供的各项服务等，这样才会让用户感到方便、满意。

　　真诚的力量是不可估量的，真诚的态度和语言容易激发用户产生情感共鸣，提高主播与用户的亲密度，拉近双方的心理距离，从而增强用户的黏性，提高用户的忠诚度。

4. 趣味性

　　直播电商话术设计的趣味性是指主播要让直播语言具有幽默感，不能让用户觉得直播内容枯燥无味。有人说，语言的最高境界就是幽默。口才幽默的主播不仅会让人觉得直播很有意思，还能折射出主播的内涵和修养。同时，幽默的语言还是直播间的气氛调节剂，能够营造良好、和谐的氛围，并加速主播与用户建立友好关系的过程。

⚙ **知识窗**

　　主播在表达幽默时一定要适度，要掌握好分寸，不能给用户留下轻浮、不可靠的印象。主播还要注意表达幽默的内容，可以在一些尴尬场面进行自我调侃，但不要触及私人问题或敏感话题，而且不能冲淡直播主题，不能把用户的思路越拉越远，而要回归直播主题。

要想成为一个出色的直播电商主播，提升直播时语言的趣味性，主播可以通过学习脱口秀节目、娱乐节目中主持人的说话方式来培养自己的幽默思维。

5.1.3　直播电商话术框架

直播期间，直播间不断有用户进出，主播通常会把每轮话术设计得很简短，争取在最短的时间内激发用户的需求与兴趣，再用优惠券、赠品等刺激用户下单。为了让用户更好地理解直播电商话术框架，下面对直播电商话术框架进行展示与讲解。图5-2所示为直播电商话术框架。

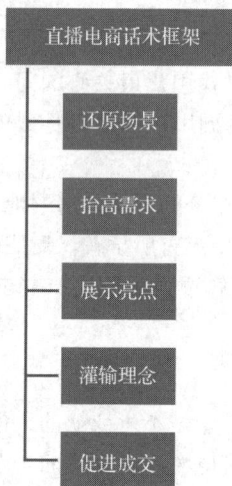

图5-2　直播电商话术框架

直播电商话术框架如表5-1所示。

表5-1　直播电商话术框架

还原场景	思路	结合消费场景提出消费需求点，给用户可靠的消费理由，重点在于引出话题和引起共鸣
	话术示例	T恤发黄了就不美观，但是洗完之后，有些洗衣液会残留在衣服上，会不会对我的皮肤不好啊
抬高需求	思路	引入商品，以解决问题为出发点，解决之前提出的问题和疑惑
	话术示例	这个是每家每户都能用的"万金油"商品，是一款修复肌肤的好商品，可以抵御肌肤的敏感、干燥、脱皮、皲裂，以及修复肌肤手术后的损伤
展示亮点	思路	从商品成分、行业、品牌、原料、售后保证、销量、用户好评等角度打消用户的疑虑
	话术示例	这款商品无酒精、无香精、无色素、无矿物油，妈妈和宝宝都可以使用

（续表）

灌输理念	思路	多回答用户的问题，增强用户对商品的认同感，让用户产生购买心理
	话术示例	给宝宝买的护肤品一点儿都不要省，护肤品是摆在一边就会让皮肤变好的吗？不是的！护肤品是要往身上抹的
促进成交	思路	用价格优势、优惠券、抽奖活动、额外赠品等销售策略，刺激用户下单
	话术示例	这个商品原价199元，今天在我的直播间只卖99元，目前还剩最后10单，今天下播以后就没有这样的福利了

通过学习直播电商话术框架，主播在拿到商品不知道如何向用户介绍时，就可以据此捋清介绍思路，不断优化介绍效果。

5.2 直播电商的场控策略

在直播间里还有一个绝不能忽视的角色——场控。场控不仅是主播的亲密合作伙伴，更是整个直播间的导演，把控着直播节奏，统筹着整场直播。下面介绍直播电商的场控技巧。

直播电商的
场控策略

5.2.1 场控在直播中的作用

场控从过去的边缘配角，逐渐演变成直播中不可或缺的角色。如今，流量大的直播间，主播难以一个人在直播中兼顾商品推广与直播运营的工作，因此主播加场控成了直播间的标配。

场控多由运营者或者主播助理担任，目前场控已经逐渐演变成一种专业化的职业，其重要性在不断提升。毫不夸张地说，一场直播有优秀的场控在，销量将会大幅上升，业绩翻倍也是有可能的。

场控在直播中的作用如图5-3所示。

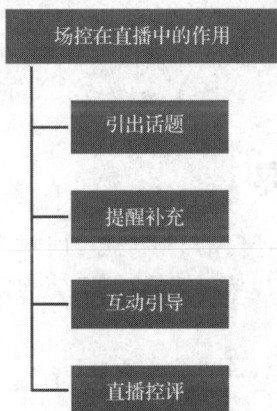

图5-3　场控在直播中的作用

1. 引出话题

有时候主播无法在直播时直接表达某个观点，就需要由场控来表达。

比如，某主播将抖音音浪收入捐给中国扶贫基金会这件事，如果直接由主播说出来，就容易让用户觉得他是在"王婆卖瓜，自卖自夸"，甚至有人会认为捐款就是为了作秀。

那么该如何将这件事表达出来呢？来看一下以下主播和场控是怎么做的。

场控：今天主播在做直播预告时告诉过大家有关直播间音浪收入的处理问题吗？

主播：哦，对，我会把今天直播间所有的音浪收入全部捐给中国扶贫基金会；在此，我们也要感谢所有在直播间送出音浪的朋友们。

场控：我之前也听说你和中国扶贫基金会有长期合作关系，你其实还做了很多，向你学习！

我们从上述案例可以看出，由场控"无意"提起音浪收入的话题，主播再做话题补充，表达自己的做法，加上场控的表扬，就能很自然地把这件事说了出来。

2. 提醒补充

一些新手主播在某些方面的能力有所欠缺，如对商品的了解不足、对脚本的执行不够完整等。这时场控就需要补足主播的短板，主播缺什么场控就补什么。

某新手主播第一次直播要播5个小时，需要推荐40件商品，想要记住每件商品的特性是很困难的。当到了某个关键时间节点或在介绍某款商品时，主播可能会忘记一些事情，这时，场控就可以巧妙地提醒主播，如下所示。

场控：哎，我记得你在直播预告中说，今晚会给粉丝福利？

主播：哦，对对对，是这样的……

这种情况在直播间经常出现，主播可能漏了某个关键环节，场控又不好意思直接提醒他，这时场控可以旁敲侧击，帮主播把这个环节引出来。

3. 互动引导

因为主播的责任较大，要说的话较多，所以很难在讲解商品时兼顾所有运营工作，经常会有遗漏。因此需要有人分担这一部分工作，以让主播专注地介绍商品。优秀的场控可以与用户互动，并加以引导下单，能直接影响单场直播的成交额。

5.2.2 带动直播间的气氛

一场直播一般要持续两个小时以上，场控的主要工作就是配合主播，不让直播间冷场，把气氛调动起来，刺激用户下单。

场控应怎样带动直播间的气氛呢？答案如下。

> ✏️ 课堂讨论
> 场控带动直播间气氛的方法有哪些？

1．提前确定好直播流程

在开播前，场控需要提前确定好直播流程，如什么时间进行抽奖、分享主题、销售商品等，并在直播过程中引导、配合主播按照定好的流程进行直播。

2．熟悉商品

场控一定要对直播的商品有深刻的了解，不仅要熟悉商品的性能、规格型号、款式样式、卖点，更要注意商品的实际质量是否与商家的宣传相符。直播时，在主播不熟悉商品的情况下，场控可以代替主播在镜头前讲解商品，这样可以避免由于主播的不熟悉导致的用户流失。

3．熟悉主播

一般情况下，直播间里只有场控和主播两个人，直播想要做得好，两者的配合必须要默契。而默契的配合源于双方的了解，场控平时要多了解主播的性格、人设和带货风格等，这样才能与主播形成良好的互动，增加直播间的吸粉力度。

4．提升直播间热度

场控要想办法引导用户进行互动，帮助主播活跃直播间气氛，提升直播间热度，包括对节奏的把控、时间的把控、突发事件的应对等。

5．及时反馈数据给主播

优秀的场控要实时关注直播间的用户反馈和直播商品的数据反馈。比如，某款商品卖得很好，则要提醒主播继续推销这款商品；如果某款商品卖得不好则要提醒主播减少对这款商品的介绍时间，以免直播间用户的流失。

5.2.3　解决技术故障

技术故障属于客观因素造成的突发状况，如直播中断、直播时没有声音、直播画面卡顿、闪退等。任何技术故障的出现，都会严重影响直播体验，导致用户流失、业绩惨淡。一旦出现技术故障，场控需要具体问题具体分析，并寻求解决办法。

1．直播中断

一般来说，造成直播中断的原因有两种：一是网络问题；二是直播内容违规，被直播平台处罚了。

场控要先检查直播间使用的网络是否能保证直播的正常运行，如果是因为网络不稳定造成的直播中断，场控与主播切换到网络稳定的区域进行直播就可以了。在条件允许的情况下，场控可以为直播间单独配置一根网线，并采用高配置的设备，以保证直播的流畅。

如果场控检查网络后，确定不是因为网络问题造成的直播中断，就要考虑是不是直播内容违规，被平台处罚了，然后根据具体情况寻找解决方法。

2. 直播时没有声音

若直播时没有声音，则会影响用户的体验及商品的流量，所以场控要特别关注这个问题，发生该问题时要及时解决。在只有画面没有声音的情况下，场控暂时只能在视觉上想办法吸引用户的注意力，让他们继续留在直播间，等待问题妥善解决。此时，场控可以采用晃动道具、在白纸上写字等方法来吸引用户的注意力。

3. 直播画面卡顿

造成直播画面卡顿的原因通常有两种：一是网络较差，此种情况下，场控可参考前文给出的方法来解决；二是直播设备配置较差，无法流畅直播，此时场控需要更换配置更高的设备进行直播。

4. 闪退

导致闪退的原因可能是设备内存被其他程序占用，也可能是设备本身内存空间不足。面对闪退，最好的处理方法就是退出当前直播然后重新登录账号并开启直播。

🎓 **专家提示**

直播具有很多不可控的因素，对于重要的直播，场控在前期一定要做好工作标准化管理，准备好应急方案，减少直播风险。所以重要的直播开播前，场控必须完整地进行测试，不可省略任何一个步骤；新设备启用前要进行抗压稳定性测试。

5.3 直播电商带货话术

直播带货的最终目的是把商品销售出去，所以主播要掌握一些直播电商带货话术。常见的直播电商带货话术可以分为欢迎话术、留人话术、互动话术、商品介绍话术、催单话术、结束话术。

直播电商
带货话术

5.3.1 欢迎话术

对于每一个新进入直播间的用户，主播都要欢迎。常用的欢迎方式有如下几种。

（1）读出用户的账号名称：欢迎××进入直播间，这名字有意思，是有什么故事吗？

（2）寻找共同话题：欢迎大家进来捧场，我最近喜欢上一首歌，不知道你们听过没有。

（3）借机传达直播内容：欢迎××进入直播间，今天要给大家介绍的是××

的技巧，大家感兴趣的话记得点个关注哦。

常见的直播欢迎话术如表5-2所示。

表5-2　常见的直播欢迎话术

嗨，大家好，我是××，欢迎大家来到××直播间，今天是"6·18"，年中大促销，我为大家带来多款超值商品，今天直播间的朋友可以享受超低直播价哦
嗨，大家好，欢迎大家来到直播间，今天晚上的直播有超多的惊喜等着大家，超高品质的商品都是超低价，机会难得，大家一定不要错过哦
感谢大家百忙之中来到我的直播间，大家今天晚上有没有特别想实现的愿望啊？大家可以在评论区留言哦，万一我一不小心就帮你实现了呢
欢迎朋友们来到我的直播间，主播是新人，希望朋友们多多支持、多多捧场哦
欢迎各位朋友，大家晚上好，大家能听见我的声音吗？ 大家可以在评论区回复"1"表示自己在场，我看到××已经来了，你好
首先欢迎大家来到我们××的世界，废话不多说，先来抽一波奖
大家好，欢迎来到××直播间
欢迎××来到直播间，每次直播都能看到你，特别感动，真的
欢迎大家来到我的直播间，咱们8点正式给大家带来今晚的"干货"哟
大家晚上好，我先来预告一下今天晚上的商品有哪些好不好
我是×××，今天来大家分享几个美妆小技巧，学会了你也可以是美妆达人，记得关注我，以了解更多简单易上手的美妆小技巧

5.3.2　留人话术

直播间没有用户，有再好的商品也是白搭。留人话术的目的是留住进入直播间的用户，提高直播间的用户留存率。主播可以用幽默的语言吸引用户，或者设置福利、及时回答用户提问，让用户停留在直播间，并且关注直播间。

留人话术的运用主要包含以下两个技巧。

1．利用福利

主播要利用各种福利留住用户，如包邮、赠送礼品等。5～10分钟提醒一次，因为直播间一直有新进入的用户。

2．及时回答用户提问

这点非常重要。因为会在直播间提问的，多是意向用户。主播要及时回答用户提问，同时加上话术引导，以促进成交。

常见的直播留人话术如表5-3所示。

115

表5-3　常见的直播留人话术

刚进入直播间的朋友们，记得点击左上角的按钮关注直播间哦！我们的直播间会不定期地发放各种福利
喜欢××直播间的朋友，记得关注一下哦，连续签到7天可以获得一张2元的优惠券
想继续了解辅助搭配技巧、美妆技巧的朋友们，可以关注一下主播哦
今晚我们为观看直播的朋友们专门建立了一个免费的美妆交流群，欢迎大家加入，我会不定期地在群里为大家分享一些护肤方法和化妆技巧
喜欢我的朋友们请动动你们的小手，点击"关注"按钮，12点整就可以参与抽免单了，还可以去找我们的客服"小姐姐"领10元优惠券
直播间的粉丝宝宝们，12点整的时候我们就开始抽免单了啊。还没有点关注的在上方点个关注，加入我们的粉丝团
刚才提到的问题，我看到好多人都说不知道，来看一下××
感谢××的关注，还没关注的抓紧关注哟，主播每天给你们带来不同的惊喜哟
刚刚进入直播间的朋友，记得点击一下上方的订阅，每次有福利会第一时间通知您！大家记得关注一下我们的直播间哦，不然下次直播又得花时间搜索
今天会在关注直播间的小伙伴中，抽出一个神秘大奖，还没关注的朋友赶紧关注哦
今后直播间还会给大家带来非常多的好东西，一定要关注我们的直播间哦

5.3.3　互动话术

在直播过程中，主播与用户实时的互动，能够让用户感到贴心，用户的诉求可以较快得到回应，主播也能够很快得知用户的反馈。主播在直播时要多与用户进行互动，回答用户提出的问题就是主播与用户进行互动的有效方法。因此，主播在直播过程中要多看评论，有耐心、有重点地回答用户的问题。

被用户提到最多的问题最能反映用户的需求，主播要对这些问题进行重点回答。主播关注并回答用户的问题能够让用户感觉到自己是被重视的，从而对主播更有好感。在这种长久的、良好的互动中，主播与用户的信任关系也能够更好地建立起来。

> **知识窗**
>
> 在主播直播的过程中，用户会不时地询问一些他们没有听明白的内容，如商品的细节、直播间的优惠活动等。而用户进入直播间的时间并不统一，很多时候，主播已经回答了一位用户关于商品的某个问题，不久后可能就会有刚刚进入直播间的用户询问同样的问题。这样的情况经常发生，主播需要时刻对用户保持耐心，认真对待用户的每一次提问。即使是相同的问题，主播也要认真回答。

　　主播要通过与用户互动增强用户的参与感，要通过制造话题让用户展开讨论，让用户参与互动。在推销商品的过程中，主播可以抛出一个与商品有关的话题，引发用户讨论。这需要主播多关注一些与商品相关的新闻热点。例如，主播在推销零食时，可以将时下的热门零食作为话题，也可以通过提及一些热播剧中出现的美食引发用户的讨论。主播从当下热点中寻找话题，可以在愉悦的氛围中提升直播间的热度，充分调动用户的积极性，让用户参与到讨论中，增强用户的参与感。

　　主播在通过话题讨论调动用户积极性的同时，也要对与用户的互动进行把控。用户的情绪过于高昂或话题讨论的时间过长，都对接下来的直播不利。

　　通常主播可以通过以下话术与用户进行互动。

1. 节奏型话术

　　该类型的话术旨在让用户参与互动并发言，新进来的用户看到直播间很活跃，就会很好奇为什么那么多人参与互动，主播到底直播了什么。

　　比如，"觉得主播唱得好听的打出100"；"打出520让我感受一下你们的热情"。图5-4所示为刷100。

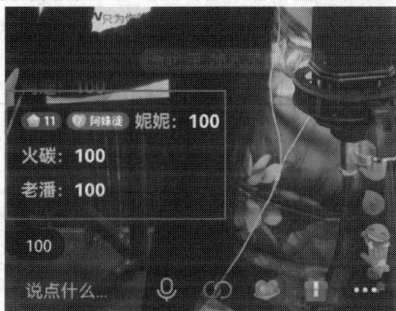

图5-4　刷100

2. 提问式话术

　　提问式话术是指提出的问题的答案只能是肯定或否定的，用户用几个字就能表明观点，主播也能快速知晓用户的答案，不至于在等用户回答时冷场。

　　比如，"刚刚分享的小技巧大家学会了吗？""你们能听到我的声音吗？""这款口红大家以前用过吗？"

3. 选择性话术

　　选择性话术就是给用户抛一个选择题，主播的发言成本很低，但能够迅速让用户参与互动。

　　比如，"想听《×××》的在评论区打出1，不想听的在评论区打出0""换左手边这一套衣服的在评论区打出1，换右手边这一套的在评论区打出2"。

　　常见的直播互动话术如表5-4所示。

表5-4　常见的直播互动话术

看了刚才的PPT演示，不知道大家以前是怎么做的，欢迎在评论区留言哦
下面我教大家如何在15秒内画好眼线，你们学会了吗
商场专柜价199元，在直播间购买只要119元，还送好礼……倒计时5、4、3、2、1
我看一下谁点赞最多，有个人在疯狂点赞啊，多少次？天啊，235次
今天我邀请了一位重磅的神秘嘉宾来到我的直播间，大家猜一猜是谁
我看一下评论区，知道×××的在评论区打出"1"，不知道×××的在评论区打出"2"
各位朋友，请回忆一下自己的童年，在评论区用一句话描述一下
朋友们，不要吝啬你们的点赞，希望今天大家能帮我点到新的高度好吗
现在直播间有1万人，到1.5万人，我截图送个大奖，好不好？大家把链接分享出去
感谢这位小伙伴给我打赏，我们也是非常需要鼓励的，这位打赏的小伙伴待会儿可以到粉丝群提一个问题，我保证给你回答
已经有6 000人来到我们的直播间了，希望有更多的小伙伴来到我们的直播间，也感谢很多小伙伴的评论
你们想要听面料、尺码的问题吗？想听的在评论区打个1，不想听的在评论区打个0

5.3.4　商品介绍话术

在展示商品的过程中，主播需要介绍商品的优点，突出商品的高性价比，激发用户的购物热情。商品的优点和优惠政策是突出商品高性价比的两个重要方面。在展示商品的过程中，主播需要对这两个方面做重点介绍。

专家提示

以销售服装为例，在直播的商品介绍环节，主播可以首先对每件服装的外观、面料、式样、尺码、着装场景等进行介绍。在展示服装的环节，主播可以对该服装的外观进行详细描述，以便放大商品的优点，强化用户的记忆。

突出商品的高性价比需要主播做好以下几个方面。

1. 多次提醒商品的优惠政策

商品的优点能够体现商品的价值，而商品的优惠政策能够突出商品的高性价比。因此，在直播过程中，主播需要多次提醒用户在直播间购买商品能享受的优惠，如"现在下单享受8折优惠""本件商品7折促销"等。对商品的优惠政策进行多次提醒也能够强化用户对商品高性价比的认知，从而激发用户的购物热情。

2. 充分展示商品的细节

要想提高商品的成交率，除了突出商品的独特性、性价比，商品细节也具有很关键的作用。很多主播在展示商品时都会把商品贴近镜头，以清晰地向用户展示商品的颜色、纹理等细节，图5-5所示为充分展示商品的细节。主播可以对着镜头摸一下衣料的材质，用指甲轻划一下皮具等，以此来展示商品的手感和质感。同时，主播还可以适时展示商品的生产细节。对商品细节的展示能够强化用户对商品优点的认知，激发用户的购物热情。

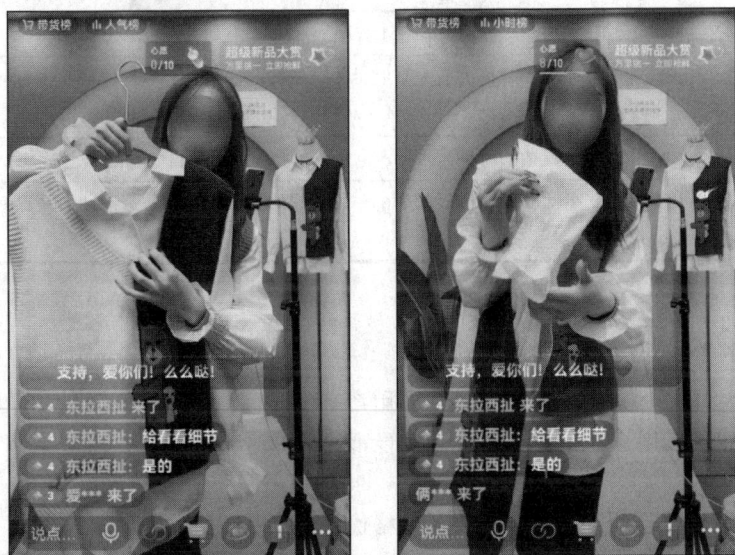

图5-5　充分展示商品的细节

服装类商品需要展示的细节有吊牌、拉链、线缝、内标、Logo、领口、袖口及衣边等，展示的细节越多，用户看得越清楚，对商品产生好感及购买的可能性也就越大。

3. 强调商品的卖点

在推荐商品时，主播可以把重点放在商品的卖点上，如商品的面料、外观、材质、品牌、款式等。例如，"这款包用的是PVC材质，耐磨且防水，性价比十分高"。主播还可以将商品与其他品牌的同类商品进行对比，抓住和强调该商品与众不同的特征，以体现商品的性价比或者商品在其他方面的优势。

4. 建立信任感

直播带货的缺点就是用户接触不到商品，只能通过主播的描述来了解商品。因此，主播要能够从专业的角度出发，针对商品及同类其他商品做讲解，并指导用户根据自己的情况选择商品。用户对主播建立起一定的信任感，才会下单。

常见的直播商品介绍话术如表5-5所示。

表5-5 常见的直播商品介绍话术

专柜价199元，在直播间购买只要119元，还送好礼……倒计时5、4、3、2、1
穿上这件衣服走在大街上，每个人都想多看你一眼
阳光照射到皮肤上的时候，会折射出非常漂亮的光泽感
果肉很新鲜，不是风干的那种，酸酸甜甜的口味，你们会很喜欢吃的
可以买给长辈，无论爷爷、奶奶还是爸爸、妈妈都会喜欢的，吃起来完全不会有腻的感觉
我非常喜欢，好想吃，性价比较高，你买回去给你的妈妈吃一下，她肯定会觉得非常好吃
这件外套带有几何波浪纹，两边是收腰的，款式十分新颖
我现在穿的这套工装裙是羊毛针织裙，并且是灯绒袖的。这样的款式适合多种体形，也非常适合上班时穿
穿着白纱裙在海边漫步，享受温柔的海风的吹拂，空气里仿佛充满了夏日阳光的味道
这款便携式果汁机是我用过的果汁机中感觉很好的一款，它的外观设计和安全设计都非常好！今天我为大家争取到了7折的优惠价，买它绝对值

5.3.5 催单话术

催单话术是为了实现饥饿营销，让用户产生一种怕错过的心理想法，催促用户马上下单。很多用户在下单时可能会犹豫不决，这时主播就需要用催单话术刺激用户下单。

催单话术要不断强调商品效果和价格优势，不断提醒用户数量有限，再不下单就买不到了。主播应该想尽办法缩短用户思考的时间，可以使用倒计时方式，催促用户马上下单，营造时间紧迫、大量用户购买的氛围。对于这个问题，主播可以从把握用户的心理着手，因为在心理学中有很多让人快速做决定的方法，这些都可以运用到直播话术中。

在催单时，主播可以采用以下技巧。

1. 强调商品优势

主播在催促用户下单时应注意，用户购买商品一定是因为这款商品符合他们的需求。所以，主播要帮助用户确定自己对商品的需求，反复强调商品的优势。只要主播能够抓住时机，对商品的优势进行反复强调，就能把用户的购买欲望调动起来，让用户在购买欲望最强烈的时刻迅速下单。

主播反复强调商品的优势，也是对用户的心理暗示，一方面可以抓住用户的痛点，另一方面也能够让用户明白自己的确很需要这款商品，最终促使用户下单。

2. 展现价格优势

主播可以展示商品的市场价，将其与直播间的价格进行对比，营造价格优势，让用户感到商品真的很便宜，并且商品物超所值。比如，主播在展现价格优势时可以这样说："这款防晒喷雾在天猫旗舰店的价格是79元1瓶，今天晚上在我们直播间的用户，享受买2瓶直接减79元的优惠，相当于买第一瓶要79元，买第二瓶不要钱，真的是超值。"

3. 抢购清仓

催单话术的关键是要调动用户"抢"的心态。主播经常在直播间通过"抢购""清仓"等一系列直播话术来刺激用户下单，图5-6所示为抢购清仓。

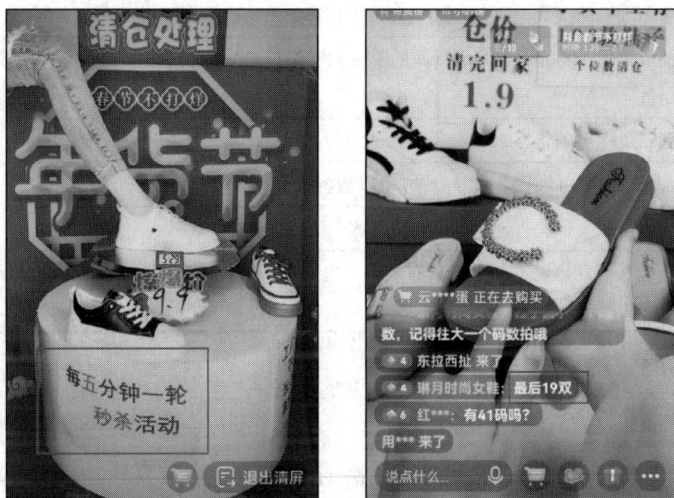

图5-6　抢购清仓

🎓 专家提示

主播在直播销售中要时刻把握用户的购买欲望。一旦用户表现出强烈的购买意向时，主播就要通过催单话术尽快让用户支付定金或者全款。这样做能够减少用户犹豫的时间，提高商品的成交率。

常见的直播催单话术如表5-6所示。

表5-6　常见的直播催单话术

我们直播间的商品都支持7天无理由退换货，购买后如果对商品不满意是可以退货的，大家放心购买
这款商品原价是138元，为了回馈大家的厚爱，现在只要79元，喜欢这款商品的朋友请不要再犹豫了，错过今天就只能按原价购买了
最后50件，大家抓紧时间下单吧，库存还剩40件、25件……
这个真的很划算，花3包方便面的钱就能买到
如果大家还没有想清楚是否购买，完全可以先将商品加入购物车，或先提交订单抢占优惠名额
超市里卖99元一盒，我们直播间里卖49.8元一盒
这件商品今晚在我的直播间里只有1 000件，卖完就没了

（续表）

今天晚上，直播间里的商品真的是全网最低价，可能以后再也不会有这样的价格了
今晚12点前可以半价购买，前1 000名，再优惠200元
原价198元，直播间只要99元，再送两支15毫升的
这一款数量有限，如果看中了一定要及时下单，不然等会儿就抢不到啦
这次活动的优惠力度真的很大，可以再加一套，很划算，错过得很可惜
这款项链的市场价是18 800元，今晚直播间的朋友们下单只需8 800元就能买到，可以送给妈妈，送给爱人，真的特别值
我给大家争取到了最优惠的价格，现在买到就是赚到
还有最后3分钟，没有购买的赶紧下单哦！今晚以后就没有这么优惠了
这款眼线笔真的值得购买，一支能用一年，算下来一天不到0.3元
今天在直播间里能以福利价购买的名额仅有×个，先到先得！目前还剩×个名额，大家赶快点击左下角的购物车按钮购买哦

5.3.6 结束话术

主播做事要有始有终，在直播结束前需要做的工作是有礼貌地与用户告别。除此之外，直播快结束时，主播可以预告下一场直播的时间、商品、福利；同时，再次提醒直播间接下来会提供的福利、商品等，甚至可以直接告知用户某款商品具体的上架时间段，方便一些不能一直坚守在直播间的用户购买。

常见的直播结束话术如表5-7所示。

表5-7 常见的直播结束话术

谢谢大家，希望大家都能在我的直播间买到称心如意的商品，点击关注按钮，明天晚上8点我们继续哦
请大家点击一下右下角的转发按钮，和好友分享我们的直播间，谢谢
好了，今天的直播就先到这里了，明天再见
大家还有什么想要的商品，可以在交流群里留言，我们会非常认真地为大家选品，在下次直播时推荐给大家
好了，还有×分钟就要下播了，最后再和大家说一下，下次直播有你们想要的×××，优惠力度非常大，大家一定要记得来哦
明天晚上8点，也有福利送给大家，希望大家可以继续关注×××直播间
好，我们看一下明天晚上有哪些东西，给大家预告一下
非常感谢各位朋友的关注，希望今天的分享能让大家有所收获
下次直播给你们送礼物，并且会给你们多送一点儿
我的直播时间是每天的××点到××点，大家记得每天准时观看哦
觉得我们讲得不错的记得关注直播间，下一周我们还有×××分享
感谢朋友们今天的陪伴，感谢所有进入直播间的朋友们，谢谢你们的关注、点赞

案例分析

直播卖房的销售策略

2021年受特殊情况影响，有些房地产企业的售楼处关闭，消费者也无法上门看房，销售业绩一落千丈。此时正值直播电商飞速发展的阶段，为了攻克难关，不少房地产企业纷纷加入直播行列。

相比日常直播间卖的生活用品、美妆用品、服装鞋帽、家用电器、食品，一套房子动辄上百万元，由于商品的特殊性，房子的价格并非是固定的，所需资金量大，户型、交通地段、教育配套、商业氛围、物业管理、周边环境等因素都会影响消费者的决策，消费者也需要线下看房付定金。因此，直播卖房并不能采取直接付费购买的形式。

那么，直播卖房应该如何设计福利，引导有购房需求的用户能够实现在一定的周期内选择主播推荐的楼盘呢？

总结下来，有以下3种常用的销售策略。

1. 优惠折扣

房地产企业会通过直播筛选出有意向的购房用户并引导他们在线下看房，完成后续的转化动作。因此，通常会采用"低价购买高额抵扣券+直播专场优惠折扣价"的组合福利来吸引用户选择相应楼盘。

比如，某知名开发商提供99元抵10 000元的优惠券，用户在直播间领取买房优惠券后，在相应地区买该开发商的房子还可以享受8折的购买优惠，如果在直播间下单还能享受9.5折的折上折优惠。

2. 特价房购买

为了让用户感受到直播间中满满的诚意而愿意留下来，很多卖房直播还会提供部分房源以超低的折扣价格让用户购买。

直播期间，某开发商一次性放出28套特价房，部分房子低至7折，相当于一套原价100万元的房子，在直播间购买只需要70万元，省出了首付款，有购房能力和需求的用户自然不想错过。

3. 无理由退房

直播卖房的重点在于卖，而不仅仅是吸引用户看。但是面对动辄上百万元的房子，即便给足了价格优惠，缺少线下看房的环节，用户也难以安心下单。

为了让用户有安全感，一些开发商推出了"无理由退券"协议，如果用户购买了抵扣券，拿着抵扣券去线下看房，不仅可以领取开发商提供的专属大礼包，还可以在不满意的情况下无理由退券。

通过以上案例，分析以下问题。

（1）为什么直播卖房不能直接在网上下单？

（2）直播卖房常用的营销策略有哪些？

知识巩固与技能实训

一、填空题

1. _____也可以理解为根据用户的期望、需求、动机等，通过分析直播商品所针对的个人或群体的心理特征，运用有效的心理策略组织的高效且富有深度的语言。

2. 直播电商话术设计原则包括_____、_____、_____、_____。

3. 场控多由_____或者_____担任，目前场控已经逐渐演变成一种专业化的职业。

4. _____是指提出问题的答案只能是肯定的或否定的，用户用几个字就能表明观点，主播也能快速知晓用户的答案。

5. _____和_____是突出商品高性价比的两个重要方面。在展示商品的过程中，主播需要对这两个方面做重点介绍。

二、选择题

1. （　　）是主播直播的核心，在竞争日益激烈的直播行业，主播只有不断学习，不断提高自身的专业能力，才能在直播这片肥沃的土壤上扎根。

　　A．专业的内容　　　B．真诚的内容　　　C．趣味的内容

2. （　　）思路是引入商品，以解决问题为出发点，解决之前提出的问题和疑惑。

　　A．还原场景　　　B．抬高需求　　　C．展示亮点

3. （　　）思路是用价格优势、优惠券、抽奖活动、额外赠品等销售策略，刺激用户下单。

　　A．灌输理念　　　B．展示亮点　　　C．促进成交

4. （　　）的目的是留住进入直播间的用户，提高直播间的用户留存率。

　　A．留人话术　　　B．欢迎话术　　　C．互动话术

5. （　　）是为了实现饥饿营销，让用户产生一种怕错过的心理想法，催促用户马上下单。

　　A．商品介绍话术　　B．催单话术　　　　C．成交话术

三、简答题

1. 直播电商话术设计要点有哪些？
2. 简述直播电商销售话术框架。
3. 场控在直播间的作用有哪些？
4. 场控怎样快速带动直播间的气氛？
5. 场控怎样解决技术故障问题？

四、技能实训题

下面以手机为例，阐述直播时的话术要点，介绍手机的外观、颜色及功能等，并给出自己的观点和使用感受。具体实训步骤如下。

1．开箱检测，展示手机未开封、带有薄膜的状态。

2．从包装、附件、说明书等展开讲解手机的功能，如快充功能等。

3．介绍外观设计，如屏幕大小、屏占比、屏幕类型、分辨率、按钮材质、背面材质、像素、闪光灯、卡槽、防水设计、机身宽度等，对比市场上的其他手机，将这些设计细节直观地展示给用户。

4．分析并介绍该款手机具有的特色功能或亮点。

5．具体介绍硬件支持，如机身系统、处理器、内存大小、闪存大小，在游戏、视频中的具体表现，各大评测软件的评分情况，同时要对比不同款的手机，得出有说服力的结果。

6．介绍该款手机的待机时间、电池容量、系统耗电情况，具体到多少分钟充电多少，以及完全充满电所需的时间。

7．介绍系统体验，如流畅度、滑动体验、是否卡屏、系统新增功能等。

8．综合分析，根据以上试用情况对性价比等进行客观的分析。

任务实训

为了更好地理解直播电商的话术并掌握相关的直播营销技术，我们将进行下述实训操作。

一、实训目标

1．熟悉直播电商话术设计要点。

2．掌握直播带货欢迎话术。

3．掌握直播带货互动话术。

4．掌握直播带货商品介绍话术。

5．掌握直播带货催单话术。

6．掌握直播带货结束话术。

二、实训内容

某服装店铺想通过直播卖货，请你结合本章内容为其设计以下直播带货话术。

1．欢迎话术。正式开始直播前，用户陆续进场，主播应分析如何暖场、如何快速做自我介绍、如何开场、是否直接告知用户直播间的福利和优惠。

2．互动话术。分析如何调动用户的情绪，如何让直播间的气氛保持活跃，以及如何引导直播间的用户与主播互动，如点赞、转发、在评论区留言等。

3．商品介绍话术。今天带来了一款什么样的商品，其亮点在哪里，和其他竞品相比好在哪里。

4．催单话术。为什么要买这款商品，为什么现在就要下单，如何描述购买福利，如何给用户制造紧迫感，促使其马上做决策并下单。

5．结束话术。如何让用户觉得在直播间学到了知识或者抢到了好物，并且下次还想在直播间购物；下播时，主播是否需要预告下一场直播，是否需要感谢工作人员与用户。

三、实训要求

1．主播要亲自试穿服装，向用户展示服装的试穿效果，前后左右都要展示清楚。用远景向用户展示服装的整体效果，用近景向用户展示服装的设计细节和亮点等。

2．介绍服装的风格。服装的风格有很多种，要向用户说清楚所推荐的服装属于哪种风格。

3．介绍服装的尺码与款式。例如，介绍上衣的腰围、胸围、袖长及适合的人群，介绍裤子的腰围、臀围和裤长。

4．介绍商品的价格优势和直播间的促销活动，强调"清仓"等。

第6章

直播电商物流与客户关系管理

对于直播电商经营者来说，物流是很重要的一个环节。讲究物流环节的技巧可以节省不少费用。良好的客户关系管理会带给用户非常好的购物体验，可使这些用户成为忠实用户。本章内容包括直播电商物流概述、商品的包装、直播电商物流纠纷处理、物流信息化处理、客户关系管理。

知识目标

☑ 熟悉直播电商物流的定义。
☑ 掌握直播电商物流的方式。
☑ 熟悉直播电商物流的模式。
☑ 熟悉商品的包装。

技能目标

☑ 掌握直播电商物流纠纷的处理。
☑ 掌握物流信息化管理的具体管理措施。
☑ 掌握客户关系管理的技巧。

【引导案例】

怡亚通物流携手直播电商，为精细化物流保驾护航

作为电商促销新模式，直播带货近年来持续蹿红，抢占了私域流量时代风口。"怡通云"以供应链服务为依托，打造强大的共享平台，为带货主播、机构、经销商、社区团长提供靠谱的进货渠道。怡亚通物流赋能怡通云、带货主播、美妆贸易商，联合打造了"直播电商+物流一体"的供应链服务。

2021年4月到2021年7月，怡亚通物流联合美妆贸易商陆续在抖音和快手上，与多名带货达人合作开展了多场直播。面对订单量爆发式的增加，物流团队早已做好准备，提前组织各项资源，谋划预案，防患于未然，保障了项目运作的稳定。

（1）品控管理。该化妆品类商品价值较高，且全进口，具备一定的购买稀缺性。怡亚通物流在仓库到货环节，配合贸易商，通过条码和防伪码进行甄别

验收。

（2）库内温控管理。针对口红等商品，怡亚通物流单独设置恒温仓，配备温度计进行实时测温监控。

（3）库存管理。怡亚通物流根据不同品类进行有效期、货位规划、分拣线作业和仓储系统管理，再灵活调配应急作业人员排班，保障直播后大规模密集出货的效率和有序进行。

（4）配送管理。怡亚通物流侧重配送时效性和安全性，选择顺丰速运和京东快递进行发货。

思考与讨论：

（1）为什么在直播电商中物流很重要？

（2）直播电商企业怎样做好物流管理？

6.1 直播电商物流概述

电商发展至今已经无处不在，直播电商保持高增长势头，行业竞争也日趋激烈。从直播、下单到物流再到送货上门，物流是构筑直播电商核心竞争力的关键。下面介绍直播电商物流的定义、直播电商物流的方式和直播电商物流的模式。

6.1.1 直播电商物流的定义

物流是在商品从供应地向接收地的实体流动过程中，根据实际需要，将运输、储存、装卸搬运、包装、流通加工、配送、信息处理等环节有机结合起来以满足用户需求的过程。

直播电商物流根据直播电商的特点，对整个物流配送体系实行统一的信息管理和调度，为直播电商企业提供服务，按照用户的订货要求进行理货，并将配好的货物交送收货人。直播电商利用电子化手段，尤其是互联网技术来完成物流整个过程的协调、控制和管理，从而实现了从网络前端到最终客户端的所有中间过程服务。

传统电商渠道遭遇瓶颈，直播电商等新型电商刺激物流企业升级服务，实现从传统的揽运配送这类环节性的物流服务，向价值链更长、服务更敏捷的物流服务发展。抖音电商推出"送货上门"服务，商家在后台订购该物流增值服务后，快递公司则承诺送货上门，首批接入的快递公司有中通、圆通和韵达。

6.1.2 直播电商物流的方式

常见的直播电商物流方式包括邮政发货、快递公司发货、大件物流托运，下面具体介绍。

1. 邮政发货

有些商家选择邮政发货，主要是因为中国邮政的网点众多，很多民营快递不能送达到的地方，都可以通过中国邮政送达。中国邮政发展迅速，其网点已经覆盖了很多偏远地区。中国邮政设有快递包裹、国内特快专递（EMS）等邮寄方式，不同的邮寄方式的费用也不同。

✎ **课堂讨论**

说一说常见的直播电商物流方式有哪些。

快递包裹主要面向快速增长的电子商务市场，同时也向商务客户和个人消费者提供寄递服务。快递包裹的时限稳定、运费合理、通达全国、按址上门投递签收。图6-1所示为快递包裹的产品介绍。

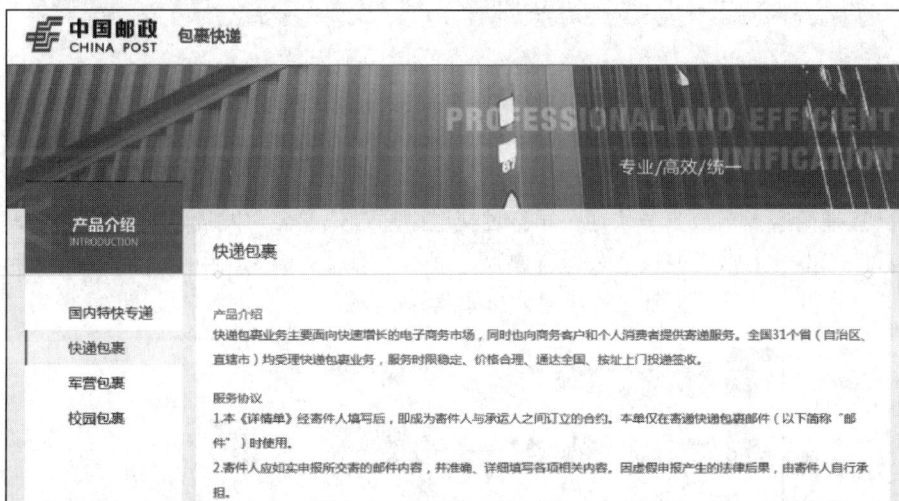

图6-1 快递包裹的产品介绍

国内特快专递（EMS）是中国邮政较早开办的产品，主要依托自主航空网，提供高效、安全的国内城市间文件和物品寄递服务。它作为中国邮政速递物流的精品业务，以高速度、高质量为用户传递国内紧急文件资料及物品，同时提供多种形式的邮件跟踪查询服务。目前，该业务可办理异地特快专递业务和同城特快专递业务。图6-2所示为国内特快专递（EMS）开通的快递服务。

中国邮政运输的基本特点如下。

（1）快递包裹的运费由中国邮政统一规定，运费比较低，国内特快专递（EMS）的运费比较高。

（2）快递包裹的邮寄速度比较慢，国内特快专递（EMS）的邮寄速度比较快。

（3）对邮寄物品的属性要求比较严格。

（4）安全保障性比较强，服务规范。

图6-2 国内特快专递（EMS）开通的快递服务

2. 快递公司发货

直播商家大多数都与快递公司打过交道，通过快递公司发货是大多数直播商家的首选。市场上常见的快递公司有德邦、京东、圆通、极兔、申通、韵达、顺丰、中通、百世、优速等，常见的快递公司如图6-3所示。

图6-3 常见的快递公司

在选择快递公司时，商家需要注意以下几个方面。

（1）安全度。无论用什么运输方式，都要考虑安全方面的问题。因为不管是用户还是商家，都希望通过一种很安全的运输方式把货物送达目的地。如果安全度不能保障的话，那么随之而来的将是一连串的问题。所以，商家一定要选择与一个安全度较高的快递公司合作。

（2）诚信度。诚信度高的快递公司，能够让货物更有安全保障，能够让买卖双方都放心。

（3）运费。对于商家来说，找到一家合适的快递公司并不容易。运费如果比较低的话，商家可以节省一笔不小的开支，特别是对于新商家而言。但是商家也不能一味地追求低运费，对快递公司的选择要建立在安全和诚信的基础上，如果连这两点都无法保障的话，那么仅仅运费低也是起不了作用的。

专家提示

　　所以，商家一定要多试用几家快递公司，与它们多打几次交道，才能分辨出到底哪家的服务好，哪家的性价比更高。这样才能让自己的利润更为可观。

3. 大件物流托运

　　如果商家要发出的货物数量比较多、体积比较大，使用邮政快递包裹或快递公司发货就会非常贵，这时商家不妨使用大件物流托运。用户如果离商家不远，商家可以使用短途客车托运货物，这种运输方式一般会要求寄送方先付运费。商家一定要及时通知收货方收货，并在包装外表面上写清联系方式和收货人姓名。商家在托运前必须严格按照合同中的有关条款包装并标记货物。若运输距离较远，则可使用铁路托运。

　　（1）汽车托运如图6-4所示。运费可以到付，也可以现付。货物到了之后可能还会向收货方收取卸货费。一般来说，汽车托运不需要保价。当然，有条件的话最好选择保价。

　　（2）铁路托运如图6-5所示，它是通过高铁、铁路行李车、货运专列、行邮专列、特货专列等将货物送达全国的铁路物流运输方式。铁路托运在中长运输距离下运费低廉，单位运输成本低于航空与快递运输，并且可以高速运输。

图6-4　汽车托运　　　　　　　　　　图6-5　铁路托运

　　铁路托运可以实现大批量运输。对于单件长30米、宽4～5米的货物，一列火车可运2 000～3 000吨。如果包装得好，运输人员一般不会打开检查，现在还会给货物贴上"小心轻放"的标签。收件人需要凭相关单据传真件和身份证提货。运费得现付，不太方便。

6.1.3　直播电商物流的模式

　　直播电商物流的模式主要有以下几种。

1. 厂家代发货

厂家代发货是指主播没有库存，由厂家以快递、货运等方式发货给最终用户的模式。

一般来讲，厂家多为批量生产商品，如果进行单品发货的话，会产生很多问题：快递价格高、人事管理混乱、错误率高、交货时间慢等。而这些也正好是直播带货的主播和用户尤为关注的，所以厂家代发货在直播带货中很少使用。

专家提示

主播无论卖什么商品，若是选择自己进货，则需要一笔不小的资金，但是如果选择厂家代发货，就没有任何进货的压力，也不需要自己亲自去发货。主播在使用厂家代发货的时候，一定要选择质量好的商品。

2. 自建仓库发货

自建仓库发货是当前一些商家选择的物流模式之一，有利于商家把控发货效率，且如果后期成本控制得比较好，在保障仓储物流的效率和准确率的前提下，运营成本也会降低。图6-6所示为自建仓库。

图6-6　自建仓库

自建仓库发货的优点如下。

（1）可以较大程度地控制仓储。由于商家对仓库拥有所有权，所以商家作为货主能够对仓储实施较大程度的控制，从而有助于与其他系统进行协调。

（2）储位管理更具灵活性。由于商家是仓库的所有者，所以商家可以按照自身要求和货物的特点对仓库进行设计和布局。

（3）仓储成本低。如果仓库得到长期的充分利用，那么单位货物的仓储成本会较低，在某种意义上说这就是一种规模经济。

自建仓库发货的缺点如下。

（1）初期运营成本高，长期占用一部分资金。自建仓库要租赁场地、购买仓库软硬件设备、招聘人员等，这不仅需要大量的资金投入，还需要有专业的人员来管理，无疑会导致一些中小型商家的资金链出现问题。

（2）仓库内部杂乱。如果仓库内部布局不合理，存在货物胡乱堆放、暴力操作等情况，就容易出现商品错发、漏发、破损等问题。

（3）库存数据不清晰。很多商家自建仓库时没有配备专业的仓储管理系统和人员，导致库存数据没有得到及时的统计。

（4）仓库位置灵活性差。商家如果只能使用自建仓库，则会由于仓库数量少而失去灵活性。

🎓 专家提示

如果商家拥有充足的资源（资金、人才、物流），自建仓库发货会比较好，毕竟从仓储到物流都可以由自己把控。但是对于中小型商家而言，第三方仓储托管代发货也是个不错的选择。

3. 第三方仓储托管代发货

第三方仓储托管代发货能够提供给商家更加优惠的物流价格和专业的仓储管理服务。在该模式下，商家只需一心思考如何卖货即可，所以现在越来越多的商家开始选择第三方仓储托管代发货。

第三方仓储托管服务商拥有众多商品仓储应用场景，其利用货量充足、价格优惠的优势，吸引更多用户前来观看和购买。商家可现场直播商品的分拣、包装等过程，向用户展示直播间商品的整个出库过程，以使用户拥有更好的购物体验。图6-7所示为第三方仓储托管代发货。

图6-7　第三方仓储托管代发货

🎓 专家提示

对于商家来说，不同的第三方仓储托管服务商的服务效率和服务质量都不同，选择符合自己需求的第三方仓储托管服务商很重要。

第三方仓储托管代发货的优点如下。

（1）商家可以根据自身的实际使用情况，配置仓储面积。第三方仓储托管服务商在货物管理方面更有经验，能使同样数量的货物占用较小的仓储面积。此外，商家可随时调整仓储面积，降低成本。

（2）人力成本低。商家采用自建仓库发货需要配备多名仓库作业人员，选择第三方仓储托管代发货，通常只需配备一名工作人员对接即可，大大降低了仓储运作所需要的人力成本。

（3）减少资金投入。采用自建仓库发货，商家不但要投入较多的场地租赁费用，还需要配备相关的办公设备、仓储货架、叉车等，需要投入较多的资金。选择第三方仓储托管代发货，商家可以减少资金投入，降低仓储管理的成本，把时间和资金投入核心业务，从而提升竞争力和业绩。

（4）提高服务水平。第三方仓储托管服务商有专业的运营管理团队和仓储管理系统，可以大大提高物流仓储管理的效率和发货的准确率，提升用户的体验、增强用户的黏性。

（5）降低运营风险。自建仓库发货有一定的风险，若选择第三方仓储托管代发货，货品存储和发货等风险能够由第三方仓储托管服务商承担，从而大大降低了商家的运营风险。

（6）降低物流成本，提高物流效率。相比大部分中小商家自建仓库发货，第三方仓储托管服务商能形成规模效应，以更低的物流费用帮助商家节约物流成本。第三方仓储托管服务商的规模化、专业化、片区集中化等优势能减少快递公司的操作难度，提高物流效率，使用户体验感更佳。

6.2 商品的包装

用户拿到商品时最先看到的是商品的包装，所以商家要想给用户留下一个好印象，首先就要包装好商品。美观大方、细致入微的包装不但能够保证商品的安全，而且能够赢得用户的信任和良好的口碑。

商品的包装

6.2.1 包装商品的方法

下面介绍一些常见的包装商品的方法。

1．礼品、饰品

礼品、饰品一定要用包装盒、包装袋或纸箱来包装。商家可以到当地的包装盒、包装袋批发市场挑选，也可以在网上批发。使用纸箱包装时一定要有填充物，这样才能把该类商品固定在纸箱里。商家也可以附上一些写有祝福语的小卡片，或关于礼品、饰品的说明，让其显得更有内涵。图6-8所示为使用包装盒包装的图片。

2. 衣服、床上用品等纺织品

如果是衣服等纺织品，可以用布袋包装，并且最好采用白色棉布袋或其他干净、整洁的布袋。淘宝网上有专卖布袋的店铺，布袋大小不一，价格也不一。商家在包装时，一定要在布袋里加一层塑料袋，因为布袋容易进水和损坏，这会弄脏商品。当然，商家也可以使用快递专用的加厚塑料袋，这在网上就能买到，普通大小的0.3～0.7元1个，其特点是防水、经济实惠、方便安全，用来邮寄纺织品确实是个不错的选择，加厚塑料袋如图6-9所示。

图6-8　使用包装盒包装的图片

图6-9　加厚塑料袋

3. 电子产品

电子产品是很精密的商品，因此包装也应讲究，常采用纸箱、托盘包装。在商品比较轻的情况下，商家可以用纸箱包装，但纸箱的质量一定要好。商家在包装时一定要用气泡膜将商品包裹结实，再在外面放好填充物。商家应提醒用户在收到商品后当面检查，确定完好再签收。因为电子产品的价格一般比较高，如果出现差错会比较麻烦。图6-10所示为电子产品类商品包装采用的纸箱。

4. 易碎品

易碎品的包装一直令商家头疼，特别是易碎品的运输包装。这类商品包括瓷器、玻璃饰品、CD、茶具、字画、工艺品等。易碎品的外包装应具有一定的抗压强度和抗戳穿强度，以保护易碎品在正常的运输条件下完好无损。

对于这类商品，商家在包装时要多用些报纸、泡沫塑料或者泡绵、泡沫网，这些东西重量轻，而且可以缓冲撞击。另外，易碎品四周应用填充物充分填充，尽量多用塑料制品，少用纸壳、纸团，因为纸要重一些，而塑料制品的膨胀效果更好且更轻。

商家可以在包装外表面贴上易碎物品标签，并在箱子四周写上"易碎物品勿压、勿摔"等字样，提醒快递公司在装卸过程中小心轻放，以避免商品损坏。图6-11所示为易碎物品标签。

图6-10 电子产品类商品包装采用的纸箱

图6-11 易碎物品标签

5. 书刊类商品

书刊类商品的具体包装过程如下。

（1）将书刊用塑料袋套好，以免理货或者包装的时候弄脏，同时能起到防潮的作用。

（2）用铜版纸做第二层包装，以避免书籍在运输过程中被损坏。

（3）外层用牛皮纸、胶带进行包装，如图6-12所示。

图6-12 用牛皮纸、胶带包装

（4）如果选择以印刷品方式邮寄，用胶带封好边角后，要在包装上留出贴邮票、盖章的空间；如果选择以包裹方式邮寄，则要将外表面用胶带全部封好，不留一丝缝隙。

6. 食品

食物宜用纸盒或纸箱包装，这样能让用户看着放心，吃着也放心。在邮寄食品之前，商家一定要确认用户的具体位置、联系方式，了解商品到达所需的时间。因为食品有保质期，而且还与温度和包装等因素有关，为防止运送时间过长导致食品变质，所以运送食品最好使用快递。

7. 化妆品等液体类商品

化妆品一般都是霜状、乳状、水质的，多为玻璃瓶包装，因为玻璃的稳定性比塑料好，可以使化妆品不易变质。所以对于该类商品，除了要包装结实，确保其不易破碎，防止渗漏也是很重要的。商家最好找一些棉花把瓶口处包严，用胶带缠紧；然后用气泡膜将玻璃瓶的全身包起来，防止洒漏；最后包一层塑料袋，这样即使化妆品漏出来也会被棉花吸收，并有塑料袋保护，不会污染其他包裹。

8.　钢琴、工艺品

钢琴、工艺品等偏重或贵重的物品应采用木箱或木架包装，图6-13所示为钢琴包装，采用了木架打包后，外面又使用了纸箱包装。木箱或木架必须满足冲击和震动保护的双重作用。

图6-13　钢琴包装

6.2.2　商品包装的小技巧

商品包装有以下几个小技巧。

1.　发送商家名片

在发货的时候，商家可以在内包装里塞上几张名片，名片上要印有自己的名称、直播账号、微信号等。如果用户觉得商品不错的话，一般都会留下名片以便回购，或者将名片发给其他需要此类商品的好友，这样商家也就多了许多潜在用户。

2.　赠送赠品

用户一般都希望能得到一些赠品，即使这些东西对他们来说没有多大用处，但是收到的时候他们也会觉得很高兴。商家在采购商品的时候，要留意一些小物件，比如头饰等，价格越低越好，但是质量不能太差。一个质量好的赠品可以起到画龙点睛的作用，但是如果用户收到的是一个粗制滥造的赠品，那么他们对商家的印象就会大打折扣。

3. 附送问候贺卡

现代社会通信发达，人们的沟通方式已经从过去的信件扩展到短信、电子邮件、视频通话等。很多人已经好多年没有收到过信件了。商家如果在邮寄商品时附送一张温馨的问候贺卡，必定会唤起很多人的回忆，提升他们对自己的好感度。

4. 不要擅自带价格标签

商家不要自作主张把商品的价格标签放入包装内。因为有些用户购买商品是送礼用的，这些用户希望商家能直接发货给朋友，而且一般不愿意让朋友知道礼物的价格是多少，以及是从哪里买的。

5. 干净整洁

无论采用什么包装，都应确保包装是干净的。破破烂烂的包装会让人以为里面的东西被压坏了，甚至会怀疑商品的质量存在问题。所以包装一定要干净整洁，在不超重的前提下尽量用硬壳包装。

6. 热卖商品介绍

并不是每个用户都会耐心地浏览商家的所有商品，所以在发货时，商家可以附上一份热卖商品介绍。这就需要商家将最热销的商品或新上架的商品信息，制作成一张小卡片。

> **知识窗**
>
> 物流环节中要对商品进行妥善保存，避免出现挤压、破损、丢失等情况。商家可以优化商品的包装方式，对于易碎商品贴上明显的警示标识，以方便物流人员在运输过程中进行识别。同时对于出现破损、丢失的商品，商家需要尽快与用户沟通解决方案，安排补发或者退款。

6.3 直播电商物流纠纷的处理

物流是维系商家和用户的一个重要枢纽，也是容易产生纠纷的一个环节。纠纷常常给商家带来许多烦恼，所以商家应了解如何处理物流纠纷，避免用户给予差评。

直播电商
物流纠纷的
处理

6.3.1 避免物流纠纷问题的注意事项

避免物流纠纷问题的注意事项如下。

（1）选择合法经营及适合自己的快递公司。选用的快递公司必须有相应的营业执照等证件。货物不一样，其对物流的要求也不一样。商家不要只在乎物流费

用，更重要的是要确保快递公司是正规的，只有这样才能保证自己的货物被按时送到目的地。

（2）多问多比较。商家要多联系几家快递公司，特别是有些规定一定要问清楚。

（3）安全起见，为贵重商品保价。一般情况下，发送到同城的商品的安全性是较高的，但发送到地级以下的小县城的商品的安全性就较低，所以商家要为贵重的商品保价。

（4）售前充分说明物流情况，控制用户预期。商家在售前应与用户沟通，并解释物流流程的复杂性及不可控的时间因素，难免发生包裹延误、甚至丢失的状况，希望用户给予理解，同时也表明自己解决问题的积极态度。

（5）发货时和运送过程中主动与用户沟通，避免用户焦虑。当用户下单之后，商家可回复用户，告知用户其订单已在处理中，会尽早发货，展现积极的服务态度。商家尽量在24小时内发货，发货时注明快递单号、查询网址、合理预估送达时间。

（6）填好发货单。当商品包装好后，商家需要填写发货单，这时千万不能粗心大意，一定要把收件人的地址、电话、姓名等填写详细，个别用户要求到货时间的，一定要在发货单上注明，商品编号、物流过程中需要注意的方面也要注明。

（7）使用大件物流托运运送大件商品。如果商家卖的是大件商品，使用大件物流托运比较划算，但是用户一般要自行去货场提货，所以这点一定要事先和用户说明。

（8）及时处理用户关于未收到商品的询问。当用户的询问得不到及时解答的时候，用户就会发起相应的投诉。所以，如果有用户询问未收到商品的问题，商家要在第一时间和用户联系并提供解决方案，以避免用户发起投诉。

6.3.2　解决物流纠纷的技巧

物流纠纷大家都会遇到，那么当物流出现问题后，怎样才能得到一个双方都满意的结果呢？在用户反馈交易疑惑时，商家应该及时给予回应，主动友好协商，了解用户反馈的具体问题，并有效解决。

（1）注意心态。物流出现问题在所难免，商家要有这个心理准备。很多商家不能以平和的心态来处理问题，用户跟商家是平等的，同样商家跟快递公司也是平等的，商家要以此为基础来解决问题。

（2）关注用户。用户一般都会问下单后几天能收到货，现在的快递基本上是全国范围内1～4天到货，偏远一点儿的地区要4～5天，同城快递基本是今天发货明天到。商家可以这样回答用户：一般是3～5个工作日送到。商家要给自己留有较大的余地，毕竟快递晚点的可能性也是有的，把时间说长点儿，一是给用户一个心理准备，二是晚到的话自己也不至于太被动，三是如果提前到的话用户会很高兴。

（3）关注物流。商家应跟快递公司确定好问题出现后该怎么解决，双方应遵循平等合作的原则。对于晚到的情况怎么解决、商品磕碰碎裂的情况怎么解决、配送人员态度不好怎么解决等问题，双方最好能达成书面协议，这样一旦出现问题就可按协议处理。

出现物流问题后，商家也可让业务员帮忙，因为业务员比较熟悉快递公司的具体运作，而且比较了解内情，从而能有效地解决问题。

（4）建议向用户提供两种以上的问题解决方案（退款或重寄等），这样可以有效地改善用户的感受和提高解决问题的效率。

（5）若与用户协商一致，由用户退货时，商家应该注意以下事项。

①联系用户，告知其在退货时，要在包裹上注明其ID及退货的原因。

②签收退回的商品时，应及时验货，确认完好后再签收。

③若在签收时发现包裹异常，应主动联系用户，告知具体情况，并做好取证工作。

④若退回的商品无误，应及时退款给用户，以免发生投诉。

6.4 物流信息化管理

物流信息化管理是指对仓库及库存商品进行管理，包括检验商品、编写货号、入库登记、库存管理等。

6.4.1 检验商品

物流信息化
管理

当达到一定的经营规模时，商家一般会设立专门的物流部门或者创建一个企业资源计划（Enterprise Resource Planning，ERP）系统来对库存商品进行管理。有了ERP系统，仓储人员可以实时将商品的入库、出库情况统计到系统中，并且可以实现即时交易管理、动态库存管理和财务管理。

当数据被输入ERP系统后，ERP系统会根据商家的需要汇总出相应的报表，商家能够尽早从中发现问题，从而降低经营风险。进行商品入库时，仓储人员必须严格、认真地检查，仔细查看商品外包装是否完好，商品是否在保质期内，如果出现包装破损或商品过期等情况，仓储人员应拒收，并及时上报相关主管部门。

如果商品的外包装完好无损且没有过期，仓储人员则应依照订货单和送货单来核对商品名称、商品品牌、商品规格、商品单价、商品数量、商品总价等，并仔细检查商品的外观有无明显的污渍，确保数量、规格、名称等准确无误后方可入库保管。

6.4.2 编写货号

仓储人员收货后给每个商品编号的目的是更好地管理商品。仓储人员可以采用

"商品属性+序列数"的形式给商品编号，具体做法如下。

（1）将商品分类，如将商品分为休闲裤、牛仔裤、打底裤、棉裤、羽绒裤、连衣裙、旗袍、老年装等。

（2）针对每个类别的名称，对应写出其汉语拼音，确定商品属性的缩写字母，如休闲裤（XiuXianKu）的缩写为XXK、牛仔裤（NiuZaiKu）的缩写为NZK、连衣裙（LianYiQun）的缩写为LYQ、旗袍（QiPao）的缩写为QP等。

（3）序列数可以是两位数或三位数，根据此类商品的数量而定，如果数量多，则一般是三位数。

如果商家卖的是品牌商品，品牌厂家一般都有自己的标准货号，商家不需要再单独编写货号，只需要按照厂家的标准货号登记即可。

服装类商品，特别是女装，款式较多，因此编写货号的工作往往更加复杂。例如，有的品牌女装每款都有对应的货号，仓储人员要认真了解编写货号的规则，尽可能做到一看到货号就知道是什么商品。

6.4.3　入库登记

当商品验收合格并编写好货号后，就可以入库登记了。在入库时，仓储人员要详细登记商品名称、商品数量、商品规格、生产厂家、送货单位、验收情况、入库时间等。

当商品入库成功后，仓储人员还要按照商品属性、商品功能、商品材质、商品颜色、商品规格等进行分类，然后分别放入货架的相应位置。在存放时，仓储人员要根据商品的类别特性做好相关处理，如食品类、服装类要注意做好防潮处理，以保证商品的安全。仓储人员在进行入库登记时，要保证商品的数量准确、价格无误；当商品出库时，仓储人员必须严格遵守出库制度，有发货单时才能发货。

6.4.4　库存管理

库存管理也是需要重点关注的，库存是否充足，何时补货，是否可以通过超库存预约，保质期、批号的有效期管理等，都需要进行精细化管理。业务流程中会产生大量订单，仓储人员在分配订单的时候应检查库存是否足够，如果库存不足，则需要根据安全库存、可用库存、在途库存等生成采购建议和入库单。另外，有效期的预警、安全库存的预警都是要关注的点。仓储人员要协调好商品的出库与入库，关注仓库的周转率、存储率等指标。

6.5　客户关系管理

客户关系
管理

客户关系管理是指为提高客户满意度、客户忠诚度，商家利用

相应的信息技术协调与客户在销售、营销和服务上的交互，从而调整管理方式，向客户提供个性化服务的过程。其最终目标是吸引新客户、保留老客户，以及将已有客户转为忠实客户，增加市场份额，从而提高竞争力。

6.5.1　售前客户社群管理

当主播拥有一定数量的粉丝之后，建立社群是十分有必要的。建立社群有利于维护粉丝，实现对流量的反复利用。有了众多忠实、活跃的粉丝，商家的直播带货业务就能够获得更长久的发展。

商家在建立社群时要精准把握社群的定位，通过对粉丝的分析打造社群的标签。社群标签能够深化粉丝对社群的认知，也能够吸引更多粉丝进入社群。同时，社群标签的打造要兼顾粉丝的体验感和参与感，精准的社群标签能够提高粉丝的归属感。

1. 分析社群粉丝

商家可以从以下方面入手，分析社群粉丝。

（1）目标粉丝：商家销售的商品决定了社群的目标粉丝，所有对该类商品有需求的粉丝都是社群的目标粉丝。

（2）粉丝结构：商家要分析社群中现有粉丝的结构，准确分析粉丝结构对于商家维护社群和扩展社群规模都能起到重要作用。

例如，同样是销售化妆品的主播，其粉丝结构的不同决定了其社群内容的不同。一位主播的美妆社群中，粉丝多为18～22岁的女大学生，这部分人群虽然收入比较低，但是消费潜力比较高。这个年龄段的女大学生不需要使用过多的化妆品来修饰，因此，该主播在社群中推广的内容以淡妆教程和护肤品为主。另一位主播的美妆社群中，粉丝多为25～40岁的女性公司白领，这类人出于对形象的考虑，一般都会化全套妆容。同时，白领的消费能力也相对较高。因此，该主播在社群中推送的内容多为高端化妆品评测、化妆品品牌和相关的商品等。

在分析过程中，商家需要提炼关键点，并以此打造社群的差异性，实现精准的社群定位。

（3）粉丝群权限：商家应根据粉丝不同的关注日期、在粉丝团中的级别，设置不同的粉丝群，粉丝群权限如图6-14所示。一般来说，想要粉丝入群更精准或者增强粉丝黏性，可设置比较严苛的条件，以此来筛选更加优质的粉丝。例如，对入群条件的常用设置有"关注群主超过7天"和"关注群主超过30天"，一些商家则会比较偏向于通过粉丝在粉丝团中的级别对其进行进一步的筛选。

2. 打造社群标签，提升社群吸引力

社群标签能够明确社群定位以及社群的目标粉丝群体。例如，商家为社群打造了"服装鞋帽"的标签，那么其目标粉丝就是购买服装鞋帽的客户。在建立社群之初，商家可能不知如何打造社群标签，无法精准定位社群。商家可以从以下几个方面入手，为社群打造合适的标签。

图6-14　粉丝群权限

（1）易辨识

易辨识是指社群标签要清晰明确，避免语义不明。例如，"高端"这个词就非常模糊，什么是"高端"？哪些商品才算得上"高端"？"高端"一词并没有明确的衡量标准。相比"高端"这个标签，"中年大妈棉袄""运动鞋"等标签更清晰明确。

（2）满足粉丝需求

能够满足粉丝需求的社群标签更具有吸引力。例如，商家可以为社群打造"胖女生穿搭""高个子女生搭配"等标签，这样的社群标签能够直击其需求点，满足其对服装搭配的需求，吸引其加入社群。

（3）和商品相匹配

商品是社群内容的主体，社群标签需要和商品相匹配。商家可以以商品为出发点，为社群打造"汉服女装""数码相机"等标签。

专家提示

打造好社群标签后，除了要在社群中发布与社群标签相关的内容，线上及线下社群活动、商品宣传、社群推广的活动细节与宣传文案也应符合社群标签。

6.5.2　售中客户关系管理

售中客户关系管理主要包括日常的线上直播咨询、线上订单服务、配送服务和相关的专业咨询服务，提供这些服务有利于商家维护良好的客户关系。商家可以借助直播平台的客户信息收集与分析功能，对客户进行价值分类，对不同类型的客户开展有效沟通和回访，进一步增进与客户之间的感情。对于一些经常购买直播商品的客户，商家可以从平台发送相关的商品营销活动链接，给予客户更多的优惠，让利给客户。

商家可以利用互联网、大数据等技术加快建立客户数据库，或直接依托第三方公司的信息管理软件搭建良好的信息管理体系，以实现客户档案管理信息化、一体化和共享化。商家也应把现有客户、潜在客户和流失客户作为客户信息管理的对象和基础，从直播间、电话、客户服务、电子邮件等渠道获取客户信息，对客户信息进行分类分层处理，把这些数据统一反馈到中心数据库。

首先，进行现有客户数据的导入。商家主要是对获取的客户数据，如姓名、性别、历史订单、爱好等进行导入，导入数据之后进行深入提取。

其次，建立客户数据库对客户数据进行存储。商家需要对存储在客户数据库里的数据进行一系列运算分析，包括批量处理、分级分层和分析。

再次，进入数据挖掘阶段，商家主要是通过建立数据仓库、客户关系管理系统、营销体系、市场调研系统等，加入新的数据，深入挖掘原有数据，并且对数据库进行更新和再分析。

最后，进入数据可视化阶段，商家在该阶段要对原有数据分析和挖掘结果进行展示，让管理者一目了然地看到数据。如此，商家可以对自己直播间内庞大的客户数据进行科学管理。

6.5.3　售后客户关系管理

售后客户关系管理包括完善售后服务流程、保障服务质量、对客户服务人员进行激励和监督、对客户进行有效的分类。

在提高服务质量的过程中，商家需要利用对客户服务人员的激励和监督，提高客户服务人员的服务质量和水平，强化其服务能力和意识。商家应建立相关的绩效考核制度，将在线咨询客户满意度和客户投诉作为绩效考核核心指标，设置科学合理的绩效考核标准，综合客户对咨询服务的评价、客户信息的收集、客户反馈、工作积极性、解决相关问题的能力等方面进行绩效考核，对表现好的员工进行物质激励和精神激励，对绩效考核不合格的员工进行一定的处罚，促进其继续努力。

同时，商家需要将已有客户转化为忠诚客户。商家应基于自身客户类型，对客户进行有效的分类，如把客户分为高价值客户、中价值客户和低价值客户。对于不同类型的客户，商家要采取不同的营销策略，这样才能进一步提升客户满意度。

除了发放各种礼品或优惠券，商家直接在社群中发放红包也能够有效提升社群活跃度。在社群中发放红包时，商家要掌握一些小技巧。

商家要注意发放红包的时间。一些商家会选择在白天发放红包，但白天是粉丝较为忙碌的时间段，在这个时间段发放红包难以达到提升社群活跃度的效果。发放红包较合适的时间段一般为18点至22点，这时大多数粉丝结束了工作或学习，有闲暇时间关注社群信息。

　　商家在为粉丝发放福利时应该有所侧重，不同的粉丝对社群做出的贡献是不一样的。如果商家给予全部粉丝同样的福利，那么对于贡献大的粉丝而言是不公平的。这些粉丝是提升社群活跃度和商家销售额的主力军，商家需要考虑到这些粉丝的感受。

课堂思政

　　要想做好客户关系管理，提高客户回头率，商家可以通过如下方式来实现。

1. 对客户尽心

　　客户利益无小事，商家如果不关心客户的实际需求，只一味地推荐自己的商品，让客户买了不适合自己的东西，就会损害客户的利益。因此，商家要把客户的利益放在第一位，尽心尽力地让客户买到适合自己的东西。

2. 真心对待客户

　　商家推荐商品的过程中一定要将心比心，给客户推荐真正划算的商品，让客户感受到商家的真心。

3. 让客户买得放心

　　在直播电商中，客户很难判断商品质量的好坏，因此商家除了给客户展示商品细节，还应该把商品的特点、功能、使用方法、注意事项等给客户讲清楚。商家要让客户感觉到自己不是在推荐商品，而是在有效地为其提供服务，这样客户才能对商品质量放心。

4. 接受客户的差评

　　什么东西都不可能是十全十美的，如果确实是自己做得不好，商家一定要虚心道歉，认真改正自己的缺点。只有这样，客户才会更加信任商家。

5. 优先考虑老客户

　　商家要对老客户更加重视，如可以给老客户提供折扣，让老客户在第一时间知道商家有新商品上架。

6. 不要为自己的错误找借口

　　与其找借口，商家还不如老实地承认自己的过失，然后尽力补救。如果商家承担了责任并改正了错误，本来一件不好的事情可能反而会让商家赢得客户的好感和信任。

7. 不要降低商品质量或者服务标准

　　商家如果在生意好的时候降低商品质量或者服务标准，认为这样细微的变化客户无法察觉，那么客户的流失将是无法避免的。

直播卖车开启汽车营销新方式

要在直播电商平台完成汽车的销售，需要汽车厂商拥有极高的粉丝信任度，用户购买前需要了解商品的大量信息，参考多方信息进行甄别与判断。因此，购车决策通常是一个长周期的过程，汽车厂商想要完成当场转化难度极高。相较于销售，大多数汽车厂商主要还是依靠直播发挥品牌宣传与用户留存的作用。

直播卖车的营销方式如下。

1. 品牌曝光，强化用户印象

如今，线上的直播与营销活动正在扮演营销广告的角色，相比于短时间的广告投放，直播更有利于用户全面了解品牌价值与商品属性，降低营销成本，长期坚持直播的汽车厂商能使品牌得到持续曝光。当大量的竞争对手利用直播持续扩大品牌曝光度时，汽车厂商如果不快速跟进，极有可能被拉开差距。

2. 积攒潜在意向用户

用户资源是宝贵的，对用户进行精准营销十分重要，线上直播在获取精准用户上有着一定的优势。直播可以为汽车厂商带来大量新增用户，有利于沉淀私域流量，积攒潜在用户。

3. 选拔和培养主播

汽车销售顾问经过多年实战磨炼，相比普通网络主播而言，汽车方面的专业知识是其看家本领，但问题在于，并不是所有的销售顾问都适合面对镜头。因此，选拔和培养主播，对于快速提高汽车厂商的直播质量非常重要。

汽车厂商在开通直播初期，不仅需要提供物质激励，还需要对主播提供一对一的培训、帮助和指导，如培训主播如何提升直播间流量、如何编辑直播脚本、如何运用直播技巧等，扶持主播尽快走上正轨。

4. 设置单独的优惠

为了吸引用户，汽车厂商往往会给直播间的用户设置单独的优惠。例如，将线下成交所需要的千元定金降低至99元，还会给直播间的用户额外优惠，从而刺激用户的购买欲望。

用户只要在直播间下单并购买相应的券，即可享有相应权益。在规定的时间内，用户都可以去最近的4S门店体验，下单提车，如果中间临时决定不想买了，还支持全额退回购券费用，用户完全没有后顾之忧。

通过以上案例，分析以下问题。

（1）汽车厂商如何通过直播推销汽车？

（2）直播卖车有哪些问题？

知识巩固与技能实训

一、填空题

1. _____是在商品从供应地向接收地的实体流动过程中，根据实际需要，将运输、储存、装卸搬运、包装、流通加工、配送、信息处理等环节有机结合起来以满足用户需求的过程。

2. _____根据直播电商的特点，对整个物流配送体系实行统一的信息管理和调度，为直播电商企业提供服务，按照用户的订货要求进行理货，并将配好的货物交送收货人。

3. 常见的直播电商物流的方式包括_____、_____、_____。

4. _____是指主播没有库存，由厂家以快递、货运等方式发货给最终用户的模式。

5. _____是指为提高客户满意度、客户忠诚度，商家利用相应的信息技术协调与客户在销售、营销和服务上的交互，从而调整管理方式，向客户提供个性化服务的过程。

二、选择题

1. 国内特快专递（EMS）是（　　）较早开办的产品，主要依托自主航空网，提供高效、安全的国内城市间文件和物品寄递服务。

　　A. 中国邮政　　　B. 快递公司　　　C. 物流托运公司

2. （　　）有利于商家把控发货效率，且如果后期成本控制得比较好，在保障仓储物流的效率和准确率的前提下，运营成本也会降低。

　　A. 厂家代发货　　B. 自建仓库发货　　C. 第三方仓储托管代发货

3. （　　）一定要用包装盒、包装袋或纸箱来包装。

　　A. 床上用品等纺织品

　　B. 易碎品

　　C. 礼品、饰品

4. 在（　　）时，仓储人员要详细登记商品名称、商品数量、商品规格、生产厂家、送货单位、验收情况、入库时间等。

　　A. 入库　　　　　B. 编写货号　　　C. 检验商品

5. （　　）能够深化粉丝对社群的认知，也能够吸引更多粉丝进入社群。

　　A. 客户群　　　　B. 社群管理　　　C. 社群标签

三、简答题

1. 什么是直播电商物流？
2. 中国邮政运输的基本特点有哪些？
3. 选择快递公司时商家需要注意哪些方面的问题？
4. 第三方仓储托管代发货的优点有哪些？
5. 商品包装有哪些小技巧？

四、技能实训题

下面介绍如何建立抖音粉丝群，具体实训步骤如下。

（1）首先打开抖音App中的"我"界面，点击右上角的菜单列表，打开"我"界面如图6-15所示。

（2）选择"创作者服务中心"选项，如图6-16所示。

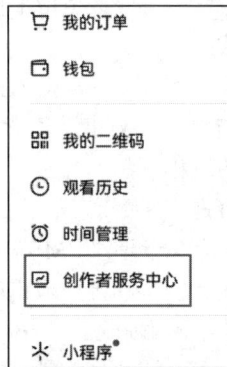

图6-15　打开"我"界面　　　图6-16　选择"创作者服务中心"选项

（3）选择"全部分类"下的"主播中心"选项，如图6-17、图6-18所示，点击粉丝群如图6-19所示，即可建立粉丝群。

图6-17　选择"全部分类"选项　　　图6-18　选择"主播中心"选项

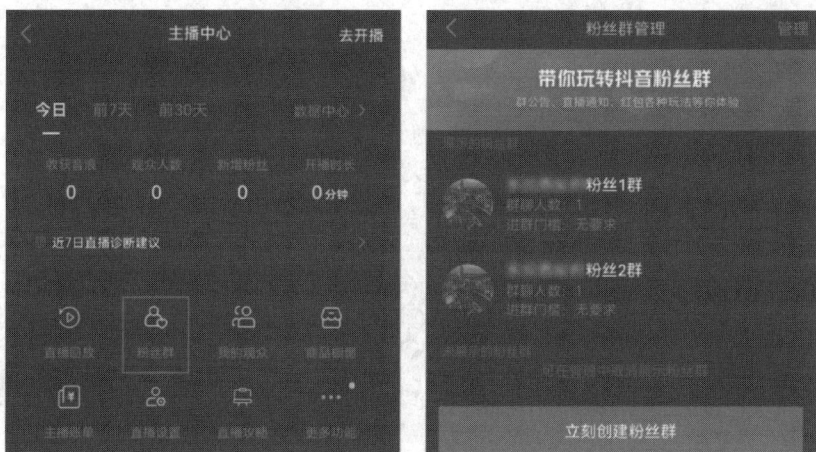

图6-19　创建粉丝群

任务实训

为了更好地理解直播电商物流与客户关系管理相关的基础知识，我们将进行下述实训操作。

一、实训目标

1. 掌握直播电商常见的物流方式。
2. 掌握常见的快递公司的运费和时效。
3. 掌握快递公司的选择方法和注意事项。

二、实训内容

常见的快递公司有顺丰、圆通、申通、韵达等，去各个快递公司查询相关内容。

1. 登录圆通快递公司网站，查询快递及其资费，了解不同地区之间的运费和时效。

2. 登录顺丰速运官方网站，点击"运费时效查询"查询运费和到达时间，了解顺丰速运运费计算规则和时效标准。

3. 谈谈你觉得应如何选择快递公司。

三、实训要求

1. 在各个快递公司的官方网站中查询运费和时效。
2. 对比各个快递公司在运费和时效方面的差异。

直播电商数据分析

现在，已经有越来越多的商家意识到数据是直播电商运营坚实可靠的后盾。不通过数据分析就决定运营策略的商家，在大数据时代都将被淘汰。随着直播电商行业的竞争越来越激烈，数据分析作为一种有效的营销武器逐渐进入商家的视野。本章内容包括数据分析概述、数据分析的效果评估指标、直播电商的复盘及改进。

知识目标

☑ 熟悉数据分析概述的内容。

☑ 熟悉数据分析的效果评估指标。

技能目标

☑ 掌握直播间数据分析的效果评估指标。

☑ 掌握直播电商的复盘及改进。

【引导案例】

京东员工参与直播带货

最近在京东的直播平台上，出现了一些不按常理出牌的主播，这些人较为冷静，大多不是网络红人和知名主播。他们没有过多的肢体语言和煽动性的语气，却以专业的知识和丰富的采购经验收获了一大批粉丝。这些主播的胸前佩戴着京东的员工卡，手里拿着京东自营商品。这些主播正是京东的正式员工。他们不是专职主播，而是各个品类部门负责采销工作的采销经理。

这些采销经理有着丰富的经验。他们与众不同的直播方式成为直播行业一道不一样的风景线。他们对于商品有足够的了解，知道用户对商品的期待，从而能更好地将商品介绍给用户。

京东让采销经理直播也提醒了其他企业，采销人员有着丰富的采购经验，非常熟悉厂商及商品，他们能更加全面与深入地介绍商品。

以京东电脑数码事业部的"NV哥"董阔为例。他在微博和抖音等社交平台上拥有众多粉丝，还曾被英特尔、英伟达、雷神、华硕、AMD等十余家知名厂商邀请出席新品发布会的直播。"NV哥"以专业风趣的内容为资深用户和电脑新手直播推广电脑商品，他对行业的热爱及其专业度也受到了业界的肯定。

对于采销人员而言，直播带货只是换了一个工作场地，其可以借助直播平台将选择商品的秘诀与商品的特点，甚至是一些潜在的规则分享给用户，对于用户来说，这种直播方式具有较高的可信度。采销人员与网络达人的区别就是，他们没有粉丝光环，他们能做的就是倾囊相授。

思考与讨论：

（1）为什么京东要采用员工直播？

（2）京东采用员工直播有什么好处？

7.1　数据分析概述

数据分析是通过数据的形式把直播电商各方面的情况反映出来，使运营者更加了解直播电商的运营情况，便于运营者调整运营策略。

7.1.1　明确数据分析的目的

数据分析概述

随着直播电商企业规模的不断扩大，管理数据日益复杂，运营者如果仅仅依赖于传统的管理手段已经很难匹配现代化的电商企业管理要求。因此，为了实现现代化的科学管理以及对复杂化的管理数据的识别和分析，满足企业快速成长的需求，运营者就必须充分认识到数据分析对直播电商发展的重要性，重视数据分析工作，提高数据分析的质量，保障数据分析的精准度。

要进行数据分析，首先要明确数据分析的目的。通常来说，数据分析的目的主要有以下6种。

（1）通过数据分析发现问题，找到问题症结所在。

（2）通过数据分析有针对性地找到解决问题的方法。

（3）通过数据分析挖掘用户需求。

（4）寻找直播间数据波动（数据上升或下降都属于数据波动）的原因。

（5）通过数据分析寻找优化直播内容、提高直播效果的方案。

（6）通过数据规律推测平台算法，然后从算法出发对直播内容进行优化。

7.1.2　获取数据

开展数据分析首先要有足够的有效数据，主播可以通过账号后台、平台提供的数据分析工具，以及第三方数据分析工具来获取数据。

1. 账号后台

在主播账号后台，通常会有直播数据统计，主播可以在直播过程中或直播结束后在账号后台获取直播数据。以抖音直播为例，直播数据的获取步骤如下。

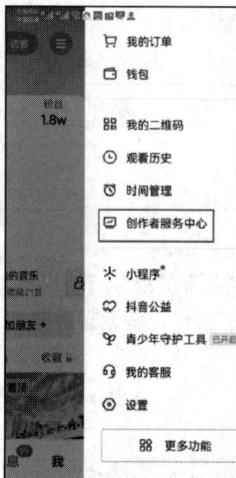

（1）打开抖音App，点击"我"，点击右上角的菜单列表，点击顶部侧边菜单栏中的"创作者服务中心"选项，如图7-1所示。

（2）在创作者服务中心界面内点击"主播中心"按钮，如图7-2所示。

图7-1　点击"创作者服务中心"按钮　　图7-2　点击"主播中心"按钮

（3）进入主播中心界面后，可以看到直播的相关数据，如图7-3所示。

（4）在"数据中心"可以查看数据总览，如图7-4所示。也可以查看不同直播场次的具体数据，如图7-5所示。

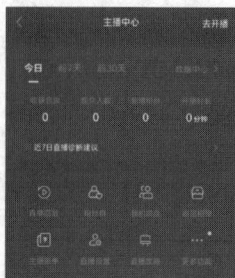

图7-3　直播的相关数据　　图7-4　查看数据总览　　图7-5　查看不同直播场次的具体数据

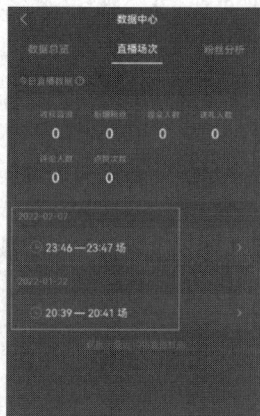

2. 平台提供的数据分析工具

为了帮助商家更好地运营店铺，淘宝平台为商家提供了一些运营工具，如品牌数据银行、生意参谋、达摩盘等，这些工具能为商家提供直播的相关数据。商家可以使用这些工具了解自己店铺的直播情况。

生意参谋是阿里巴巴打造的首个商家统一数据平台，面向全体商家提供一站式、个性化、可定制的商务决策体验。生意参谋作为一个数据分析工具，为商家做决策提供了坚实的数据支撑。生意参谋中的实时直播数据对于店铺的运营发展是有很大的帮助的。一方面商家可以跟踪商品的推广引流效果，观测实时数据，发现问题并及时优化调整策略；另一方面商家可以实时查看商品推广效果，如果转化率较低和点击量较少，可以及时调整推广力度。图7-6所示为生意参谋中的直播数据。

图7-6　生意参谋中的直播数据

3. 第三方数据分析工具

市场上有很多专门提供直播数据分析的第三方数据分析工具，主播可以利用这些数据分析工具搜集自己需要的数据。第三方数据分析工具有很多，下面主要介绍飞瓜数据和蝉妈妈。

（1）飞瓜数据

飞瓜数据是一个短视频和直播电商数据分析平台，可以为抖音、快手、B站等平台上的短视频创作者和主播提供数据分析服务，图7-7所示为飞瓜数据官网首页。飞瓜智投是飞瓜数据旗下的专注品牌直播的智能运营工具，以数据驱动直播运营决策，提高直播间流量和成交率。以抖音直播为例，主播可以通过飞瓜智投查看抖音直播电商数据，并以此为依据进行数据分析。

图7-7   飞瓜数据官网首页

主播在抖音上直播时，要重点关注下面几个数据指标。这些数据指标是制定直播优化策略的关键，通过分析这些数据指标，主播可在提高直播转化率时能够更加得心应手。

① 直播销售额。直播销售额能直观地体现出主播的直播带货能力，主播需要对某一段时间内的数据走向进行综合分析。

飞瓜智投可以监测抖音直播账号近30天的直播带货数据。主播可以根据每场直播的预估销量和销售额来判断某段时间内直播带货效果的稳定性，图7-8所示为直播数据。当发现直播数据有下滑趋势时，主播要及时找出原因，尽快调整直播运营策略，以提高直播带货销售额，保证直播带货效果的稳定性。

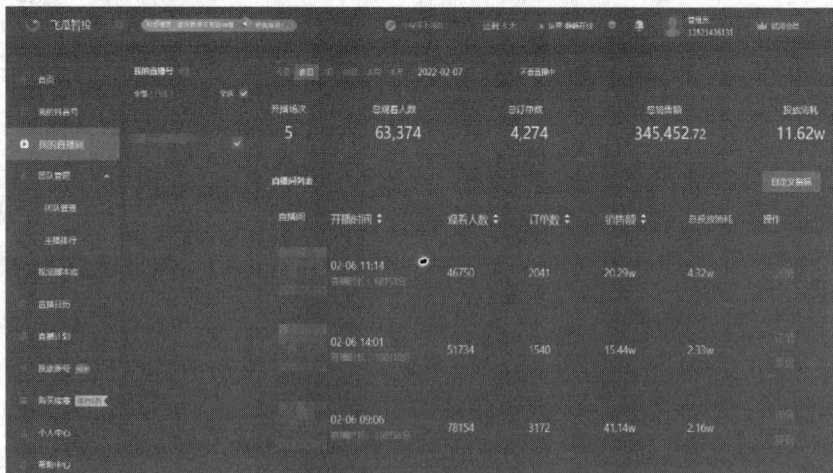

图7-8   直播数据

② 直播转化率。直播时，用户如果对主播推荐的商品感兴趣，大多会点击购物

车查看商品详情。而用户的这一操作可以体现在直播中的"正在购买人数"弹幕上。

　　主播也可以查看直播间商品点击数，快速了解直播间的流量转化效果，及时调整投放策略，提高直播带货销售额，直播转化率如图7-9所示。

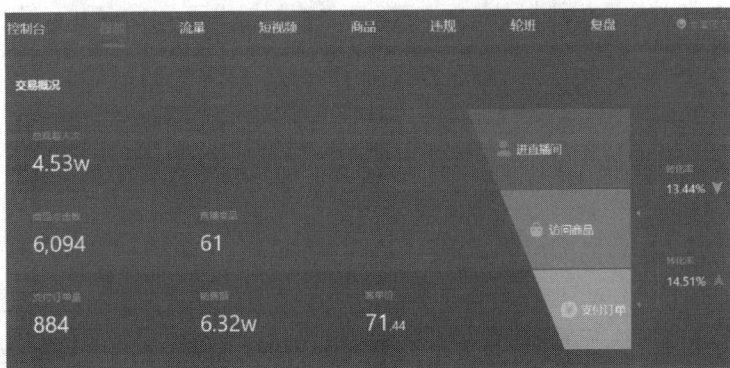

图7-9　直播转化率

🎓 专家提示

　　新入驻的商家需要时刻洞察行业动态。通过查看主播的直播数据，分析投放效果，定位适合直播的爆款商品，搭配合适的推广策略，商家就可能提高直播转化率，获取直播电商的红利。

　　③ 直播用户留存率。用户停留的时间越长，直播间的权重也就越大，受到平台推荐的机会也就更高。随着直播间的人气不断提升，平台会把直播间推荐给更多的用户观看，而提高用户留存率对于提升直播间的人气是有很大帮助的。要想留住直播间里的用户，提高直播用户留存率，主播就要多推荐物美价廉的优质商品，同时在直播间里积极与用户互动，营造热闹的购物氛围。图7-10所示为直播用户留存分析。

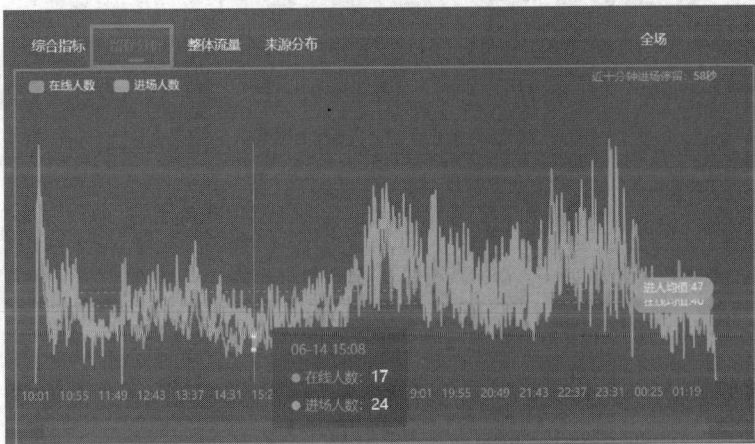

图7-10　直播用户留存分析

Chapter 7

155

主播可选择查看不同时间段内直播间的进场人数、进场人数均值、在线人数、在线人数均值，再结合用户近10分钟进场停留的时间，可以判断直播间的留存情况和流量承接情况。

例如，在线人数大于进场人数，说明直播间的用户留存做得很好，主播可以结合直播间的人气、流量数据，适当调整商品讲解策略。

> **知识窗**
>
> 用户在直播间的停留时间短，也就是完播率低。这个可能和很多因素有关，如直播内容无趣、主播没有激情、直播节奏过慢等，都会造成完播率在某一个时间段断崖式下降。
>
> 解决这个问题的办法是错开直播高峰或者加快直播节奏，主播也可以通过调整直播间场景布置来增加直播间的吸引力。

④ 来源分布。主播可选择查看全场、半小时、一小时、两小时这4个时间段内直播间不同渠道的流量趋势，判断直播间的流量来源分布，图7-11所示为流量来源分布。同时还可以对比同一时间点直播间不同渠道的人次占比情况。

⑤ 直播互动评论数据。直播互动评论数据的主要反映形式是弹幕词，这些弹幕词就是用户的评论，如图7-12所示。主播通过对弹幕词的分析可以知道用户喜欢聊什么、对哪些商品的兴趣较大，从而发现其购买倾向和主要需求。这样当下次直播时，主播就可以准备更多的相关话题，以活跃直播间的氛围，或在直播中对用户感兴趣的商品进行持续推广。

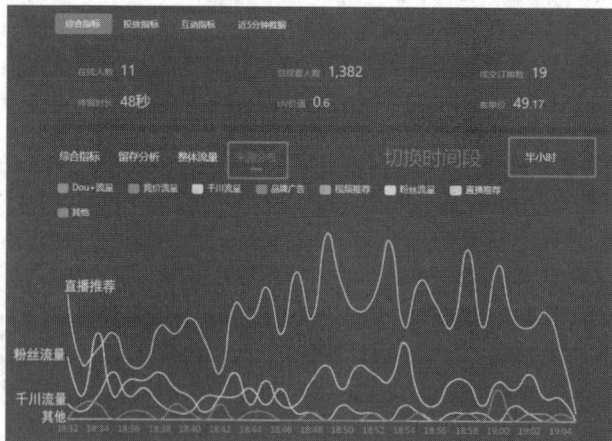

图7-11　流量来源分布　　　　　图7-12　直播互动评论数据

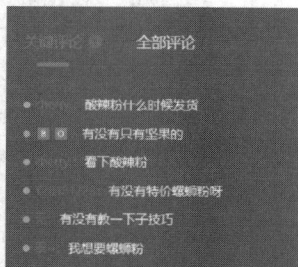

（2）蝉妈妈

蝉妈妈基于自身强大的数据分析、品牌营销及服务能力，致力于帮助众多达人和商家提高营销效率，实现精准营销。它依托自身专业的数据挖掘与分析能力，构建多维数据、算法模型，为达人、供应链商家、MCN机构提供直播电商一站式数据解决方案。

以直播榜数据为例，蝉妈妈能够提供精准的直播间数据，包含今日直播榜、直播商品榜、达人带货榜、直播风车榜、直播分享榜等，图7-13所示为蝉妈妈直播榜单。

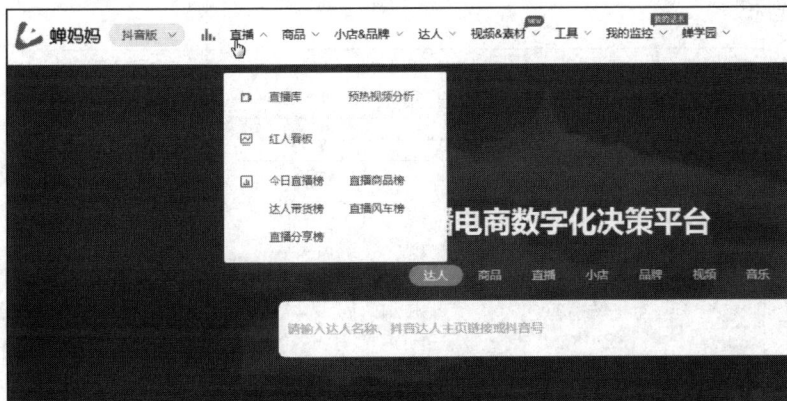

图7-13　蝉妈妈直播榜单

带货主播可以重点参考今日直播榜、直播商品榜、达人带货榜，根据榜单中的详细数据，其可以清楚地知道在什么时间、选择什么样的商品才能更有效地触达潜在用户。

今日直播榜又分为今日带货榜、带货小时榜、直播实时热榜、抖音官方小时榜，主播可以在每个细分榜单下选择与自己相同的垂直领域，按照直播销售额、直播销量、带货热度、人气峰值、粉丝数等维度排序并查看相应的数据，今日直播榜如图7-14所示。

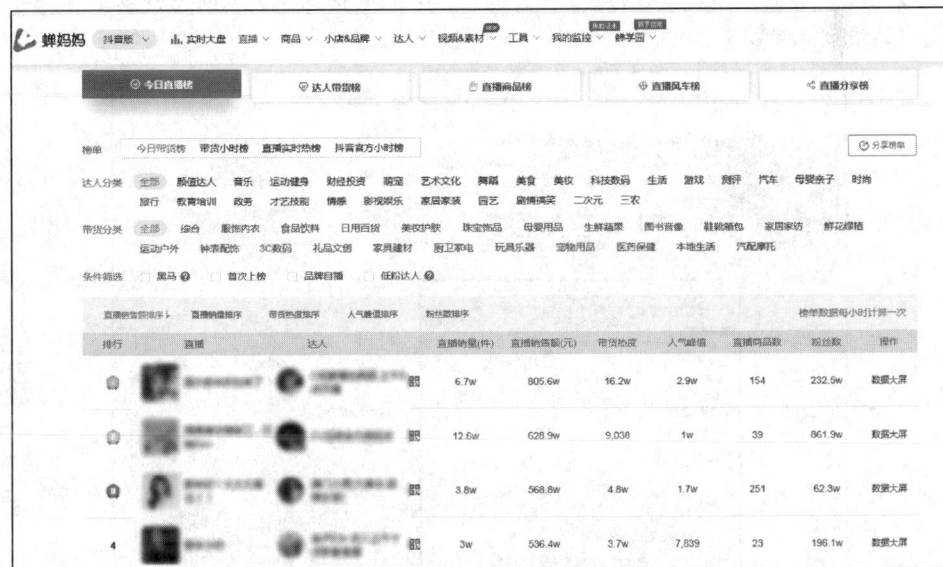

图7-14　今日直播榜

寻找爆款商品：在"商品"库中，主播可以找到直播间爆款商品，选择自己所在行业，根据自己对佣金的需求选定佣金比例，在"高级"栏中选择"有直播带货"，在"带货"栏中选择"直播带货为主"，按照总销量排序商品，选择排名靠前的商品，寻找爆款商品如图7-15所示。佣金为0，关联达人在1～5人的商品，多为商家自播。

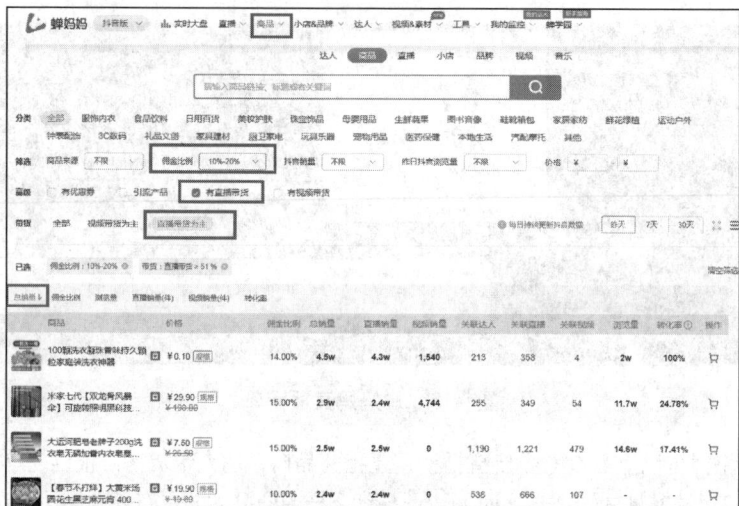

图7-15　寻找爆款商品

判断潜力：点击某个商品查看其销量，如图7-16所示，当7天和30天的销量接近时，说明该商品在近7天销量有较大增长；当商品销量高且关联达人数量较少，说明其带货竞争较小。

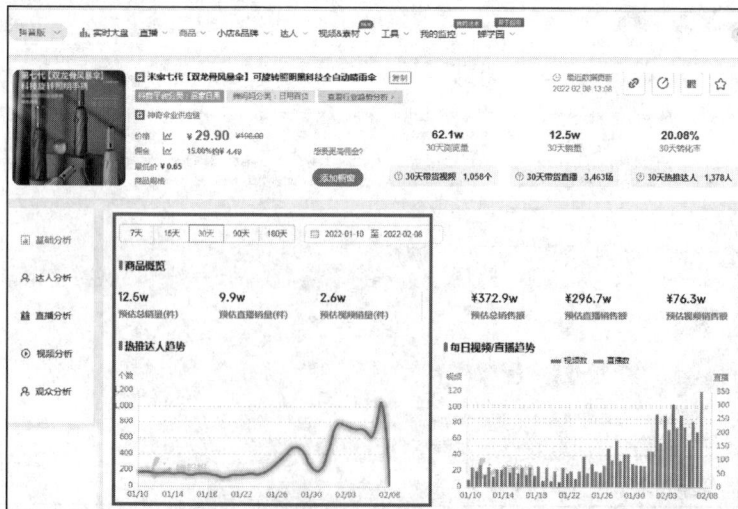

图7-16　查看销量

商家寻找高性价比直播带货达人的方法：打开"达人"库，根据需要在"带货分类""达人分类""达人信息""带货信息""其他"中选择筛选条件，来选择高性价比的直播带货达人，图7-17所示为寻找高性价比的直播带货达人。

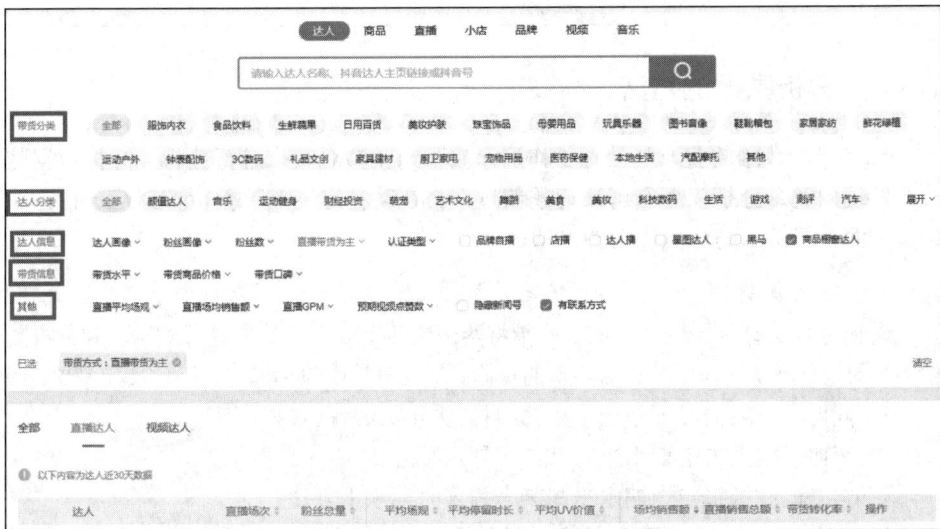

图7-17　寻找高性价比的直播带货达人

7.1.3　整理和处理数据

整理和处理数据是指对搜集的数据进行排查、修正和加工，便于后续分析。通常来说，整理和处理数据包括两个环节，第一个环节是数据修正，第二个环节是数据计算。

1. 数据修正

无论是从主播账号后台抓取的数据、从第三方数据分析工具上下载的数据，还是人工统计的数据，都有可能出现失误。所以主播首先需要对搜集来的数据进行排查，修正异常数据，以保证数据的准确性和有效性，从而保证数据分析结果的科学性和参考性。

例如，在搜集的原始数据中，某一天某款商品的直播销量为0，而通过查看店铺销售记录，发现当天该款商品在直播中是有销量的，所以收集的原始数据就有错误，需要对其进行修正。

2. 数据计算

通过数据修正，确保了数据的准确性以后，主播可以根据数据分析的目标对数据进行计算，以获得更丰富的数据信息，激发更多的改进思路。数据计算包括数据求和、平均数计算、比例计算、趋势分析等。为了提高工作效率，主播可以使用Excel的相关功能对数据进行计算。

🎓 **专家提示**

主播可将数据制作成图表，也可用 Excel 的公式及数据透视表进行统计分析，整理后的数据要直观。

7.1.4 分析数据的方法

在完成了数据的获取与处理工作后，接下来就要对数据进行分析。分析数据是一个发现问题、分析问题和解决问题的过程。在某种程度上，分析数据是一种方法论。下面介绍常用的分析数据的方法。

1. 对比分析法

对比分析法又称比较分析法，是指将两个或两个以上的数据进行对比，并分析数据之间的差异，从而揭示其背后隐藏的规律。对比分析中包括同比、环比和定基比。

- 同比：一般情况下是指今年第*n*月与去年第*n*月的数据之比。
- 环比：指报告当期水平与其前一期水平之比。
- 定基比：指报告当期水平与某一固定时期水平之比。

通过对比分析，主播可以找出异常数据。异常数据并非指表现差的数据，而是指偏离平均值较大的数据。例如，某主播每场直播的新增用户数为50～100个，但某一场直播的新增用户数达到500个，新增用户数与之前的平均数据相比偏差较大，因此属于异常数据，主播需要对此数据进行仔细分析，查找造成异常数据的原因。

2. 分类法

分类法是指将数据库中的数据项映射到某个特定的类别。它可以应用于用户分类、用户属性和特征分析、用户满意度分析、用户购买趋势预测分析等。例如，服装商家将用户按照对服装颜色的喜好分成不同的类别，这样客服人员就可以将宣传广告直接发送给有相关喜好的用户，从而大大增加了成功销售的概率。

3. 特殊事件分析法

直播数据出现异常可能与某个特殊事件有关，如淘宝直播首页或频道改版、主播变更直播标签、主播变更开播时间段等。因此主播在记录日常数据的同时，也要注意记录这些特殊事件，以便在直播数据出现异常时，找到异常数据与特殊事件之间的关系。

7.2 数据分析的效果评估指标

直播间数据分析的效果评估指标包括流量指标、互动指标和转化指标。下面以第三方数据分析工具蝉妈妈为例来介绍抖音直播间数据分析的效果评估指标。

数据分析的
效果评估
指标

7.2.1　流量指标

流量指标主要包括人气数据、在线人数和进场人数、粉丝团人数。

1. 人气数据

人气数据包括观看人次、人气峰值、平均在线、累计点赞、涨粉人数、转粉率等。图7-18所示为某直播间的人气数据。

图7-18　某直播间的人气数据

直播电商早已不仅仅是一个销售场景，还是品牌曝光的平台。用户只有认可品牌，后续才会复购，才能带来长期价值。现在很多企业都开始重视直播电商带来的品牌效益。

直播的过程是不断向用户传播内容的过程，因此直播可以成为企业或个人宣传商品和传播品牌的渠道。直播间的在线人数越多，直播内容的覆盖面越广，企业的商品和品牌就可以植入直播内容中，从而实现品牌曝光。只要直播间的人气数据达标，那么该场直播就可以认为是成功的。例如，小米开展自播不仅仅是为了卖货，也是为了宣传品牌理念，图7-19所示为小米直播间的人气数据。

图7-19　小米直播间的人气数据

2. 在线人数和进场人数

在线人数和进场人数包括累计观看人次、人气峰值和平均停留时长，如图7-20所示。

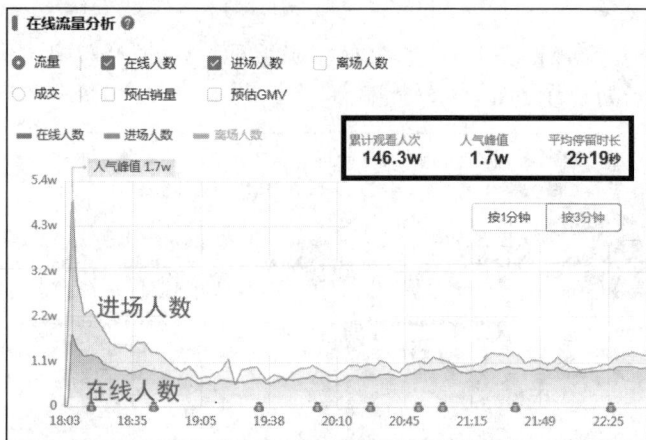

图7-20　在线人数和进场人数

3. 粉丝团人数

粉丝团人数包括本场新增粉丝团、粉丝团增量峰值和峰值时间，如图7-21所示。

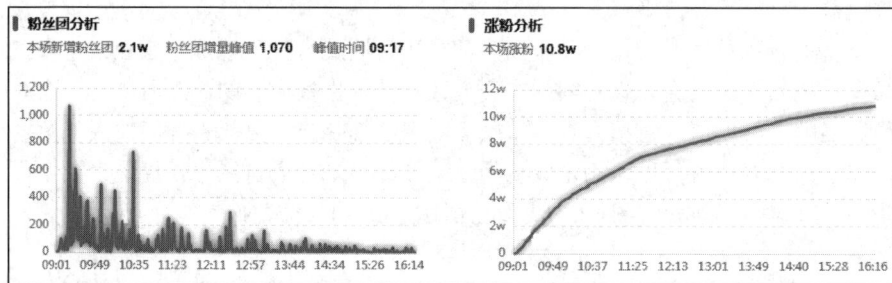

图7-21　粉丝团人数

主播可以巧妙地运用优化技巧来提高直播间的流量指标，方法如下。

（1）升级玩法，多上一些引流款商品。

（2）主播在推荐商品时，要提升自己的引导力、感染力和亲和力。

（3）确保商品的类目、性价比、价格等与目标用户相匹配。

（4）改善直播间的布景，提升用户的观看体验。

7.2.2　互动指标

直播间的互动越活跃，直播间的主播与用户之间产生情感信任的概率越大。互动指标包括互动情况、关注情况和弹幕热词。

互动情况包括累计点赞数、累计评论数，如图7-22所示。关注情况包括累计关注数、累计粉丝团，如图7-23所示。

弹幕热词包括弹幕总数、弹幕人数、观众互动率，如图7-24所示。弹幕热词又称弹幕词云，词云是指通过形成关键词云层或关键词渲染，对网络中出现频率较高的关键词进行视觉上的突出，它过滤掉了大量无用关键词，使浏览者可以一眼看到主要关键词。

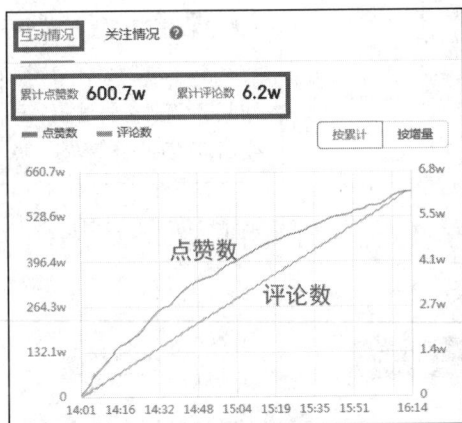

图7-22　互动情况

图7-23　关注情况

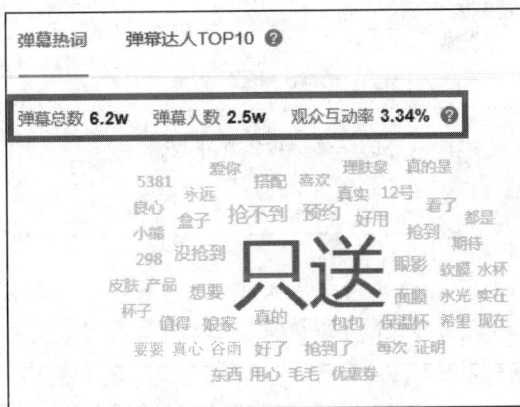

图7-24　弹幕热词

在直播带货过程中，用户评论中出现次数较多的关键词会被突出显示，反映在弹幕热词中，主播可以直观地看到用户评论量较多的内容，并据此做出相应的调整。

　　通过对直播间的弹幕数据进行细致的分析，主播可以发现用户对哪些商品的兴趣比较大，那么在之后的直播中就可以进行重点推广。

　　比如在图7-24中可以看到，弹幕热词有"面膜、皮肤"等，说明用户对护肤品的关注度较高，主播可以侧重推广这类商品。

7.2.3　转化指标

　　转化率指成交用户数占访问总人数的比重。转化指标处于重中之重的位置，它对成交量有直接的影响。虽然流量指标占首要位置，但如果转化率太低，直播间流量再多也不起作用。

> **课堂讨论**
> 　　转化指标有什么作用？怎样通过数据分析提高转化率？

1. 转化漏斗数据

　　转化漏斗数据包括累计观看人次、商品点击次数、商品销量，如图7-25所示。

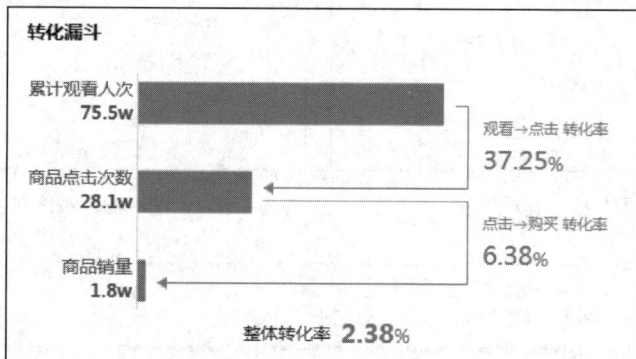

图7-25　转化漏斗数据

知识窗

　　观看→点击转化率：是指商品点击次数 ÷ 累计观看人次。
　　点击→购买转化率：是指商品销量 ÷ 商品点击次数。

　　（1）累计观看人次：指将商品展示给用户的次数，直播间的弹窗、用户点击进入购物袋或购物车浏览商品都计入累计观看人次。

　　（2）商品点击次数：指用户实际点击商品的次数，也就是用户进入商品详情页查看的次数。

　　（3）商品销量：指商品的销售数量。

　　举个例子，某款商品的累计观看人次为1 800，但商品点击次数为0，就说明用户只浏览到商品链接，并未点击进入商品详情页查看，由此推测，直播间内主播的引导力和商品吸引力是不足的，更深层次的原因可能是主播账号的用户定位与直播商品不匹配。

要想增加直播间的商品点击次数，提高商品转化数据，主播可以采用以下方法。

（1）丰富商品SKU，给用户更多选择的余地。

（2）主播在引导时要多强调商品的优势，如价格低、有赠品等。

（3）从浏览商品到下单的过程由用户自己做出决策，所以主播要尽量缩短下单流程。

2. 直播带货数据

直播带货数据包括本场销售额、销量、客单价、上架商品、带货转化率和UV（用户人均）价值，如图7-26所示。其中，本场销售额和销量最重要。

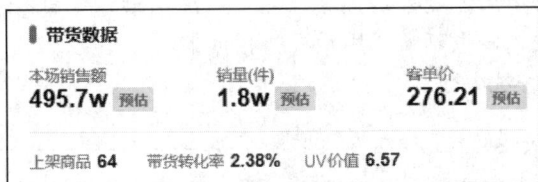

图7-26　直播带货数据

> **知识窗**
>
> UV 价值代表每个用户对直播间的贡献值，高 UV 价值表示用户拥有极强的购买能力，主播可以用更优质的高利润商品深挖用户的消费潜力。直播间 UV 价值的中位数在 1 左右，好的直播间的 UV 价值可以达到 3 ～ 5，某些场次中甚至可以达到 10 以上，精准用户的引入是提高直播间 UV 价值的决定性因素。

7.3 直播电商的复盘及改进

提高直播电商的转化率的有效方法就是进行直播复盘，而且在每一场直播过后都要进行复盘。直播数据是直播情况的真实反应，直播数据有很多，商家需要挑出几个能反应整场甚至整月直播情况的数据来进行复盘分析。

7.3.1 流量指标的复盘及改进

流量指标复盘结果不佳的原因通常有两种：在线人数少、在线人数不稳定。

1. 在线人数少

直播间在线人数长期在100人以内，可以判定为在线人数少。在线人数太少，直播就很难有变现盈利的可能。一般用户在直播间的平均停留时长为30～60秒，而好的直播间的用户平均停留时长在2分钟以上。

增加直播间在线人数的策略如下。

（1）优化直播场景中的背景标识。

（2）调整话术引导。

（3）强调对新用户的关注，及时与进入直播间的新用户进行互动，让新用户有参与感。

图7-27所示为某直播间的互动抽奖活动，主播设置了只有在下单后才能参与抽奖，这样不仅能将商品销售出去了，也延长了用户在直播间的留存时间，增加了在线人数。

图7-27　某直播间的互动抽奖活动

专家提示

直播间抽奖的常规做法是用户发送特定弹幕，然后主播截图，截到的用户即为中奖者。不管是在直播间送福利还是抽奖，主播做的任何动作都必须对直播间的流量及用户转化有促进作用。

不同直播平台因为公域流量和私域流量占比不同，因此增加在线人数的方法也是有所区别的。以淘宝直播为例，增加淘宝直播在线人数的方法有很多。

（1）在直播的时候主播可以提供一些福利，延长用户在直播间的停留时间，活跃直播间氛围，吸引新用户的眼球，如通过抢红包、发优惠券、买一赠一等方式来吸引用户，直播间的人就会越来越多，图7-28所示为设置一些福利环节。

图7-28　设置一些福利环节

（2）淘宝直播的观看人数也会影响排名，那么主播和商家应该掌握一些涨粉技巧，学会在开播前进行宣传。

（3）巧妙利用淘宝直播时段，与顶流主播错开，选择直播较少的时段增加在线人数。

（4）引导用户去店铺收藏商品、购买商品。

（5）还可以进行付费推广，但这种方法费用不低，且存在一定的风险。

2. 在线人数不稳定

直播间的在线人数中老用户的比例较高是在线人数稳定的保障，因此要确保较多老用户能持续看直播，增加其停留时长。

图7-29所示为不同直播间单场直播在线人数监测。直播间A在线人数非常不稳定，在线人数达到人气峰值后一直处于下滑状态，直至下播。直播间B在线人数相对稳定，且有一定的规律性。稳定的在线人数，源于主播对直播节奏的把控，这也是专业主播和业余主播的最大区别。把控直播节奏的关键在于直播脚本。新手主播尤其需要详细的直播脚本，最好能精确到每分钟。对于老手主播而言，注意拟好话题脚本就可以了。

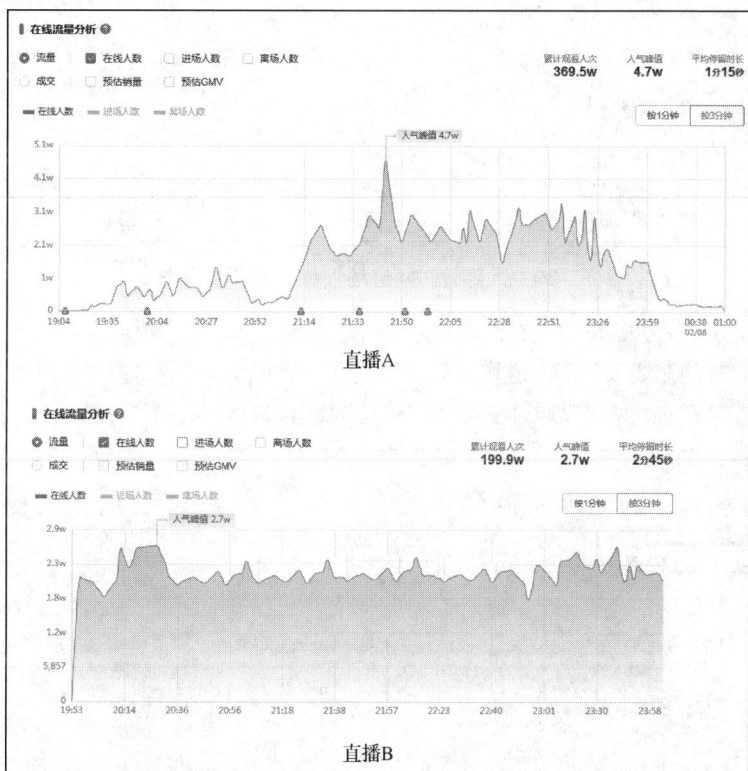

图7-29　不同直播间单场直播在线人数监测

改进策略如下。

（1）固定开播时间，让老用户养成观看习惯。

（2）强化直播预告，提高观看直播的新用户转化成老用户的概率。

（3）进行社群运营，运营人员通过私信的方式，组建粉丝社群，方便老用户在直播期间可以快速进入直播间。

3. 在线人数、进场人数的对比

通过直播间在线人数和进场人数的对比，主播可及时掌握直播间的用户流失情况，快速调整直播策略。

图7-30所示为大部分时间进场人数高于在线人数。从该图中可以看到，在9:32—9:48、10:02—10:56、11:14—11:44这几个时间段，本场直播的在线人数是多于进场人数的，说明这几个时间段直播间的用户留存做得很好，但是在整场直播的大部分时间，进场人数都是多于在线人数的，说明直播间用户整体流失，需要及时复盘总结，优化直播策略。

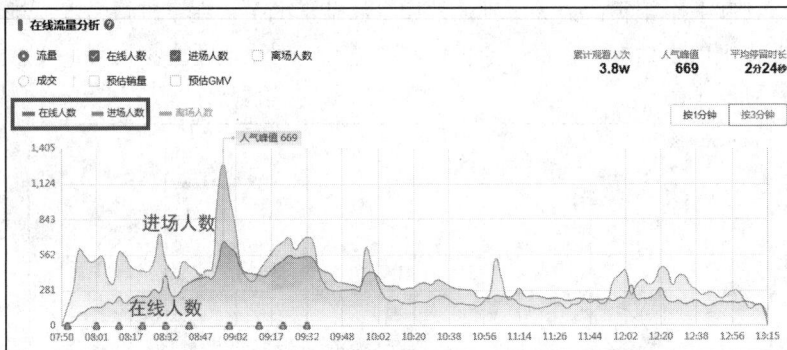

图7-30 大部分时间进场人数高于在线人数

图7-31所示为大部分时间在线人数高于进场人数。从该图中可以看到，在大部分时间，本场直播的在线人数多于进场人数，代表用户流失得非常少，说明本场直播的用户留存做得非常好，主播可以通过复盘总结本场直播用到的话术、流量投放策略等。

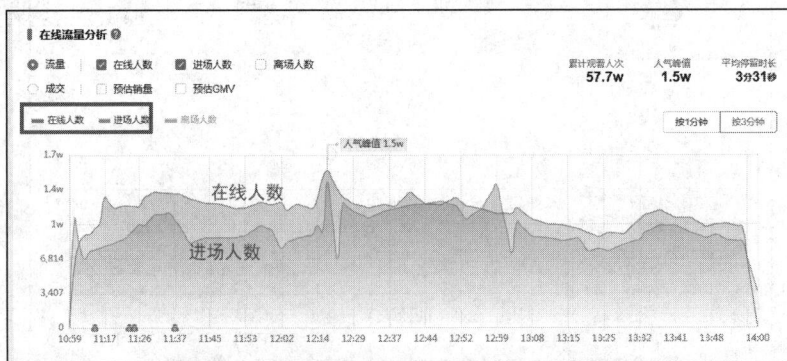

图7-31 大部分时间在线人数高于进场人数

7.3.2 互动指标的复盘及改进

直播互动可直接影响直播间的氛围和人气，只有直播间有人气，才会有趣味，只有有趣味，用户才会停留。而用户在直播间停留，主播才有机会进行后续的成交转化。互动指标复盘结果不佳的原因往往为新、老用户互动量低。

1. 新用户互动量低

直播间的新用户在进入直播间后，没有退出直播间，但是也没有参与互动，即新用户互动量低。

改进策略如下。

（1）强化直播间运营人员的互动引导，让进入直播间的新用户可以快速参与互动。

（2）调整参与互动的方法，避免新用户不知道如何参与互动。

（3）连麦是与用户互动的有效技巧之一，可以调动用户的积极性。

（4）利用福袋互动可提升直播间的人气和最终转化率。自从抖音推出福袋功能之后，很多商家通过发放福袋来提高直播间的留存率和互动率，将直播间整体的流量和人气提升了一个档次。

例如，下面这个直播间，在发放福袋时，直播间在线人数有84人，如图7-32所示；设置福袋开奖时间为20分钟，开奖时，直播间在线人数上升至135人，如图7-33所示。可以直观看到福袋对提升直播间互动量和人气的效果。

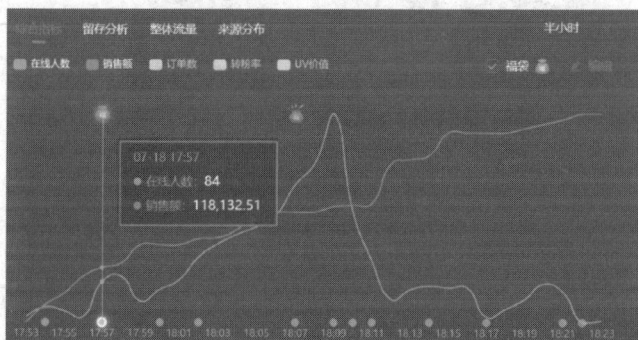

图7-32　发放福袋时直播间在线人数

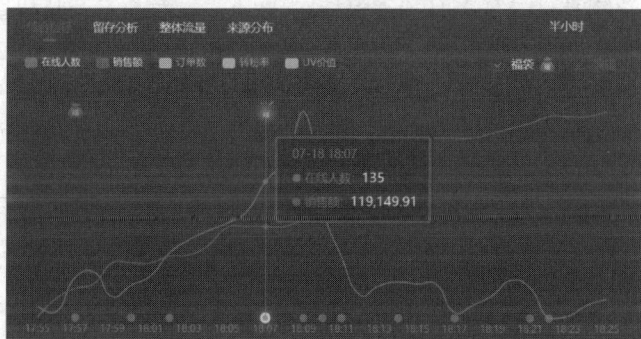

图7-33　开奖时直播间在线人数

2. 老用户互动量低

老用户互动量低是指直播间的老用户在观看直播时很少参与互动。

改进策略如下。

（1）尽可能多地收集老用户的反馈信息，可以通过直播时的评论、私信及客服收集的问题等渠道收集。

（2）调整老用户的引流方式，避免吸引过多不喜欢互动的用户进入社群。

（3）积极引导直播间的老用户加群。主播要给使老用户有一定的优越感与存在感，如给参与互动的老用户更多优惠，图7-34所示为粉丝群。

图7-34　粉丝群

7.3.3　转化指标的复盘及改进

转化率是考查主播带货能力的重要因素。转化率能直接反应选品是否正确，如果直播电商转化率持续走低，且持续保持在1%以内，意味着商品和直播间的用户匹配度不高，需要进行调整。

改进策略如下。

（1）商品调整：调整上架商品，适当上架引流款商品，让用户能够在直播间有获得感。

（2）价格调整：重新分析是否已经做好价格保护，或调整商品组合策略，进行差异化定价。

（3）转化策略调整：在活动策划上要强化互动的元素，不要让用户在直播间只"看戏"。

（4）商品的类目匹配：商品的性价比、价格要与目标人群相匹配，直播带货的核心是商品，尤其是高性价比的商品。

直播间的商品转化数据包括成交订单数、客单价、UV价值、自然流量转化率、付费流量转化率，这些数据都直接反映了直播间的商品转化率，图7-35所示为商品转化数据。利用自然流量转化率，商家还可以分析出自然流量在直播间的转化效果，并且自然流量转化率剔除了付费流量的影响，更能反馈主播的"硬实力"。

图7-35　商品转化数据

图7-36所示为某场直播的商品转化走势，商家可根据不同时段的订单增量分析用户的喜好，发现直播间专属爆款。例如，这场直播的某款商品在大多数情况下都会获得较高的曝光度，也会有订单转化，说明主播关于这个商品的销售话术是可以触达用户、提高转化率的。

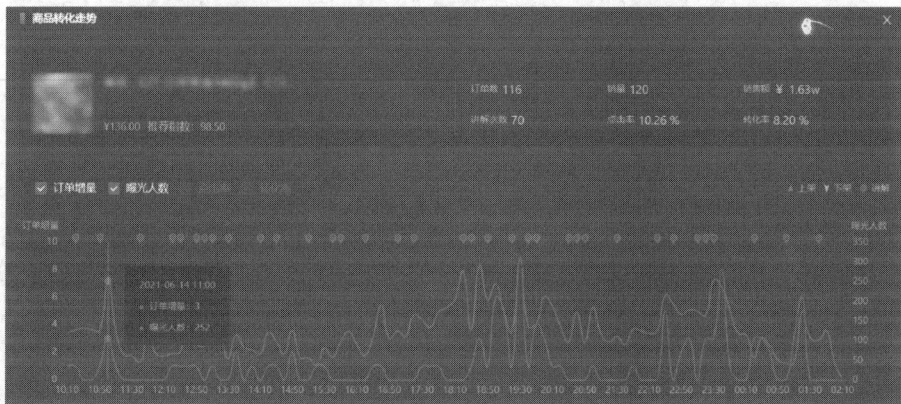

图7-36　某场直播的商品转化走势

专家提示

商家一定要重视转化率，这是一个非常好的考核主播带货能力的指标。

课堂思政

相关调查显示，某些直播间的退货率高达30%以上，而线下实体店的退货率通常不会超过3%。那么，是什么导致了直播间如此之高的退货率？冲动购物、商家的虚假和夸大宣传、尺码不对、商品质量问题、发错货、价差问题等都可能是造成退货的原因。

在直播电商行业中，用户大多是出于信任主播和购物冲动来购买直播商品的，而想要赢得用户长期的信任，主播必须对自己所宣传的商品负责。用户下单后，主播和商家不仅要保证及时发货、配送，还要保证商品质量。购买直播商品的用户大都是主播的粉丝，一旦商品出现质量问题，口碑下降，粉丝就很容易流失，从而会导致销量下滑。

2019年11月1日国家广播电视总局发布通知，明确要求"双11"期间，必须加强规范网络电商直播节目，要求用语文明、规范，不得夸大其词，不得欺诈和误导消费者，同时表示电商直播中的广告宣传也要讲导向，切实增强政治意识、导向意识、责任意识和法律意识。

直播电商不是法外之地，主播和商家只要销售商品（服务）就必须保证所销售商品（服务）的质量，并遵守《中华人民共和国电子商务法》《中华人民共和国消费者权益保护法》《中华人民共和国广告法》等法律法规。主播应该珍惜粉丝的信任，努力为粉丝带来质优价廉的商品，而不是滥用粉丝的信任，甚至欺骗粉丝。

案例分析

董明珠直播卖家电的策略

董明珠在抖音平台的首次直播，由于网络卡顿，直播效果并不好，只收获了23万元的销售额，引来网上的一片嘲讽、挤兑。然而，这名在业界叱咤风云的女企业家，并没有服输，在未来的一个月，她转战快手、京东、淘宝，创下一连串耀眼的战绩。

2021年5月10日，董明珠在快手开启了第二场直播，销售额达3.1亿元；

2021年5月15日，董明珠在京东直播，销售额达7.03亿元；

2021年6月1日，董明珠在淘宝直播，全天实时销售额超过65.4亿元，创下家电行业直播带货史上最高销售额纪录。

董明珠直播的几大亮点如下。

1. 以嘉宾的角色出席

在董明珠前4场直播中，她都是以嘉宾角色出席的，而并非主播，通常都是开个场，奠定直播的基调，然后将直播变现的工作交由专业成熟的主播来完成。

企业家更适合以嘉宾的角色出席，负责向外界传递品牌的形象与价值观。直播变现要成功，少不了价格驱动，一直都是主播围绕直播间商品价格低、折扣力度大、赠送福利多展开介绍。比如，在京东直播中，董明珠邀请了知名达人主播全面测评、解读格力商品，让用户真正了解格力商品，进而购买格力商品。

2. 采用成熟稳重的风格

大多头部主播的直播风格都属于亢奋型，需要积极热情地向用户推荐直播商品，通常音调较高、语速较快，以增强感染力，留住进入直播间的用户。

但是，因为企业家的身份，董明珠不太方便激情亢奋地讲解，所以她在直播时一直表现得成熟稳重、落落大方，符合企业家在大多数人心中的形象。

3．提前熟悉直播商品

在前几场直播中，董明珠除了作为嘉宾，通常还会现场介绍一款商品，如在快手直播中主播邀请董明珠向用户推荐了一款格力生产的便携式榨汁杯。董明珠讲解得非常熟练，对于商品卖点的描述及使用方法如数家珍，甚至连主播都插不上话，从中能看出董明珠是做足了功课的。

讲清楚卖点是主播的基本功，这对企业家做直播也尤为关键。当一个企业家能够细致地讲解商品的功能、用法时，用户就会觉得她是真诚的，以及觉得她真的了解商品。

因此，如果直播中设计了企业家介绍商品的环节，一定要事先让企业家熟悉商品的功能和用法，至少在直播时能够看出其真的做了功课，从而让用户更放心。如果企业家对商品不熟悉，就会引发质疑。

4．降低商品价格

董明珠和直播平台合作，取得流量上的加持，再提供补贴，直播商品的价格就能立即降到很低，如空调、冰箱、热水器、电饭煲、空气净化器等多个品类的价格都比平时低得多，从而能激发用户的购买欲望。

5．精心设计宣传视频

企业家代表了企业与品牌的形象，其参与直播起到了宣传企业与品牌的作用。宣传企业的传统方式大多就是花钱投广告，且费用通常不低。

然而，一场精心策划的直播活动，在有平台的流量扶持下，一晚上就可能获得百万级别甚至千万级别的流量曝光。

因此，董明珠在京东直播时，会在直播开场前15分钟左右放一段先导片，时长不到两分钟，循环播放。其中讲述了格力在市场中的担当、贡献，所取得的突破与科技创新。

通过以上案例，分析以下问题。

（1）董明珠的直播有哪些值得我们学习的地方？

（2）你觉得董明珠的直播给你带来的最大启发是什么？

知识巩固与技能实训

一、填空题

1．_____是通过数据的形式把直播电商各方面的情况反映出来，使运营者更加了解直播电商的运营情况，便于运营者调整运营策略。

2．_____是飞瓜数据旗下的专注品牌直播的智能运营工具，以数据驱动直播运营决策，提高直播间流量和成交率。

3._____是指对搜集的数据进行排查、修正和加工，便于后续分析。

4.直播间数据分析的效果评估指标包括_____、_____和_____。

5._____指成交用户数占访问总人数的比重。

二、选择题

1.直播互动评论数据的主要反映形式是（   ）。

    A．弹幕词   B．点赞数   C．关注数

2.（   ）是指将数据库中的数据项映射到某个特定的类别。

    A．对比分析法   B．分类法   C．特殊事件分析法

3.（   ）包括观看人次、人气峰值、平均在线、累计点赞、涨粉人数、转粉率等。

    A．互动数据   B．粉丝团人数   C．人气数据

4.（   ）指用户实际点击商品的次数，也就是用户进入商品详情页查看的次数。

    A．商品点击次数   B．累计观看人次   C．商品成交率

5.（   ）代表每个用户对直播间的贡献值。

    A．商品销量   B．客单价   C．UV价值

三、简答题

1.数据分析的目的有哪些？

2.如何整理和处理数据？

3.分析数据的方法有哪些？

4.如何分析直播电商中的人气数据？

5.如何分析直播电商中的转化指标？

四、技能实训题

下面介绍如何进行一场有效的直播带货数据复盘，具体实训步骤如下。

一般来说，直播带货数据复盘可以分为4个步骤：直播回顾、数据分析、直播间优化、用户需求反馈。

1.直播回顾

下播之后回顾流程。首先梳理出本场直播的优点和缺点：比如回答了用户的哪些问题，直播过程中哪里犯错了，哪里互动有问题等。

2.数据分析

直播间内几乎所有的行为都会产生数据，复盘重点就是查看数据，包括用户停留时长、在线人数、销售额、成交订单数与转化率等，直播数据如图7-37所示。直播数据分析的一个很好的方式就是分析同行的数据表现，再结合自己的需求预期设置直播目标。

3.直播间优化

找出问题之后，接下来要做的就是直播间优化。直播间优化可以从以下几个方面进行。

（1）适当上架引流款商品，吸引更多用户购买。

（2）注意商品的类目要与目标人群相匹配，价格也要与目标人群相匹配。

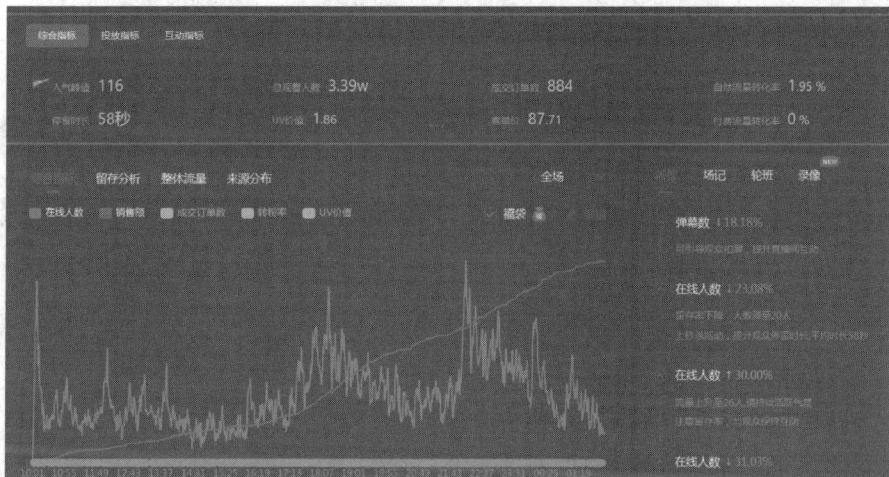

图7-37　直播数据

4．用户需求反馈

根据直播时的用户评论、用户私信等，收集用户需求反馈信息，然后根据用户需求反馈信息不断做好优化。

任务实训

为了提高对直播效果进行数据分析与评判的能力，我们将进行下述实训操作。

一、实训目标

1．掌握获取数据的方法。

2．掌握数据分析的效果评估指标。

3．掌握直播电商的复盘及改进方法。

二、实训内容

对直播电商效果进行综合评估，给出复盘改进意见。

1．流量指标的复盘及改进。复盘在线人数和人气峰值，通过派发红包、抽奖活动设置一些福利环节来吸引更多的用户。

2．互动指标的复盘及改进。在用户评论中，观察用户互动频率最高的关键词，同时积极引导直播间的老用户加群。

3．转化指标的复盘及改进。根据不同商品的转化率情况，调整上架商品，进行差异化定价。

三、实训要求

1．具体通过流量指标、互动指标和转化指标量化直播效果。

2．复盘改进意见能够实质性地改善直播的效果。

主流直播电商平台的运营实战

随着经济的不断发展、时代的快速变迁，直播行业也逐步转型升级。在直播电商模式下，各平台逐渐从传统的直播间卖货转变为不同场景、独特模式、情景广告等精彩纷呈的直播方式。本章主要讲述主流直播电商平台的运营实战内容，包括淘宝直播、快手直播、抖音直播。

知识目标

- ☑ 熟悉淘宝直播平台的特点。
- ☑ 熟悉快手直播平台的特点。
- ☑ 熟悉抖音直播平台的特点。

技能目标

- ☑ 掌握淘宝直播平台的运营。
- ☑ 掌握快手直播平台的运营。
- ☑ 掌握抖音直播平台的运营。

【引导案例】

在快手卖床上四件套，半年场均销售额增长700%

随着冬季的到来，越来越多家纺主播创造了带货新纪录，某家纺品牌就是其中的佼佼者。在2021年三月时，该品牌场均直播销售额只有25万元左右，陷入增长瓶颈。四月开始，该品牌家纺开始和快手平台合作，不到半年时间，场均销售额增长到200万元。

除了快手专业的运营支持，该品牌是如何创造带货奇迹的呢？

1. 专业人设增强信任感

该家纺品牌的短视频主要以介绍自家家纺商品为主，通过对商品工艺和材质细节的展示，让用户直观感受到商品的优势。

同时该家纺品牌也会普及家纺商品的常识，如哪些棉是劣质的，哪些棉是用旧衣服回收制成的，短视频中都有讲解，用户看后可分辨黑心商品。

家纺行业的长期耕耘和视频中亲切耐心的形象，让用户对该品牌的信任感与日俱增，支持和关心类的评论更是长期出现在评论区的前列。

2. 做好直播预热和引流

为了2021年11月21日的直播带货，该家纺品牌做了很多准备，在2021年11月19日至2021年11月21日发布了40多条短视频，其中4条短视频的播放量破百万，起到了很好的预热和引流作用。

3. 独特带货方式引爆直播间

该家纺品牌的直播间里最热卖的商品是一款床上四件套，它是用红包进行包装的，非常有特色，从而成为该直播间里最畅销的商品。

从直播间用户的相关弹幕中，我们能直观地看出大家对于床上四件套的需求相当大。无论是婚庆四件套、牛奶绒四件套还是珊瑚绒四件套，留言咨询的用户都非常多。

在快手平台和商家的共同努力下，这样的情况接下来会不断出现并成为常态。

思考与讨论：

（1）从该家纺品牌的成功案例中，我们能获得哪些启示？

（2）品牌商品怎样通过直播提高销量？

8.1 淘宝直播

淘宝直播给淘宝商家带来了新的销售渠道，并且推动了直播带货这一种全新的卖货方式的普及，很多商家纷纷开始入驻淘宝直播。

8.1.1 淘宝直播的特点

淘宝直播是阿里巴巴网络技术有限公司推出的消费生活类直播平台，也是新零售时代体量巨大、消费量与日俱增的新型购物场景，更是商家和店铺运营、互动、营销的利器。随着商家、主播、用户全方位地接触淘宝直播，直播电商内外部的发展条件逐渐成熟，淘宝直播将推动直播电商经济持续增长。开通淘宝直播之后，大多数店铺的流量和转化率都有明显提高。

2021年9月7日，淘宝直播发布了一份特殊的"成绩单"。在系统性的直播助农计划"村播计划"上线三年后，淘宝直播累计已有11万名农民主播，开播超过230万场，通过直播带动农产品销售额超50亿元。

淘宝直播具有以下特点。

（1）电商产业链完善，规模巨大。淘宝直播直接或间接地服务了超过300万个商家，其中诞生了近1 000个交易额近1亿元的直播间，市场上90%的新品牌都已在淘宝直播开播，而且这些新品牌的成交增幅达到了329%。

（2）公域流量极大。截至2021年6月，我国网民总体规模超过10亿人，我国网络购物用户规模达8.12亿人，较2020年12月增长2 965万人，占网民整体的80.3%。我国网络支付用户规模达8.72亿人，较2020年12月增长1 787万人，占网民整体的86.3%。

（3）对商家的扶持。淘宝直播在选品、流量、内容、运营等多方面推出多项政策，助力主播实现成长。有实力的新手主播会被很快看到，并且能够得到平台的支持，在短时间内实现弯道超车。

（4）淘宝直播推出了新领航计划，鼓励达人主播入驻，支持达人主播发展，会挖掘一批带货能力强、成长诉求旺盛的主播给予月度激励。针对新主播、老主播，新领航计划给出了不同的方案，帮助新、老主播加快成长速度。

（5）更受用户信任。淘宝直播拥有电商基因，而且淘宝已经在用户和商家之间有了很高的知名度和信任度。与其他直播电商平台相比，用户更愿意相信运营时间较久、有一定规模的淘宝直播。基于主播的个人魅力和平台的实力，用户产生购买决策的时间将大大缩短，甚至购买频次也会增加不少。

（6）货源充足。淘宝直播能为机构和主播提供更具品质与性价比的商品，同时降低了用户的购买决策成本。主播不需要自己寻找货源，这给很多缺少资金的小主播带来了机会。

8.1.2　淘宝直播开通操作

淘宝商家可以下载淘宝主播App，登录账号并入驻淘宝主播，具体操作方法如下。

（1）下载并登录淘宝主播App，进入"首页"界面，点击"立即入驻，即可开启直播"按钮，如图8-1所示。

（2）在打开的界面中点击"去认证"按钮，如图8-2所示。

（3）打开"实人认证服务"界面，勾选底部的"我已同意 实人认证服务通用规则"单选按钮，点击"开始认证"按钮，如图8-3所示。

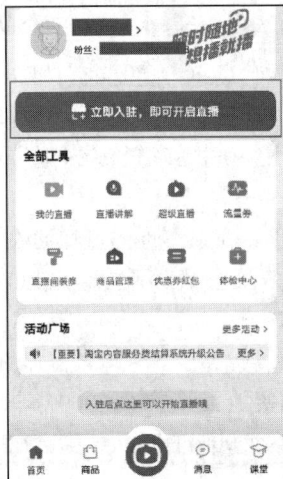

图8-1　点击"立即入驻，　　　　图8-2　点击"去认证"按钮　　　图8-3　点击"开始认证"
即可开启直播"按钮　　　　　　　　　　　　　　　　　　　　　　　　　　　　按钮

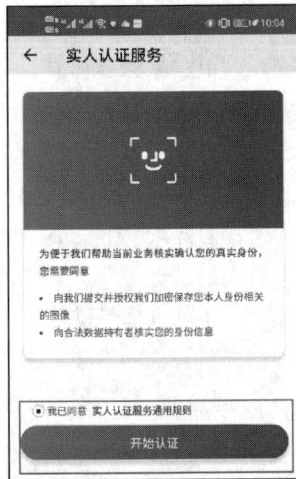

（4）通过人脸识别进行实人认证，勾选"同意以下协议"单选按钮，点击"完成"按钮，如图8-4所示。

（5）主播入驻成功，如图8-5所示，开通后即可进行淘宝直播。

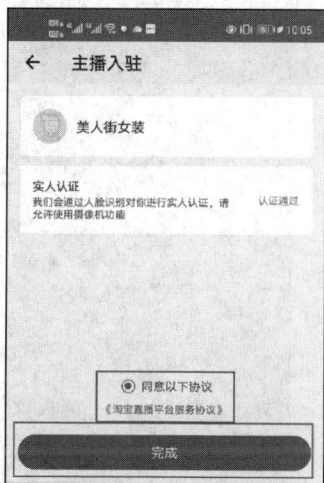

图8-4　点击"完成"按钮

图8-5　主播入驻成功

8.1.3　创建淘宝直播预告

淘宝主播在做直播前，一般会发布直播预告，不仅仅是为了告诉用户直播的时间，还会预告一些直播内容，好让感兴趣的用户安排时间来观看，同时便于系统选择优质直播内容进行推广及扶优操作。商家通过淘宝主播App发布直播预告的具体操作步骤如下。

（1）打开淘宝主播App并登录淘宝账号，点击底部的"淘宝直播"按钮 ◉，如图8-6所示。

（2）在下方点击"发预告"按钮，如图8-7所示。

🎓 专家提示

对于一场直播，无论是商家还是主播都应该认真对待每一个环节，在每一次直播前都要充分地准备，不能觉得直播前的事项琐碎就不重视。主播之间巨大的差别就往往体现在对细节的把控上，所以做好直播预告，用心准备每一场直播，才能不辜负用户的喜爱，也不枉费自己的努力。

（3）在打开的界面中添加封面、添加预告视频，设置直播标题、直播时间、内容介绍等信息，如图8-8所示。

（4）选择"频道栏目"选项，在打开的界面中选择售卖商品所属的频道栏目，如图8-9所示。

图8-6　点击"淘宝直播"按钮

图8-7　点击"发预告"按钮

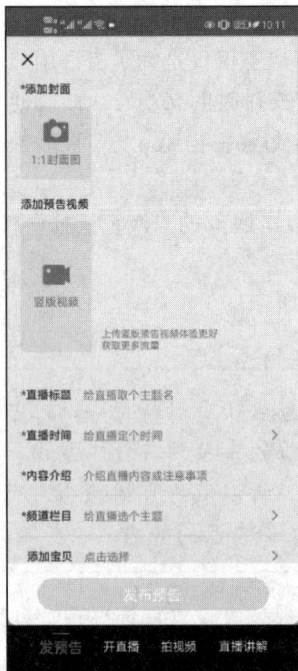

图8-8　设置直播信息

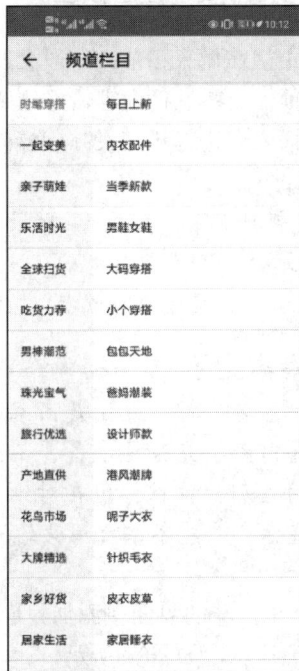

图8-9　选择频道栏目

知识窗

主播在设置直播标题时，要注意以下几点。

（1）设置利益点

主播可以将商品中最有吸引力的一个利益点提炼出来，放到标题中。例如，"进直播间抢红包""进直播间免费送"。

（2）精准描述内容

直播标题必须与内容紧密相关，因为直播平台的分发系统会从标题中提取关键词，将其有针对性地推荐给用户。因此，对于电商直播标题来说，关键词显得尤为重要。如果标题中的关键词清晰简明，直播活动就更容易被分发系统识别并推送给目标用户。用户看到的关键词如果符合其喜好、偏好，其就会点击进入直播间。

（3）借势热点

借势热点主要是借助最新的热门事件、新闻热点等，并以此创作标题，通过用户对社会热点的关注来引导用户关注直播，从而提高用户进入直播间的概率。

（4）巧设悬念

在标题中设置悬念，借助标题讲故事，不仅可以产生吸引力、感染力，还能提升传播力与引导力，吸引更多用户进入直播间。

（5）抓住直播"爆点"

主播要尽量挖掘电商直播活动的"爆点"并将其在标题中呈现出来，借此提高标题的辨识度。当然，主播最好将直播活动的"爆点"放在标题开头，以帮助用户明确内容，降低用户的观看成本。

（6）借数字

数字代表着精确、权威、客观和专业，在标题中加入数字不仅能很快地让商品在用户面前建立可信度，还能迅速准确地吸引用户的注意力。

（7）激发好奇心

主播可以在标题中用一句话讲一个短小精悍的故事，激发用户的好奇心，让用户读完后感到意犹未尽，进而忍不住点击进入直播间。

（8）戳中痛点

在创作标题前，主播要找到用户的痛点，用创新的表达方式引起用户的共鸣，将商品与解决用户痛点的方式联系在一起，并巧妙地呈现在直播标题中。而用户一旦看到这个标题，就会对直播间的商品产生强烈的购买欲望。

（5）选择"添加宝贝"选项，如图8-10所示。

（6）在打开的界面中选择直播中要售卖的商品，如图8-11所示，点击"确认"按钮。

（7）添加成功后，点击"发布预告"按钮，如图8-12所示。

图8-10 选择"添加宝贝"
选项

图8-11 选择商品

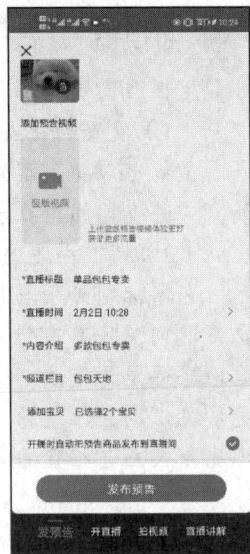

图8-12 点击"发布预告"
按钮

8.1.4 淘宝直播选品

选品一直是直播带货的关键环节，但对于很多中小主播而言，要建立专业的鉴品、选品和货品供应链团队非常难。但主播一旦卖了劣质商品，不仅会伤害用户的权益，也会使自己失去用户的信任。

淘宝直播宣布向所有主播开放官方货品池，覆盖至少1亿件来自淘宝或天猫的优质、多元化的商品。每个主播都可以直接从货品池中挑选出符合自身特色的商品进行带货，不用再为选品发愁。淘宝直播还会组织选品会，帮助主播对接更多商品，让主播的商品选择更多元。

淘宝直播中的选品原则如下。

1. 商品品类与人设匹配

不管是达人主播还是商家主播，其推荐的商品都
要与自身人设相匹配。例如，如果主播是一个体育达
人，就可以选择体育健身类商品；如果主播是一个美
妆护肤领域的达人，就可以选择美妆护肤类商品。

> ✎ **课堂讨论**
>
> 说一说淘宝直播常
> 见的选品原则有哪些。

2. 商品品类与用户画像匹配

用户画像是真实用户的虚拟代表，是建立在一系列真实数据之上的目标用户模型。将目标用户的多方面信息收集之后拼接组合在一起，就形成了商品的用户画像。用户画像一般由性别、年龄、地域、兴趣、购物偏好、消费承受力等组成，主

播在选品时要判断商品是否与用户画像相匹配。

不同的用户群体需要的商品类型不同。例如，如果用户以男性居多，主播最好推荐科技数码、游戏、汽车配饰、运动装备等商品；如果用户以女性居多，主播最好推荐美妆、美食等商品。

3. 选择适合直播的商品

不是所有的商品都适合以直播的形式展现，主播要选择适合直播的商品。适合直播的商品主要有快消商品、重视消费过程的商品、无法亲自体验的商品、适合团购的商品等。

4. 严格筛选

商品的质量决定了直播间的信誉，主播应当严格筛选商品，排除质量低劣的商品。主播可以对商品进行试用，引入权威质检机构的认证，对每一款商品都要做到了然于胸。

8.1.5　添加直播商品

添加直播商品是非常重要的，有了商品才可能有转化，直播电商的最终目的也就是卖出商品。下面介绍如何在淘宝直播中添加直播商品，具体操作步骤如下。

（1）打开PC端淘宝直播中控台，选择"商家中心"—"营销工具中心"—"淘宝直播"—"直播中控台"，在互动面板中点击"宝贝"按钮，如图8-13所示。

图8-13　点击"宝贝"按钮

（2）在弹出的对话框中选择要添加的商品，点击"下一步"按钮，如图8-14所示。

（3）在打开的界面中自定义商品利益点，点击底部的"推送到宝贝口袋"按钮，如图8-15所示。

图8-14　选择商品

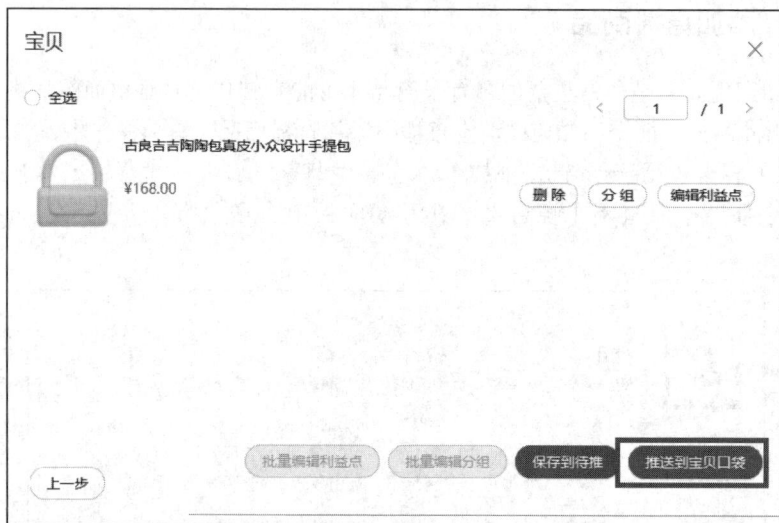

图8-15　点击"推送到宝贝口袋"按钮

（4）弹出提示框"确认发布宝贝么？"，点击"确认"按钮，如图8-16所示，即可在直播间添加商品。

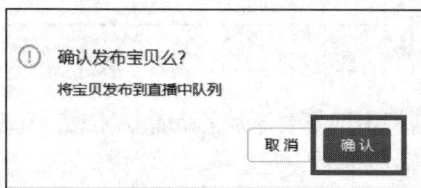

图8-16　点击"确认"按钮

8.1.6　为商品设置直播讲解

主播在直播过程中讲解某款商品时，可以在淘宝直播中控台或淘宝主播App "宝贝口袋"中点击该商品的 "标记讲解"按钮，系统会在该时间点生成一个看点视频。用户可以在直播间的 "宝贝口袋"中查看该看点视频，快速明确该款商品的讲解要点。

为商品设置直播讲解的具体操作步骤如下。

（1）在淘宝直播中控台 "宝贝口袋"中点击███，在列表中点击 "爆品置顶"按钮，如图8-17所示。

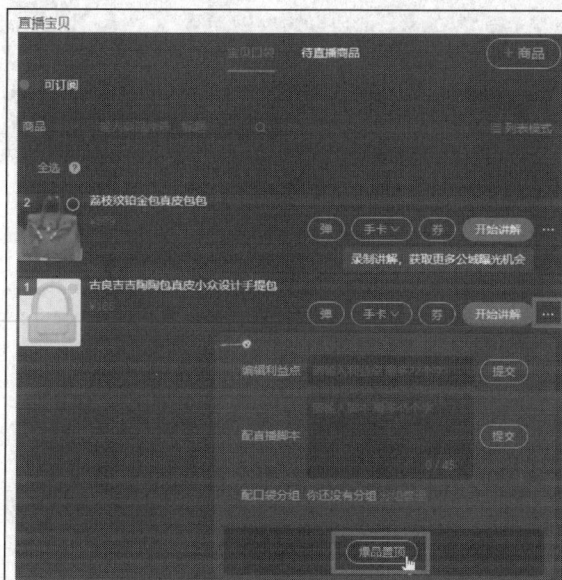

图8-17　点击 "爆品置顶"按钮

（2）在弹出的对话框中点击 "确定"按钮，如图8-18所示，即可将该商品在宝贝列表中置顶。

图8-18　点击 "确定"按钮

🎓 专家提示

"直播看点"功能被誉为淘宝直播公域流量引入利器，正确使用了 "直播看点"功能的直播间会被平台个性化投放到频道页模块、淘宝主搜模块、猜你喜欢模块等模块，获得更多的公域流量曝光机会。

（3）点击对应商品的"开始讲解"按钮，如图8-19所示。弹出"讲解中"商品卡片，如图8-20所示。

图8-19　点击"开始讲解"按钮

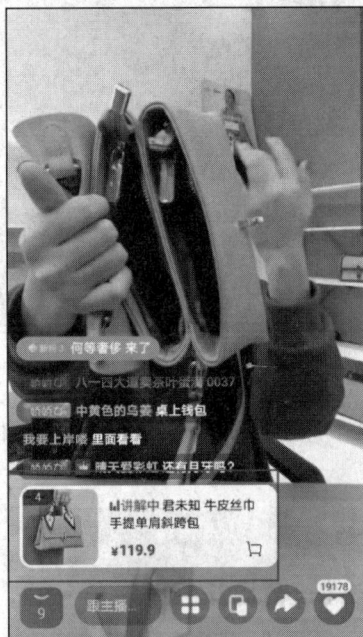

图8-20　"讲解中"商品卡片

🎓 专家提示

　　在录制淘宝直播讲解的时候，主播一定要趋利避害，着重展现商品的优势，这样才会有更多的用户愿意买单。另外，录制的商品讲解视频要简明扼要。

8.1.7　直播数据分析

数据分析是直播运营中不可或缺的一部分，要想优化直播运营效果，提高直播电商转化率，主播必须做好直播数据分析，具体操作步骤如下。

（1）进入淘宝直播中控台首页，在数据区可获取昨日浏览次数、昨日增粉数、昨日种草成交及诊断建议，如图8-21所示。

📝 课堂讨论

说一说淘宝直播数据分析中，有哪些需要重点关注的数据。

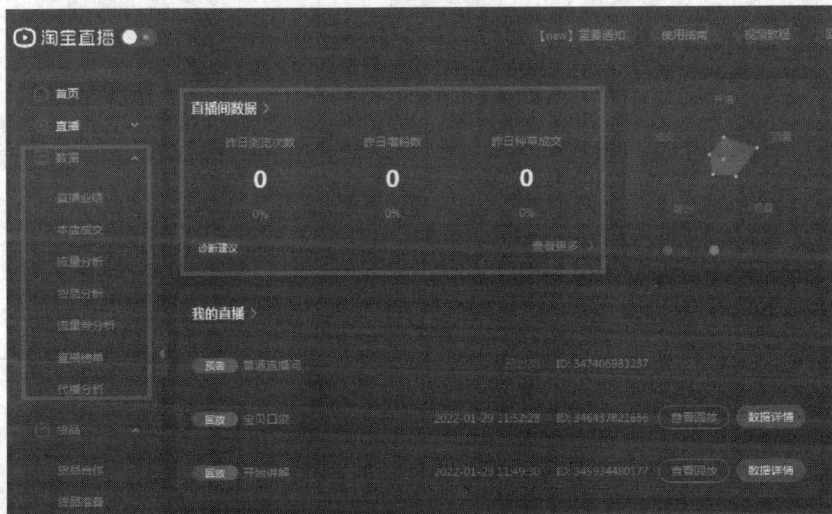

图8-21　淘宝直播中控台首页数据区

（2）直播诊断分析：在"数据"下选择"直播业绩"，通过开播、流量、观看、转粉、成交等维度，分析自己与同行主播的差异有多大，图8-22所示为直播诊断分析。

图8-22　直播诊断分析

Chapter 8

187

（3）直播间大盘分析：每日追踪直播间核心指标变化，如商品点击人数、商品点击次数、当日确认收货金额、当日成功退款金额，如图8-23所示。

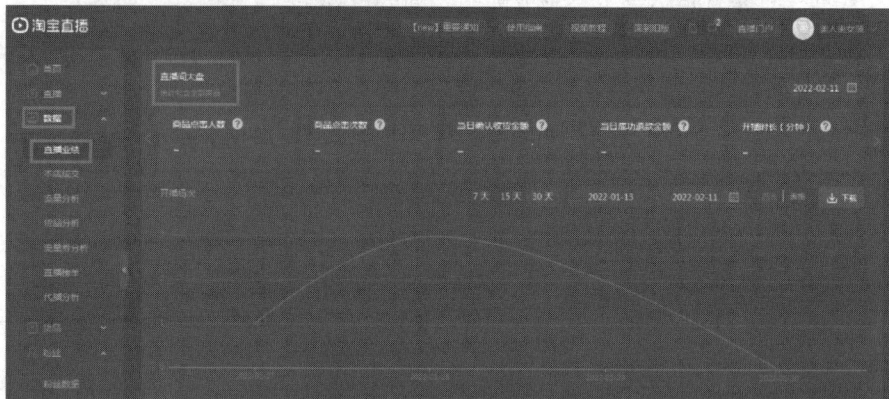

图8-23 直播间大盘分析

（4）货品分析是面向主播的货品分析诊断工具，可以复盘直播间的排品效果，优化品类结构和排品数量，如图8-24所示。商品的红榜和黑榜可以复盘各品类下的优势和劣势商品，红榜商品代表高成交、高引流、高转化，黑榜商品属于低效品，如图8-25所示。

图8-24 货品分析

（5）本店商品直播成交，主播在此可查看每日直播间的成交金额、店铺成交占比、直播间店铺新客人数等，如图8-26所示。此外，主播可区分我的直播间和合作直播间的数据。

图8-25　商品的红榜和黑榜

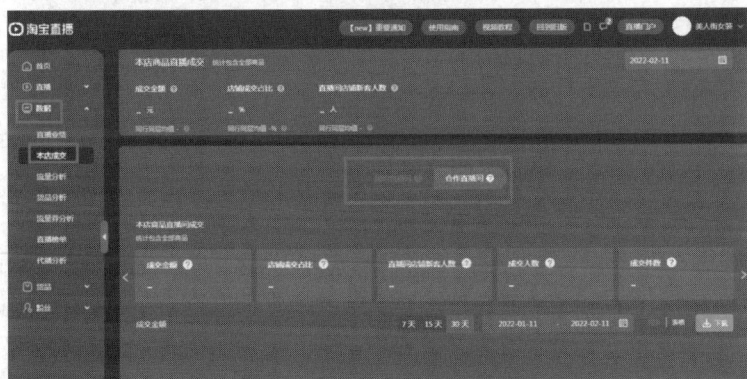

图8-26　本店商品直播成交

（6）直播榜单包括直播热品榜、商家直播榜、达人带货榜、直播服务商榜，图8-27所示为直播热品榜，该榜反映商品在直播间成交的综合能力，可以按照综合指数、成交力、种草力、合作力维度排序显示。

图8-27　直播热品榜

8.2 快手直播

快手是国内知名的短视频应用平台，随着直播的发展，快手短视频也加入了直播功能，用户在快手上不仅可以发布短视频，也可以通过直播销售商品。

快手直播

8.2.1 快手直播的特点

快手目前对所有合法经营的用户均开放直播功能，鼓励用户多开直播。主播在直播的同时，快手还提供主播PK功能。

快手基于用户社交关注点和兴趣点来调控和分发流量，通过全方位的数据，精准刻画用户画像，有针对性地给用户推荐其愿意观看的短视频，提供极致的商品体验，提高短视频观看率，增强用户黏性。

这种流量分发模式虽然在一定程度上限制了短视频内容的辐射范围，但它有利于加深短视频账号与用户之间的联系，增强用户的黏性，让短视频账号沉淀私域流量并与高黏性用户形成信任度比较高的关系。

快手直播的主要用户集中在三线及以下城市和乡镇，商品价格较低。下沉市场的用户黏性较高，有助于提高转化率。快手直播对于下沉市场的高渗透率使其避开了一二线城市的流量红海，并使其带货能力在三线及以下城市和乡镇得以有效发挥。

快手直播不同于淘宝直播和抖音直播，快手独有的社区文化可以给用户带来非常好的情感体验。快手直播上有很多主播与工厂、原产地和产业链有密切合作，这些主播的直播内容也紧紧围绕自身定位展开。例如，主播会在果园、档口、店面等场景直播，强调商品源自"自家工厂"。这种直接展现商品源头和商品产地的卖货方式可以让用户更直观地了解商品，从而提升用户对商品的好感度和对主播的忠诚度。

8.2.2 快手直播开通操作

开通快手直播的具体操作方法如下。

（1）打开并登录快手App，点击左上方 ≡ 的按钮，在打开的侧边栏中点击"设置"按钮，如图8-28所示。

（2）进入"设置"界面，点击"开通直播"选项，如图8-29所示。

（3）打开"实名认证"界面，输入真实姓名和证件号码，勾选底部的"已阅读并同意《实名认证服务协议》和《人脸验证协议》"单选按钮，点击"同意协议并认证"按钮，如图8-30所示。

（4）在打开的界面中进行人脸识别，提示"已通过"，点击底部的"我知道了"按钮，如图8-31所示。

（5）进入聊天室，点击"开始聊天直播"即可，如图8-32所示。

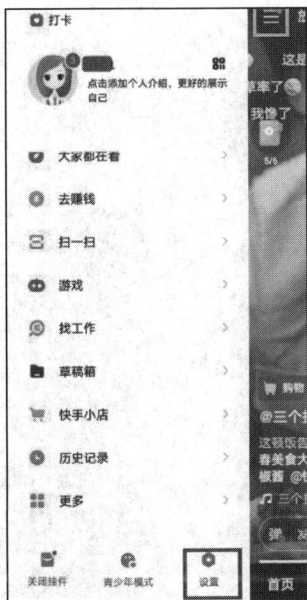

图8-28 点击"设置"按钮

图8-29 点击"开通直播"选项

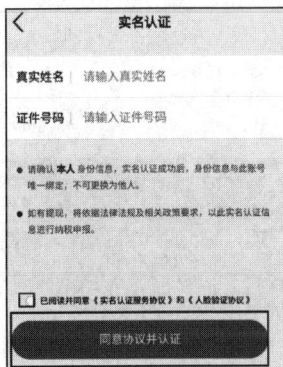

图8-30 点击"同意协议并认证"按钮

图8-31 点击"我知道了"按钮

图8-32 开通直播

8.2.3 发布直播预告

在快手上直播带货的商家都希望能提前做好预热活动，让更多人知道自己的直播。通过快手的"直播预告"功能，直播预告将出现在个人主页、直播间及关联的视频作品中，全方位为直播引流。下面将介绍发布直播预告的具体操作步骤。

（1）进入直播界面，点击底部右侧的"更多"按钮，如图8-33所示。

（2）在打开的界面中点击"直播预告"按钮，如图8-34所示。

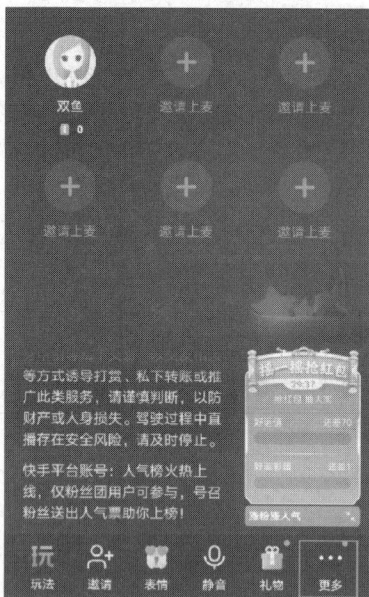

图8-33 点击"更多"按钮

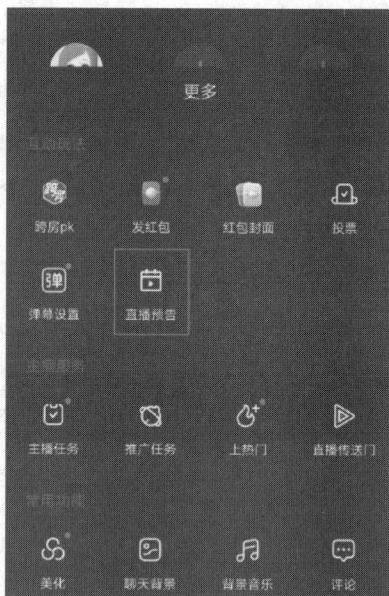

图8-34 点击"直播预告"按钮

（3）弹出"直播预告说明"对话框，点击"知道了"按钮，如图8-35所示。

（4）选择"预告直播时间"，输入"直播内容"，点击"创建预告"按钮，如图8-36所示。

（5）提示"预告发布成功"，如图8-37所示。

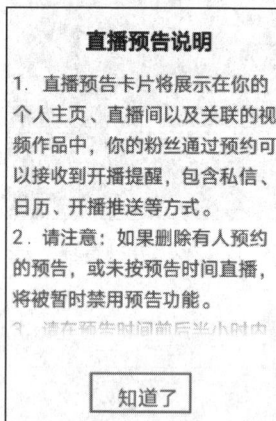

图8-35 "直播预告说明"
对话框

图8-36 创建直播预告

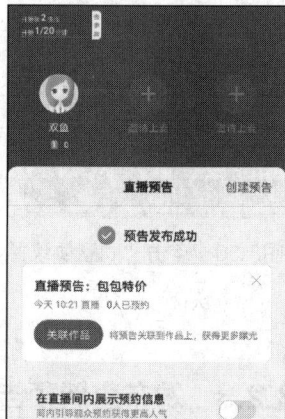

图8-37 预告发布成功

8.2.4 快手直播选品

很多用户来看直播就是为了在轻松、愉快的状态下发现自己想要的商品。这就要求主播在增加直播内容趣味性的同时，还要为用户提供符合其需求的商品，以刺激用户产生购物欲望。

快手直播常见的进货渠道有工厂、批发市场、供应链商品中心、快手小店里的第三方平台。2021年11月30日，快手电商将好物联盟升级为快分销。相比好物联盟，快分销有两大调整：一是降低品牌和商家开通快分销的门槛，让更多优质品牌和商家加入快手分销体系，进一步丰富供给；二是对商品进行了精细化分层，通过算法圈出优质商品，并为其匹配更多权益。

从本质上看，快分销是快手的优质商品选择平台。快分销为平台内的达人、商家、团长三方提供一个好的衔接窗口来帮助转化用户，从而提升快手电商的业绩。

快分销丰富的供应链及达人主播矩阵带来的是丰富的主播带货品类与物品速度的加快。分销交易额占比越高，主播与商品的交叉比例越大，商品互通更多，互相售卖更繁荣，从而为整个快手电商生态带来更多增量。

对于新手主播和中小商家来说，快手电商快分销中的商品更为合适。快分销是快手电商提供的达人变现平台，图8-38所示为快分销。

图8-38　快分销

达人可以在快分销中找到海量优质商品，直接将其加入货架，开通快分销推广权限获得佣金，如图8-39所示。快手自建小店商家也可以在这里找到更多的达人来推广自己的商品。

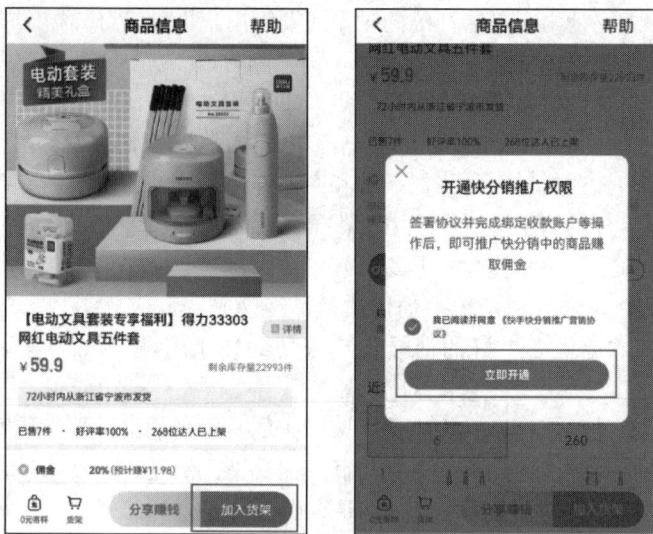

图8-39　开通快分销推广权限

> **知识窗**
>
> 　　开通快分销的商家可以为商品设置佣金，并将商品上传至快分销的商品库，进入快分销商品库的商品将出现在选品库供达人挑选。
>
> 　　达人可选择商品并将其上传到自己的推广货架中，通过短视频、直播间、店铺等多种方式进行售卖，产生订单且订单完成后，平台按期与商家和达人分账结算。

8.2.5　开通快手小店

　　快手小店是快手App内上线的商家功能，为商家提供便捷的商品管理及售卖服务，支持多种支付方式，能够高效地将粉丝流量转化为收益。同时它还能帮助商家快速管理店铺的各种活动，商家也能在上面查询到每天、每月、每年的销量详情，以及各个商品的销售情况等。

　　开通快手小店将获得以下收益。

- 支持多种支付方式，高效转化粉丝流量为收益。
- 官方针对快手小店提供的额外曝光机会。
- 快手平台提供的便捷的商品管理及售卖服务。

　　开通快手小店的具体操作方法如下。

　　（1）打开快手App，点击左上方的 ≡ 按钮，在打开的侧边栏中点击"快手小店"选项，如图8-40所示。

　　（2）在打开的界面中点击右上角的"开店"按钮，如图8-41所示。

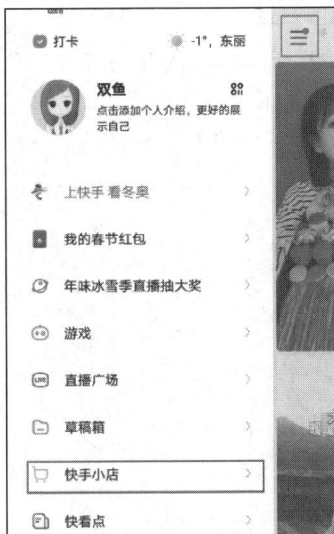

图8-40　点击"快手小店"选项

图8-41　点击"开店"按钮

（3）进入"我要卖货"界面，根据自己的需要选择相应的选项即可。此处选择"我是主播"下面的"我可以推广商品赚钱"，点击右侧的"立即加入"按钮，如图8-42所示。打开图8-43所示的界面，勾选底部的"我已阅读并同意……"复选框，点击"人脸验证并入驻"按钮。

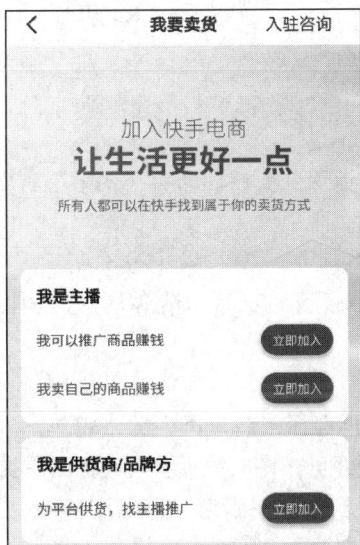

图8-42　"我要卖货"界面

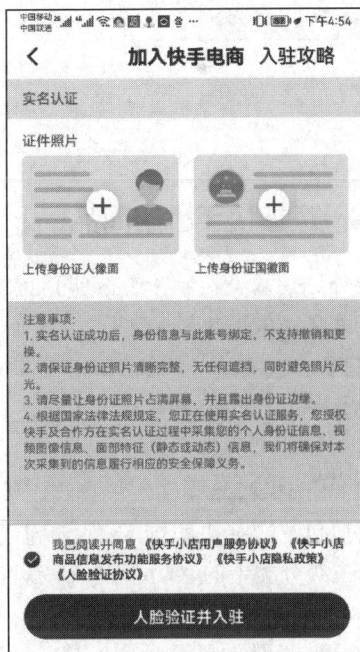

图8-43　点击"人脸验证并入驻"按钮

（4）打开"身份核验"界面，验证成功后如图8-44所示。

（5）点击图8-42所示的"我是主播"下面的"我卖自己的商品赚钱"右侧的"立即加入"按钮，打开如图8-45所示的"加入快手电商"界面。

（6）点击图8-42所示的"我是供货商/品牌方"下面的"为平台供货，找主播推广"右侧的"立即加入"按钮，打开图8-46所示的供货商/品牌方入驻界面。

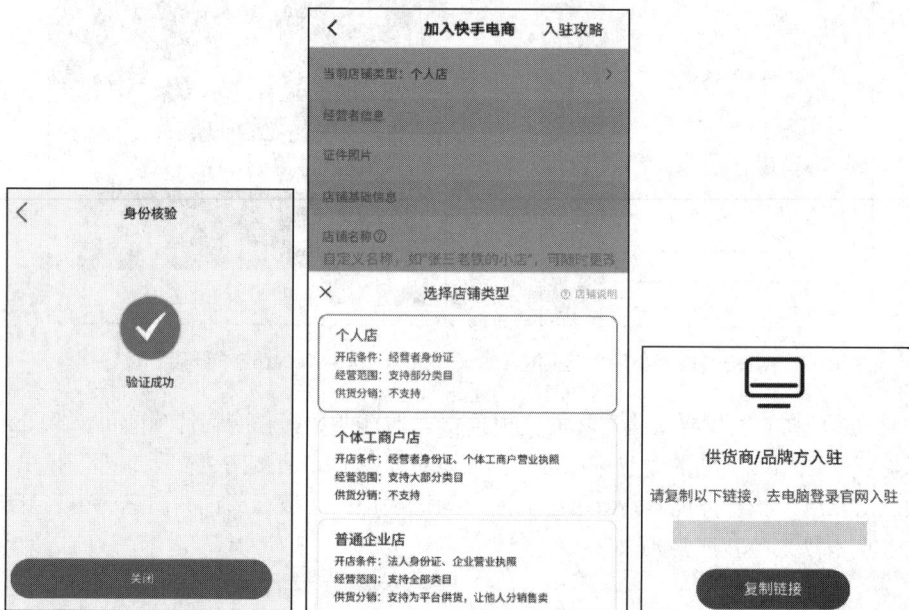

图8-44 "身份核验"界面　图8-45 "加入快手电商"界面　图8-46 供货商/品牌方入驻界面

8.2.6　添加快手小店商品

自建小店商家在绑定收款账户以及缴纳店铺保证金后，即可在快手小店内添加商品，具体操作步骤如下。

（1）进入"快手小店"界面，点击"添加商品"按钮，如图8-47所示。

（2）进入"添加商品"界面，设置商品标题、商品详情等信息，如图8-48所示。

（3）选择商品类别，根据自己要售卖的商品，选择对应的商品类别。例如，售卖双肩包，选择"服饰/鞋靴/箱包"选项，再选择二级分类中的"箱包"选项，再选择三级分类中的"功能箱包/双肩包"选项即可，图8-49所示为选择商品类别。

（4）设置库存、单价等信息，点击"预览商品"按钮，即可在打开的界面中预览商品的显示效果，预览完毕后，若不需要修改，则点击"提交审核"按钮，图8-50所示为设置库存、单价等信息。审核通过后，即可完成对商品的添加。

图8-47　点击"添加商品"按钮

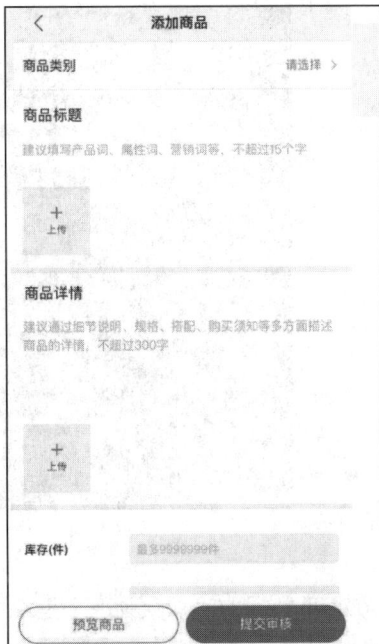

图8-48　"添加商品"界面

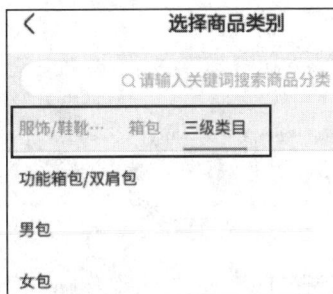

图8-49　选择商品类别

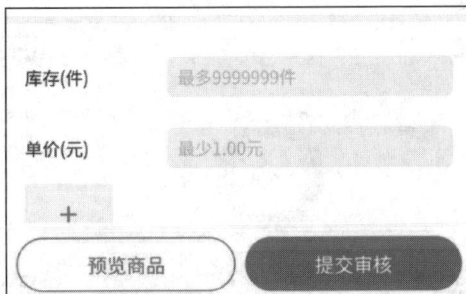

图8-50　设置库存、单价等信息

8.2.7　直播数据分析

快手直播带货是绝对离不开直播数据分析的，主播只有做好严谨、全面的数据分析才能让下次的直播带货更好。

直播数据分析即针对本次直播带货数据进行分析，以优化下次直播带货。主播可以在飞瓜数据中获取相关数据，通过飞瓜数据–快手直播实时大屏对直播带货过程进行实时监控，并在直播监控界面中实时查看预估销售额、预估销量、实时人气、销售额趋势、销量趋势、人气趋势、弹幕趋势，时刻掌握快手直播热度的变化，图8-51所示为直播实时大屏。

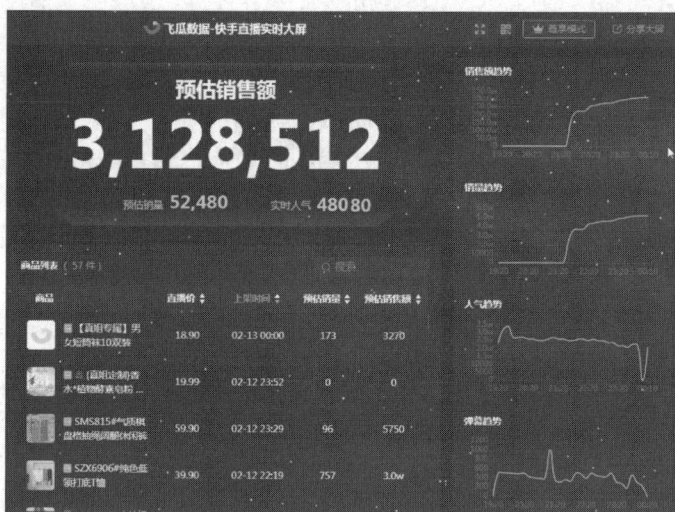

图8-51　直播实时大屏

在飞瓜数据的"观众画像"里，主播可以看到直播间的观众画像情况，包括性别分布、年龄分布、观众购买偏好、价格偏好设置等，从而更好地定位目标观众，图8-52所示为观众画像。

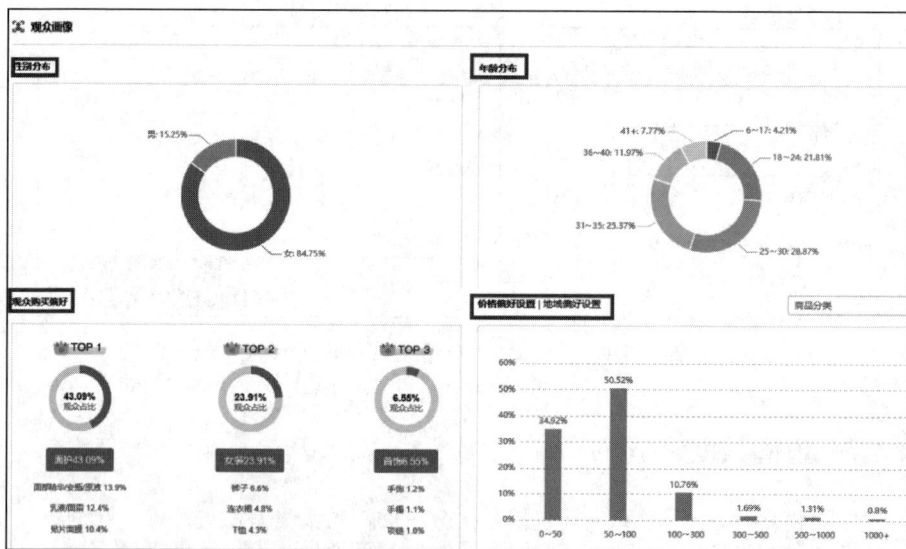

注：受取值的影响，平台计算的百分比超过100%。

图8-52　观众画像

同时，在直播数据分析过程中，主播要特别关注带货数据如预估销售额、预估销量、商品数、客单价，人气数据如人气峰值、礼物收入（快币）、弹幕条数、点赞数，如图8-53所示。

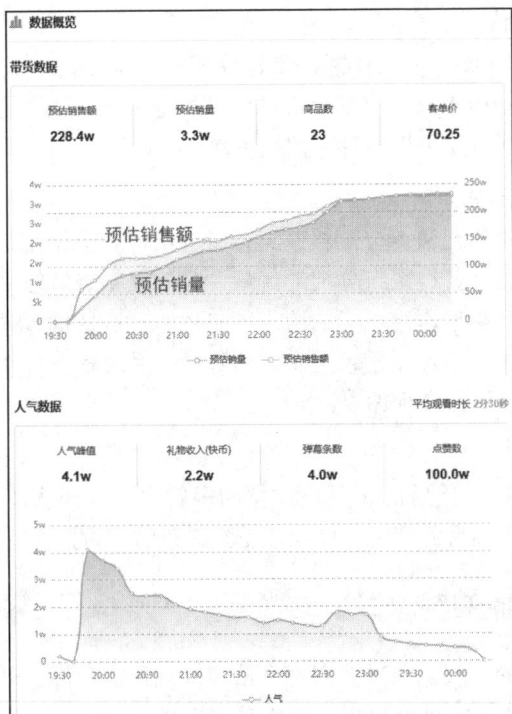

图8-53　带货数据和人气数据分析

8.3　抖音直播

抖音于2018年5月正式启动电商业务，目前以短视频、直播带货为主。随着直播电商的爆发式发展，抖音加大力度自建抖音小店，开始签约带货主播，同时在供应链端与直播基地签约，未来抖音直播电商必将迎来更大的发展机遇。

8.3.1　抖音平台的特点

抖音是个娱乐性较强的社交平台，集合了短视频拍摄和直播等功能，自带流量优势。其强大的流量赋予抖音较低的直播获客成本，使其形成较大的竞争优势。抖音平台主要有以下几个特点。

1. 展示自我

年轻人追求个性，喜欢分享，喜欢娱乐，抖音平台刚好符合这几个特点。抖音最初的人群定位是有自我展示需求的创意达人，这些人的直接需求就是好玩，希望能更简单地拍摄出与众不同的视频，制作"魔性"MV，希望自己被认识、被关注。

2. 短、平、快

抖音短视频的时长一般比较短，创作周期短，制作门槛低，每个人都可以创作，不需要专业的拍摄工具，一部手机便可以搞定。而且视频的浏览速度快，用户可以通过向上、向下滑动手机屏幕来切换短视频。

3. 抖音推荐算法

抖音平台是去中心化流量分配机制。抖音会给每一个作品分配一个流量池，即使没有任何粉丝，也会获得系统分配的流量。只要视频质量好，在流量池的表现好的话，平台将会把视频推送给更多的用户。完播率、点赞量、评论量、转发量是抖音推荐算法的核心点。当转发量超过一定的数量，系统就会自动判断这个视频是受欢迎的，会自动对该视频进行加权。

4. 内容为王

抖音会对原创的、优质的、垂直定位的视频内容给予优质短视频各种支持政策，这些视频内容更容易受到用户欢迎，受到平台的大力推荐。

8.3.2 抖音直播开通操作

抖音直播有两种形式，即抖音内容直播和抖音直播带货。抖音内容直播的开通很简单，只要完成实名认证就可以了，主播在直播间可以唱歌、跳舞、进行户外运动和品尝美食等。

当粉丝量超过1 000人时，商家才可以开通抖音带货直播，我们首先开通抖音内容直播，具体操作步骤如下。

（1）打开抖音App，点击下方的"+"按钮，如图8-54所示。

（2）进入拍摄界面，在下方菜单最右侧点击"开直播"按钮，然后点击"开始视频直播"按钮，如图8-55所示。

（3）打开"实名认证"界面，输入真实姓名、身份证号等信息，并点击"同意协议并认证"按钮，如图8-56所示，实名认证通过后，即可开始直播。

图8-54　点击"+"按钮　　图8-55　点击"开直播"按钮　　图8-56　实名认证

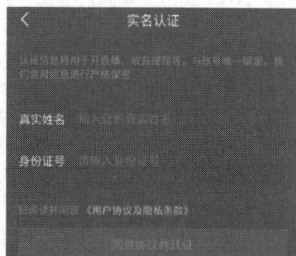

8.3.3　抖音直播选品

在抖音直播中，选品是最基础的一环，直播效果的好坏取决于商家对商品质量能否有效把控。一方面，高质量的商品是用户对商家长期信赖的基石，有利于形成高复购率和良好口碑，从而进一步带动销售额的增长。另一方面，高质量的商品是商家与达人达成合作的前提，高质量的商品能吸引更多的达人带货，从而促进商品的销售。

在每一次抖音直播带货过程中，直播间都应该包括以下类型的商品。

1. 引流款

引流款商品应当具有独特优势和卖点，最好做到"人无我有，人有我优"，且价格不能太高，毛利率要趋于中间水平。低价格的商品会吸引很多用户停留观看，且这时用户的购买决策成本较低，加上促销活动增加了直播间的紧张气氛，可以快速提高商品转化率，同时使直播间流量大幅增加。

2. 爆款

爆款商品也可以理解为"明星商品"，从商品竞争力上看，其往往有着独特的卖点和优势，能够充分满足对应用户的需求，从而产生更好的转化数据。转化数据的优秀表现可以带来更多的推荐流量，以带动直播间或店铺整体销售情况的改善。同时，爆款商品能带给用户优质的商品使用体验，不断积累正向评价与口碑，从而带动销量的增加。另外，爆款商品也有利于用户稳定复购，保障商家获得较稳定的利润。

爆款商品往往能够成为用户自发讨论的热点话题，在内容平台上非常具备传播力，品牌可以通过爆款商品相关话题的传播来触达更多用户群体，从而增加曝光量，提升知名度。

3. 福利款

福利款商品是指宠粉款商品，即用户加入粉丝团后才有机会抢购的优惠商品。福利款商品有时直接免费送给粉丝作为福利，有时设置成低价款，如"原价99元，宠粉价9.9元"。推出这种商品可以增强粉丝的黏性，激发粉丝的购买热情。

4. 利润款

要想通过直播带货帮助商家实现盈利，主播必须推出利润款商品，且利润款商品要在所有商品中占有很高的比例。利润款商品主要针对目标用户群体中的某类特定群体，要符合这类群体的心理。

利润款商品有两种定价模式。一种是直接单品定价，如"59元买一发二""99元买一发三"等；另一种是商品组合定价，如护肤套盒、服装三件套等。

主播要等到直播间的人气提升到一定高度以后再推出利润款商品，这时直播间的氛围良好，趁势推出更容易成交。

5. 新款

新款商品能带动直播间销售额的增长，且用户对新款商品有更强烈的需求。抖音依据兴趣的内容分发逻辑，可以帮助商家解决新款商品知名度低、目标用户不明确、卖点信息不清晰的问题。商家应围绕新款商品的特性打造优质内容，借助店铺和达人在用户之间快速传播，从而提升新款商品的知名度。

8.3.4　开通达人带货权限

抖音有达人带货功能，达人带货功能让主播可以在自己的短视频作品和主页中分享商品信息，开通此功能后，达人的个人主页中会增加商品橱窗模块，点击"商品橱窗"按钮，如图8-57所示。达人可以在商品橱窗里添加需要分享的商品，若用户对商品感兴趣则可以通过商品橱窗来了解详情及购买，商品橱窗界面如图8-58所示。

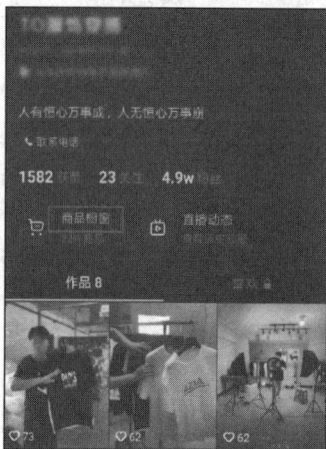

图8-57　点击"商品橱窗"按钮

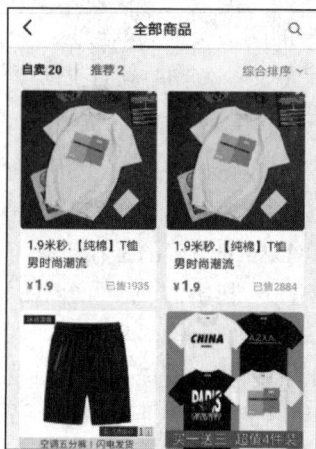

图8-58　商品橱窗界面

开通达人带货权限的具体操作步骤如下。

（1）进入抖音"我的"界面，点击右上角的"☰"，如图8-59所示。

（2）在打开的侧边栏中，点击"创作者服务中心"选项，如图8-60所示。

图8-59　点击右上角的"☰"

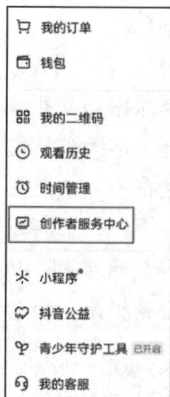

图8-60　点击"创作者服务中心"选项

（3）进入图8-61所示的界面，点击"商品橱窗"按钮。

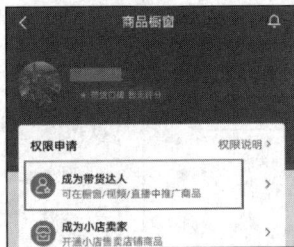

（4）进入商品橱窗申请界面，点击"成为带货达人"选项，如图8-62所示。

图8-61　点击"商品橱窗"按钮　　图8-62　点击"成为带货达人"选项

（5）进入"成为带货达人"界面，点击"带货权限申请"按钮，进入"带货权限申请"界面，根据申请要求，如果符合要求，点击"立即申请"按钮，如图8-63所示。

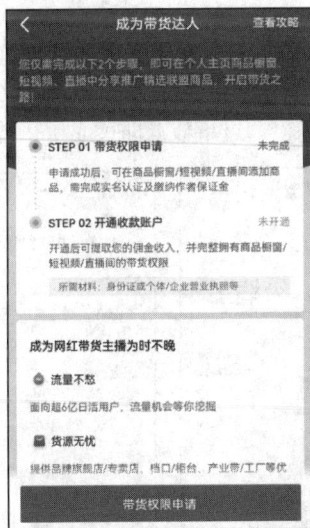

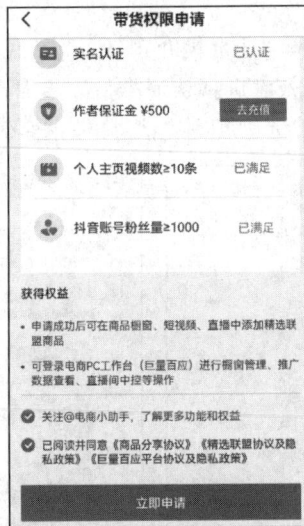

图8-63　点击"立即申请"按钮

8.3.5　开通抖音小店

抖音小店是抖音提供的一站式经营平台，能为商家提供全链路服务，帮助商家长效经营、高效交易，实现销售额的增长。开通抖音小店的具体操作步骤如下。

（1）进入抖音中的"我"界面，点击右上角的"≡"，在打开的侧边栏中选择"创作者服务中心"选项，如图8-64所示。

（2）在图8-65所示的界面中点击"开通小店"按钮。

（3）进入抖店页面，点击"立即入驻"按钮，如图8-66所示。

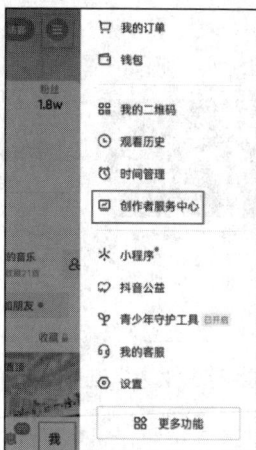

图8-64 选择"创作者
服务中心"选项

图8-65 点击"开通小店"按钮

图8-66 点击"立即
入驻"按钮

（4）进入"小店简介"界面，在底部点击"立即开通"按钮，如图8-67所示。

（5）进入"选择认证类型"界面，点击符合自己实际情况的"立即认证"按钮，如图8-68所示，填写完信息，如图8-69所示，通过审核后即可成功开通抖音小店。

图8-67 点击"立即开通"
按钮

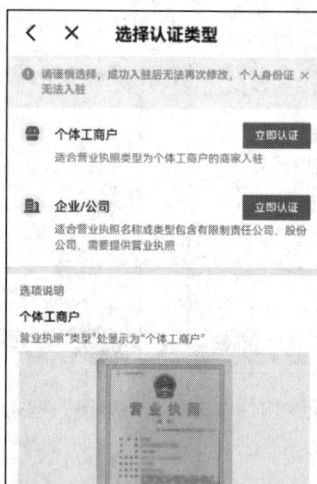

图8-68 选择认证类型界面

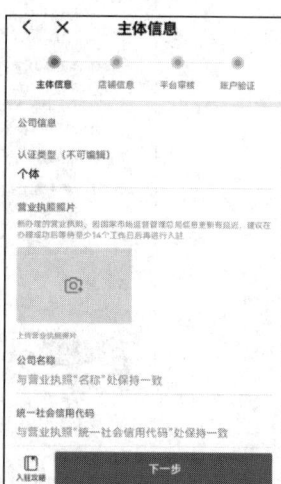

图8-69 填写信息

8.3.6 抖音小店商品创建

很多商家开了抖音小店，但是并不知道怎么创建商品。抖音小店商品创建的具体操作步骤如下。

（1）登录抖音小店，选择"商品"下的"商品创建"选项，打开商品创建页面，选择商品类目（可通过搜索"关键词"进行商品类目的快速定位及选择），如图8-70所示。一定要选自己商品对应的类目，二级、三级类目都需要对应，如果不对应，审核不会通过。

图8-70　选择商品类目

（2）当类目选择完后，商家可开始填写商品基础信息，带星号的是必须填写的，按照要求填写即可。当选择品牌时，商家可通过检索的方式选择商品对应的品牌，图8-71所示为填写商品基础信息。

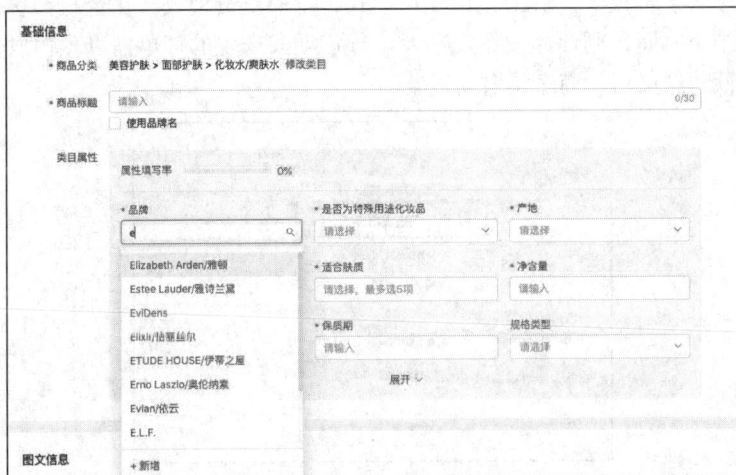

图8-71　填写商品基础信息

（3）填写商品详情信息如图8-72所示。为保证用户在购买商品时拥有充分的知情权，便于用户更全面地了解商品，商家需要在发布商品时明示商品详情。商家应根据所销售的商品实际属性填写商品详情，并及时维护，保证商品详情真实、正确、有效。

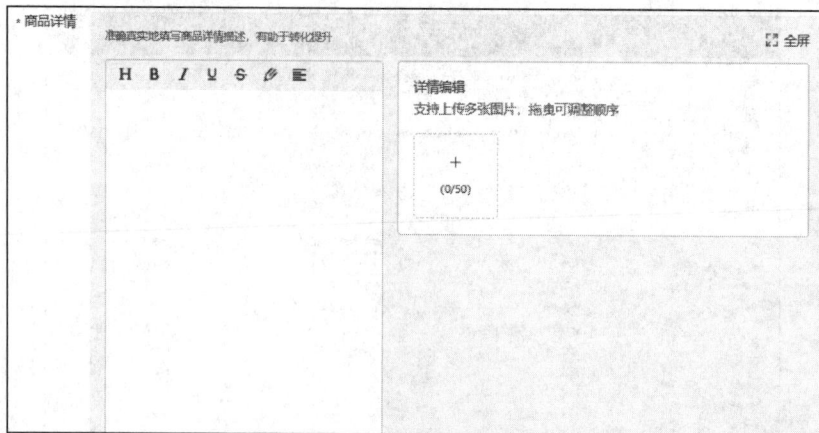

图8-72　填写商品详情信息

专家提示

商品详情需如实描述商品的实际功效，不得含有虚假、夸大的内容，不得涉及治病预防、治疗等功效的描述，不得出现真人展示效果，不得出现对比图，所描述内容需与国家批准的实物外包装说明信息内容一致。

（4）在"价格库存"区域进行设置如图8-73所示。发货模式分为现货发货模式、全款预售发货模式、SKU预售发货模式、阶梯发货模式。在全款预售发货模式下，设置结束时间，则商品发布成功后，预售期间产生的订单需以预售发货时间进行发货；预售结束后，商品将自动下架。

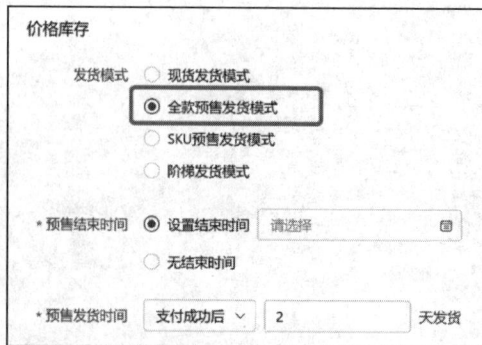

图8-73　在"价格库存"区域进行设置

（5）填写商品规格如图8-74所示。添加规格图片，便于用户下单时更好地辨认对应规格的商品，有利于提高商品的转化率。

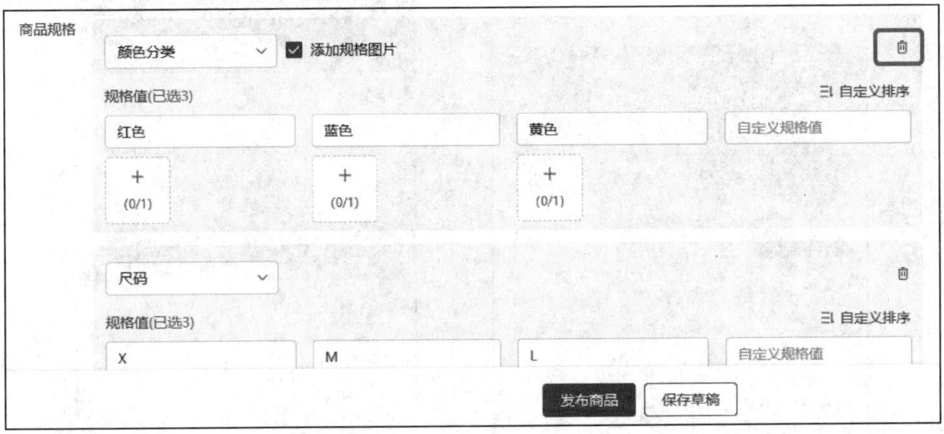

图8-74　填写商品规格

（6）填写运费模板和售后服务如图8-75所示。售后服务将根据所选类目默认匹配，如该类目商品须支持7天无理由退换货服务，则用户端将显示"7天无理由退换货（规则详见）"服务标签。

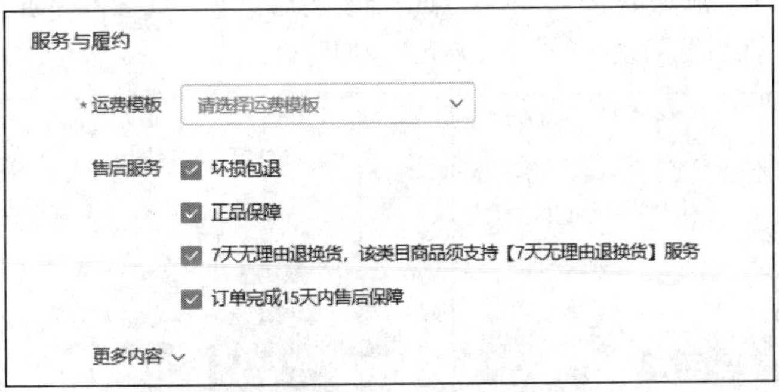

图8-75　填写运费模板和售后服务

（7）所有信息创建好之后，商家就可以发布商品了，如果审核通过，商品就可被用户看到。

8.3.7　添加抖音小店商品至商品橱窗中

在抖音小店商家后台成功创建商品后，如何将商品添加到商品橱窗中呢？具体操作方法如下。

（1）打开抖音App，在个人主页点击"商品橱窗"，如图8-76所示。

（2）进入界面后点击"橱窗管理"，如图8-77所示。

图8-76 点击"商品橱窗"

图8-77 点击"橱窗管理"

（3）在"橱窗管理"界面中，点击"去选品广场"，如图8-78所示。

（4）进入"添加商品"界面，点击"我的店铺"，如图8-79所示。点击"加橱窗"按钮，然后跟随系统的指引逐步完成即可。

图8-78 点击"去选品广场"

图8-79 点击"我的店铺"

8.3.8 直播间购物车商品管理

在抖音上直播带货时，商家需要将商品橱窗中的商品添加到购物车，便于主播在直播过程中对商品进行讲解或管理，具体操作步骤如下。

（1）打开抖音App，点击下方的"+"号，再点击"开直播"，即可看到直播前准备界面，点击"商品"按钮，如图8-80所示。

（2）进入"添加商品"界面，从中可以看到商品，点击与商品对应的"添加"按钮，即可将该商品添加到购物车，图8-81所示为点击"添加"按钮。

图8-80　点击"商品"按钮

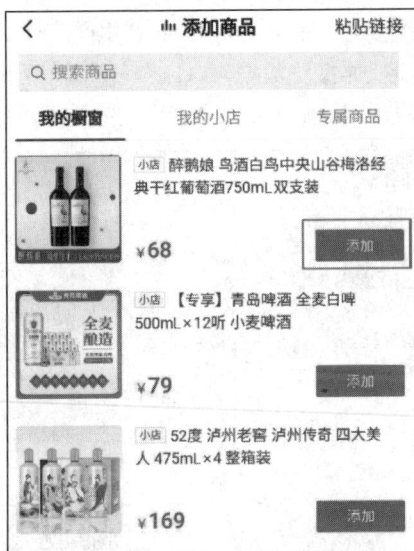

图8-81　点击"添加"按钮

知识窗

选择商品的方式有如下几种。

（1）我的橱窗：从自己的商品橱窗中选择商品。

（2）我的小店：适用于与店铺有绑定关系的抖音号，可以看到对应店铺内的商品。

（3）专属商品：需要商家为该抖音号设置专属计划。

（4）粘贴链接：适用于商家和达人有直接建联的场景，商家可以把自己的商品链接给达人，达人直接粘贴即可。

8.3.9　直播数据分析

抖音电商罗盘是一个数据融合平台，旨在帮助商家、达人和机构进行数据诊断，做出经营决策。其数据分析范围覆盖了首页分析、直播分析、短视频分析、营销分析、店铺分析、达人分析、商品分析、人群分析、服务分析等。

以直播分析为例，该模块提供基于时间变化的精细数据，用于全方位观察商家的直播表现，分析直播效果，为改善下一场直播效果打下坚实的基础。

通过直播分析，商家可以掌握流量结构和转化率的动态变化情况，测评本场直播的投放效率和引入自然流量的能力。结合用户画像，商家对于本场直播的高转化率人群的具体画像能够做到心中有数，为下一场直播内容的打造和投放做好准备。

抖音直播数据分析的具体操作步骤如下。

1. 分析店铺的经营状况

（1）实时概览：通过"抖音电商罗盘"—"首页"—"实时概览"的路径，商家可以查看实时概览数据，对比今日和昨日的成交表现，了解今日成交表现是否存在异常，若发现问题则可根据成交渠道或进行账号拆分定位问题，图8-82所示为实时概览。

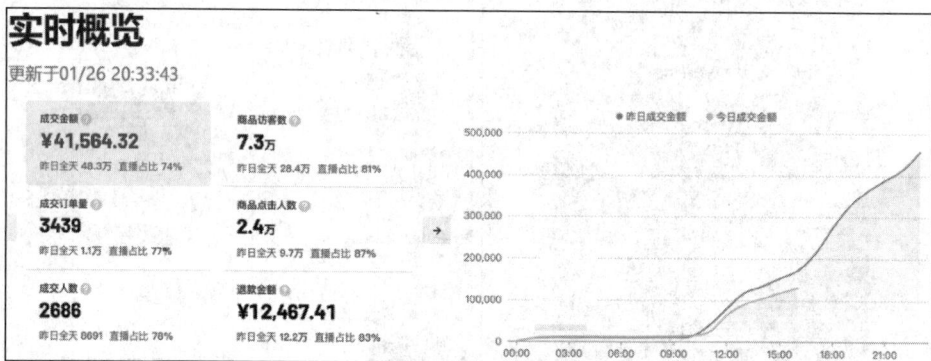

图8-82　实时概览

🎓 专家提示

实时概览旨在帮助商家实时获取最新的关键数据，如成交金额、成交订单量、成交人数、商品访客数、商品点击人数、退款金额。

（2）成交金额渠道分析：通过"抖音电商罗盘"—"首页"—"经营概览"的路径，商家可以进行成交金额渠道分析。

图8-83所示为对不同日期范围不同成交金额渠道的占比情况进行对比，据此商家可判断自营和带货的能力变化是否和自身的经营策略相符。

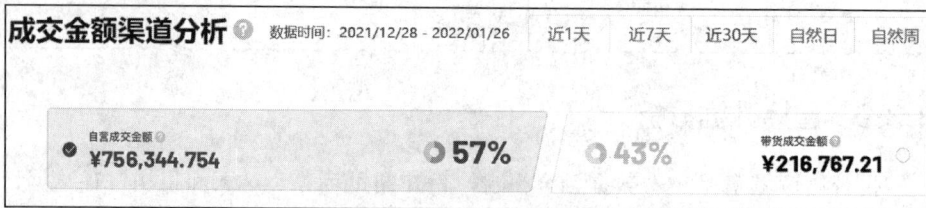

图8-83　对不同日期范围不同成交金额渠道的占比情况进行对比

　　商家可按自营视角、带货视角分别查看成交件数、退款金额表现及商品点击PV变化趋势，如图8-84所示。

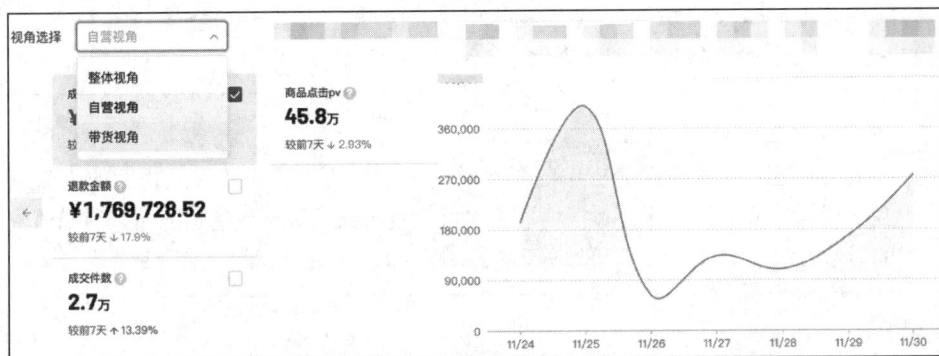

图8-84　查看成交件数、退款金额表现及商品点击PV变化趋势

　　（3）成交渠道分析：成交渠道分析提供每个账号店铺页成交金额、搜索成交金额、商城/商品推荐成交金额、其他成交金额及其在账号总成交金额中的占比，图8-85所示为成交渠道分析。

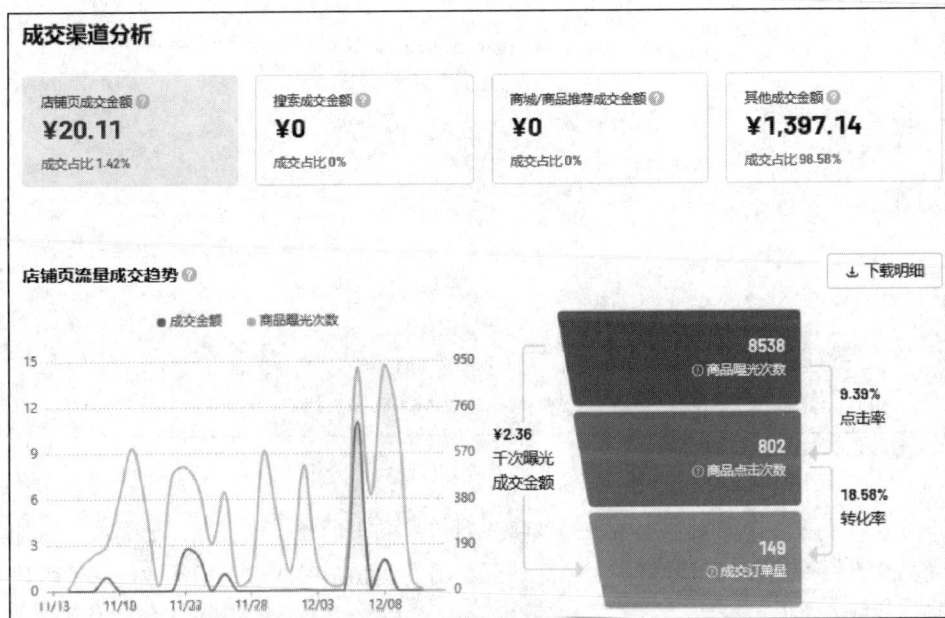

图8-85　成交渠道分析

　　店铺页流量成交趋势可以帮助商家查看成交变化趋势及各层转化漏斗，了解转化效率较高及较低的流量渠道，以优化运营策略。

2. 分析直播表现数据

（1）通过直播间数据分析中的"实时趋势"，可以分别查看直播间的人气指标、互动指标、商品指标和订单指标。商家可查看一天的数据变化趋势，查看峰值数据时的运营方法，保留其中有效的运营方法。图8-86所示为直播间"实时趋势"分析。

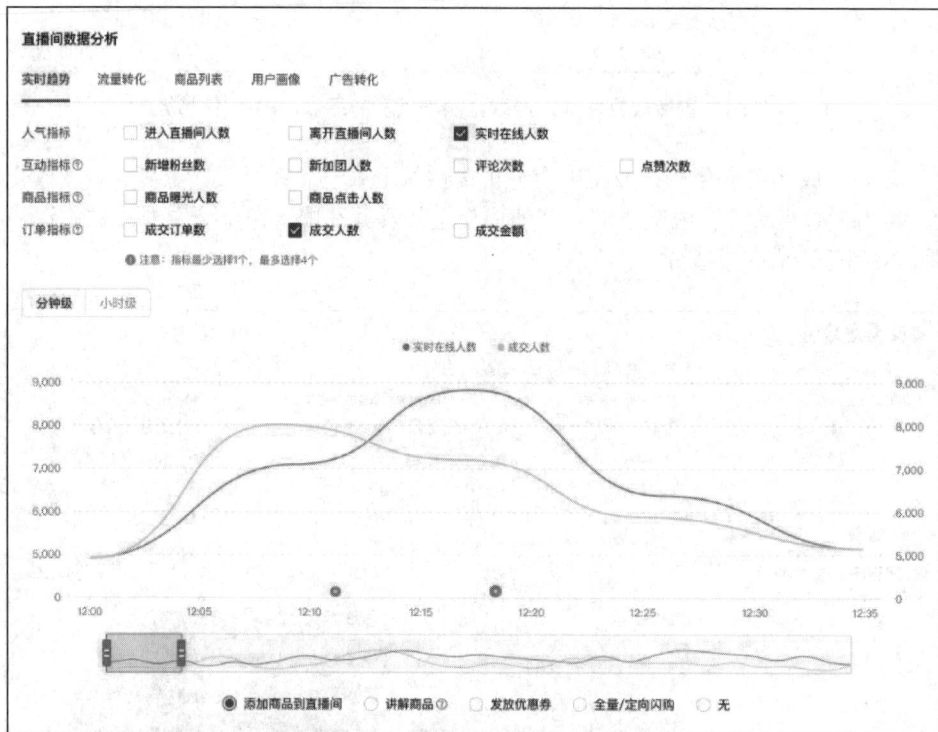

图8-86　直播间"实时趋势"分析

选择底部任意一种操作可查看该操作对应时间点的直播间数据，如勾选"添加商品至直播间"，可查看每个商品添加至直播间购物车时的各项指标数值。各版块具体指标如下。

人气指标：进入直播间人数、离开直播间人数、实时在线人数。

互动指标：新增粉丝数、新加团人数、评论次数、点赞次数。

商品指标：商品曝光人数、商品点击人数。

订单指标：成交订单数、成交人数、成交金额。

（2）成交转化漏斗如图8-87所示，可以帮助商家了解单个账号整体的和不同流量渠道的转化率，快速定位流量变化原因。

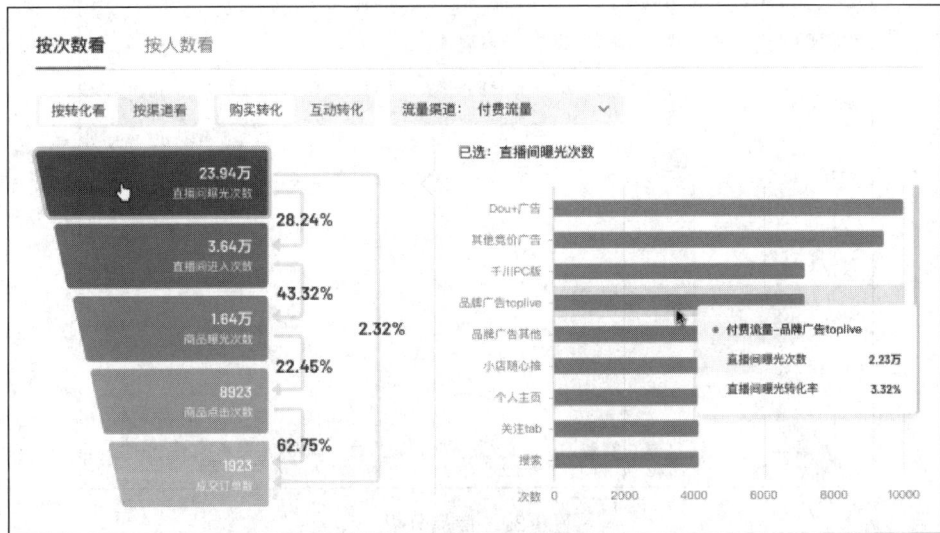

图8-87　成交转化漏斗

（3）定位单个直播间数据，诊断直播问题。商家可通过"抖音电商罗盘"—"直播列表"—"直播间详情"—"流量分析"的路径进行流量分析，如图8-88所示；按观看次数或观看人数查看不同渠道流量的规模、互动率及转化情况。

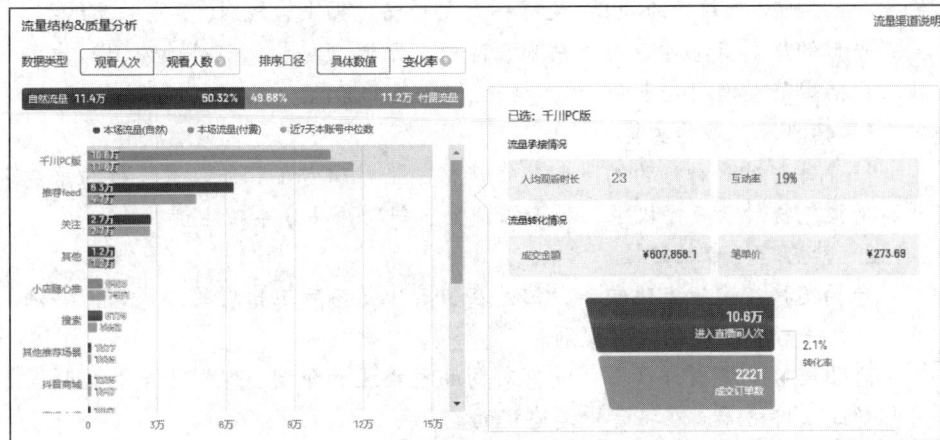

图8-88　流量分析

（4）诊断直播商品表现。商家可通过"抖音电商罗盘"—"直播列表"—"直播间详情"—"商品分析"进行商品分析，如图8-89所示；查看商品讲解趋势图，分析这个商品是否受用户的欢迎。

直播间数据分析

内容分析　流量分析　**商品分析**　人群分析

商品讲解趋势图 ⑦ 本模块数据可在直播间关播第二天9点后查看

● 实时在线人数　● 进入直播间人数　● 累计成交金额

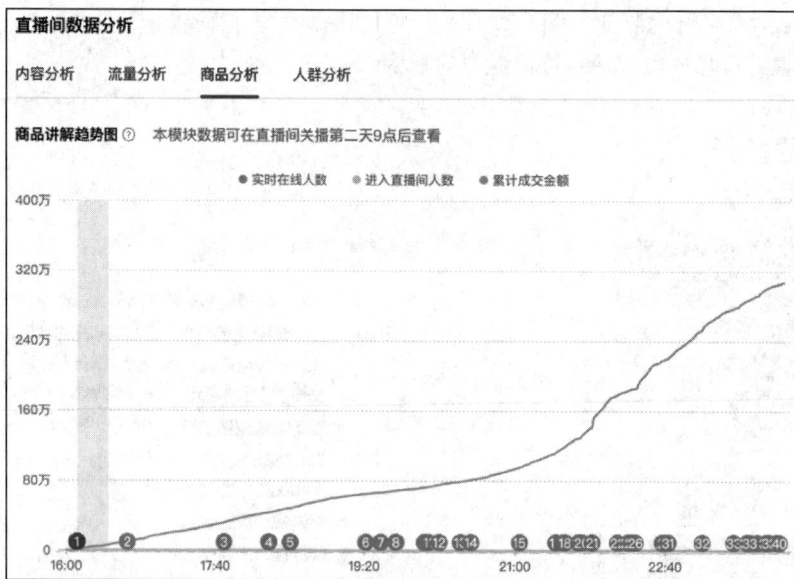

图8-89　商品分析

课堂思政

直播越火爆，平台对直播间的要求就越严格，以保证行业和平台的健康发展。每个直播平台都有自己的规则，主播违规后平台将根据违规程度给予警告、停播或永久封禁的处罚。主播一定要严格遵循平台规则，不能触及红线，按照平台的规则直播才不会被惩罚、降权、限流、封号。以抖音为例，为了帮助主播规范直播间，下面介绍一些直播带货的禁忌。

1. 禁忌一：炒作卖货

抖音目前对这种行为的限制非常严格，早就出台了相关政策进行约束。处罚措施包括封禁直播权限、扣除保证金、关闭商品分享功能等。

2. 禁忌二：专拍链接

专拍链接在淘宝上比较多，但是在抖音中是不可以出现的。商家需要注意不同的平台有不同的运营规则。

商品链接中没有详情页，没有对商品的描述和介绍，仅用于发放福利、补邮费或改价格等，在抖音中是违规的。

3. 禁忌三：虚假宣传

主播对商品信息有夸大或虚假的描述，对使用效果过度承诺，恶意贬低第三方，或者在商品介绍中使用了广告禁用词，都不行。主播在讲解商品的时候，不要夸大宣传，尤其是宣传非特殊用途化妆品有特殊功效、宣传普通食品有医疗保健功效等。

　　4．禁忌四：私自引流

　　通过抖音把用户引流到其他私域平台，如引流到微信进行交易，是违规的。开启抖音直播时，主播要求用户加微信、留联系方式等都是不允许的。此外，短视频中也不可以出现微信二维码，被平台查到之后该账号可能会受到封号处罚。

　　5．禁忌五：不挂小黄车就卖货

　　在抖音直播带货必须申请开通直播带货权限，直播间中的商品添加进小黄车后才能售卖，否则会被判定为广告营销。

案例分析

麦当劳开播15天，单品热销93万件

　　2021年8月凭借6场"88金粉节"官方直播，麦当劳取得了近1 200万元的销售额，强势登上"抖音品牌排行榜-本地生活类"榜首。

　　直播"爆品""麦当劳板烧鸡腿堡单次券"连续多日登上"抖音商品榜"，仅2021年8月13日就卖出41.3万件，近15天的累计销量高达93万件。这是麦当劳的官方抖音号之一"麦当劳抖金店"开播15天的战绩。

　　麦当劳旗下有不同的抖音矩阵号，"麦当劳抖金店"倾向于用更有亲和力的方式，通过直播互动与用户拉近距离。对于这一系列直播活动，麦当劳的直播运营团队表示核心目标并不是销售额，而是通过直播把品牌宣传做到位。

　　2021年8月13日"麦当劳抖金店"的直播累计销售额破800万元，观看人次近500万。当天的直播中，人气明星现身直播间，与用户展开了有趣的互动，主播还在直播间送出了含有明星签名照的福袋。长达9个小时的直播始终人气满满，平均在线人数维持在1.4万。

　　从该明星的抖音粉丝画像来看，女性粉丝较多，年龄多分布在18～24岁，这与"麦当劳抖金店"的用户画像的重合度很高。

　　在直播间，麦当劳用一种用户更喜闻乐见的沟通方式来拉近品牌和用户之间的距离。

　　除了明星的助力，"麦当劳抖金店"在直播内容上也迎合了时下用户追求刺激、追求参与感的看播消费体验：整点抢购、不定时福利等，都极大地活跃了直播间的氛围。其推出的"超强直播专供品"——"5元板烧""8元巨无霸""半价金粉桶"等"88金粉节"线下爆品本身就是麦当劳门店的招牌商品，受众广泛，用户的认可度高，再加上直播间较大的优惠力度，可以说宠粉的诚意满满。

　　通过以上案例，分析以下问题。

　　（1）麦当劳是怎样通过直播进行推广的？

　　（2）我们应如何做好抖音粉丝的留存和维护？

知识巩固与技能实训

一、填空题

1. 淘宝直播推出了_____，鼓励达人主播入驻，支持达人主播发展，会挖掘一批带货能力强、成长诉求旺盛的主播给予月度激励。

2. 淘宝主播在做直播前，一般会_____，不仅仅是为了告诉用户直播的时间，还会预告一些直播内容，好让感兴趣的用户安排时间来观看。

3. _____是面向主播的货品分析诊断工具，可以复盘直播间的排品效果，优化品类结构和排品数量。

4. _____丰富的供应链及达人矩阵，带来的是丰富的主播带货品类与物品流通速度的加快。

5. 抖音直播有两种形式，即_____和_____。

二、选择题

1. （   ）主要是借助最新的热门事件、新闻热点等，并以此创作标题，通过用户对社会热点的关注来引导用户关注直播。

    A. 借势热点　　　　　B. 巧设悬念　　　　　C. 设置利益点

2. （   ）功能被誉为淘宝直播公域流量引入利器，正确使用了该功能的直播间会被平台个性化投放到频道页模块、淘宝主搜模块、猜你喜欢模块等模块，获得更多的公域流量曝光机会。

    A. 直播爆点　　　　　B. 直播看点　　　　　C. 直播痛点

3. （   ）：每日追踪直播间核心指标变化，如商品点击人数、商品点击次数、当日确认收货金额、当日成功退款金额。

    A. 货品分析　　　　　B. 诊断分析　　　　　C. 直播间大盘分析

4. （   ）的开通很简单，只要完成实名认证就可以了，主播在直播间可以唱歌、跳舞、进行户外运动和品尝美食等。

    A. 抖音内容直播　　　B. 抖音直播带货　　　C. 抖音电商直播

5. （   ）商品应当具有独特优势和卖点，最好做到"人无我有，人有我优"。

    A. 福利款　　　　　　B. 引流款　　　　　　C. 利润款

三、简答题

1. 淘宝直播的特点有哪些？
2. 主播在设置直播标题时，要注意哪些方面？
3. 在淘宝直播中，有哪些常见的选品方法？
4. 快手直播的特点有哪些？
5. 在抖音直播带货过程中，直播间应该包括哪些类型的商品？

四、技能实训题

下面介绍如何设置抖音的预告开播时间，具体实训步骤如下。

1．打开抖音App，点击"我"，点击右上角的"☰"，在打开的侧边栏中选择"创作者服务中心"选项，如图8-90所示。

2．在图8-91所示的界面中点击"主播中心"按钮。

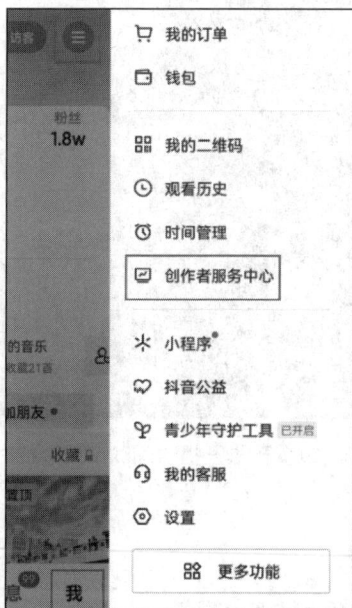

图8-90　选择"创作者服务中心"选项

图8-91　点击"主播中心"按钮

3．在"主播中心"界面中，点击"更多功能"按钮，如图8-92所示。

4．在"更多功能"中选择"直播设置"选项，如图8-93所示。

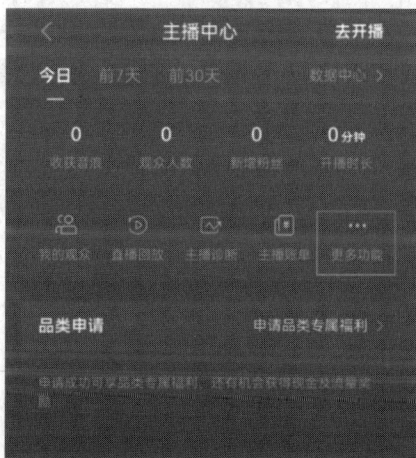

图8-92　点击"更多功能"按钮

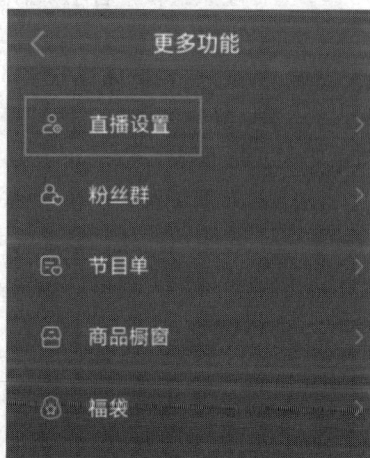

图8-93　选择"直播设置"选项

5．打开"直播间设置"界面，选择"直播公告"选项，如图8-94所示。

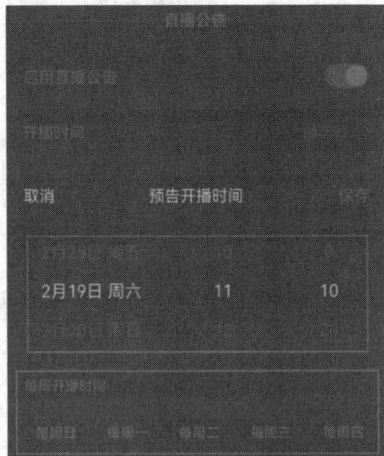

6. 在打开的界面中设置预告开播时间和每周开播时间，如图8-95所示，然后点击"保存"按钮。

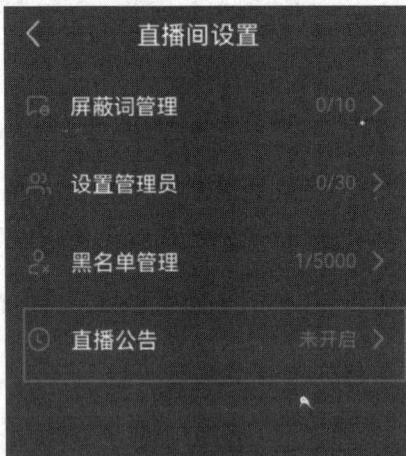

图8-94 选择"直播公告"选项   图8-95 设置预告开播时间和每周开播时间

任务实训

为积累对各直播平台的实操经验，我们将进行下述实训操作。

一、实训目标

1. 熟悉淘宝、快手、抖音等不同直播平台的区别。

2. 掌握通过淘宝、快手、抖音等直播平台进行直播带货的具体操作。

3. 掌握在任意直播平台上开启直播的主要流程。

二、实训内容

选择任意直播平台，完成开通、选品、添加商品、互动设置、数据分析等全流程操作，这里以抖音为例。

1. 开通抖音内容直播，完成实名认证。

2. 开通达人带货权限，在自己的视频和主页中分享商品信息。

3. 开通抖音小店，使用商品交易、店铺管理功能。

4. 通过抖音电商罗盘进行数据分析，复盘店铺的经营状况和直播表现。

三、实训要求

1. 选择平台时要清楚选择对应平台的原因。

2. 通过粉丝群维护、优化直播内容等运营方式，争取将直播间峰值在线人数增加到1 000以上。